病気やケガで働けなくなったときに知っておきたい「制度」と「お金」

特定社会保険労務士
㈱服部年金企画講師
脇 美由紀 著

ビジネス教育出版社

はじめに

50代の男性Aさんからのご相談です。

「病気療養のため会社を退職しました。もらえる〝お金〟はありますか？」

Aさんは、体調不良を感じながら仕事を続けていました。そのうち、体の具合がだんだんと悪くなり、病院に行ったところ「働ける状態にない。療養が必要だ」といわれたそうです。それでも、自分の仕事を投げ出すわけにはいかず、病院に通いながら勤務を続けていました。しかし、いよいよ会社に行くことすら大変な状況となり、早期退職、その1週間後のご相談でした。

会社に迷惑をかけたくない一心で、退職日まで休むことなく勤めたそうです。そのことを誇らしく語っていらっしゃいました。

「立つ鳥跡を濁さず」の言葉のように、会社のことを考え、自分の仕事を最後まで全うした真面目な方だと思います。しかし、私は同時に違うことを考えました。

「もったいないな〜」

この方は、「お金」の面で考えれば、受給できるはずだったお金が、受給できないことになっていたからです。

退職すれば、ハローワークから「失業給付」が受給できます。ただし、その要件は、働く意思と能力があることです。病気療養中で働けない状態であれば、その間は受給することができません。

障害状態にあれば、「障害年金」が受給できます。ただし、原則として、初めて病院にかかってから1年6カ月経っていることが必要です。Aさんが病院にかかったのは、3カ月前のことでした。あと1年3カ月待つ必要があります。

働けない状態にあれば、「傷病手当金」が受給できる可能性があります。傷病手当金は健康保険に加入している人が働けない状態となったとき、給与の代わりに最大で1年6カ月間支給されます。条件を満たせば、退職後も受給できます。

Aさんのご相談を受けたときに、私が「もったいない」と思ったのは、この傷病手当金です。Aさんは傷病手当金を受給できません。理由は、退職日まで勤務し続けたからです。無理をせず、療養のために、退職前の数日間だけでも休んでいれば、退職後に傷病手当金を受給することができました。それも1年6カ月間です。

Aさんの給与は月50万円くらいありました。仮に、傷病手当金が受給できたとすると、その額は月33万円くらいになります。1年6カ月分として計算すると、合計で約600万円です。無理をせずに休んでいれば、約600万円が受給できたのです。

私は、Aさんに対して「退職前に有給休暇をとって療養していたら、傷病手当金が600万円くらいもらえたのですが、残念ですね……」とは、いいませんでした。いったところで後の祭りで、嫌な思いをさせるだけです。だから、Aさんは現在でも、自分が損をしたことをご存じないと思います。

ただ、退職前に相談してくれていたら、傷病手当金の制度を知ってくれていたら、損をすることもなかったのにと思うと、残念で仕方ありませんでした。

50代の男性Bさんからのご相談です。

「私は障害年金をもらうことができますか？」

Bさんは、体調に異変を感じながら、仕事を続けていたそうです。病院に行こうと思いながらも、仕事が忙しくて、後回しにしていました。間もなく退職を迎えるので、退職後に時間ができたら病院に行こうと決めていたようです。50代で早期退職をして、奥様とともに第二の人生を楽しむ予定でした。

無事に38年間勤務した会社を退職し、病院にかかったところ、病気が見つかり、その後療養生活を送っています。ご相談があったのは、退職から2年後です。

初めて病院にかかった日から1年6カ月を経過しているので、障害年金の請求は可能です。ただ、残念に思ったのは、Bさんは障害基礎年金の受給対象者でした。退職前に1日だけでも病院にかかっていたら、障害厚生年金の対象になっていました。

Bさんが障害等級2級の障害状態に該当したとすると、受給できる障害基礎年金の額は、年約78万円です。

もし、障害厚生年金の対象であれば、年約180万円（Bさんの38年間の給与・賞与の平均が約40万円のとき）を受けることができました。65歳未満の奥様もいたので、その加算を加えると、年約200万円となります。障害基礎年金と障害厚生年金を比べると、障害厚生年金のほうが1年あたり約120万円も多くなります。この差が今後続くと考えると、本当に大きいです。

退職前に1日だけでも病院にかかっていれば、障害年金の制度を知っていれば、損をすることはなかったでしょう。

30代女性Cさんのご家族からのご相談です。

「急に医療費が高くなってしまったのですが、どうしてですか？」

Cさんは、1年前の買い物に行く途中に交通事故に遭い、緊急搬送され、以後療養生活を続けています。全身20カ所を骨折しており、その治療費が高額になることから、「高額医療費制度」を利用して、負担額が軽減されています。その負担額が急に増えたとのご相談でした。

原因は、加入する健康保険の変更にありました。事故後休職中だったCさんが、退職することになり、その際に、会社の健康保険から市区町村国民健康保険に加入先を変えていました。それにより、高額療養費制度の多数回該当制度が利用できなくなり、負担額が増えることとなったのです。この場合、任意継続被保険者になっていれば、制度を利用し続けることができたのですが、Cさんとそのご家族は、退職したら国民健康保険に入るものと思い込んでいたようです。

制度を知ることの大切さ

病気やケガで治療が必要とされたとき、段階に応じて、利用できるさまざまな制度があります。制度には、利用するための要件があります。要件に該当しなければ制度を利用することはできません。しかし、要件には例外があります。また、自身の状態を、要件を満たすように合わせていくことが可能なケースもあります。

例えば、男性であることが要件であれば、女性はその要件を絶対に満たすことはできません。一方で、退職前に療養のための休暇をとる、退職前に病院に行く、加入している健康保険を変更する際には気をつける、などは自分でコントロールができます。少しのことに気をつければ、要件を満たすか満たさないかが変わってくる場合もあるのです。

私たちが利用できる制度はたくさんあります。ただし、その制度の内容を知らなければ、損をする場合があるのです。受給できるはずの「お金」が受給できなかった。もらえる「お金」が少なくなってしまった。損をした本人は、損をしたことすら気づいていないことも多いのです。

社会保障制度をはじめ、多くの制度は、私たちからアクションを起こさなければ、利用できません。例えば、障害年金は、障害状態になったからといって自動的に支給されるものではありません。障害状態になったから、障害年金を支給してください、と私たち側から請求しない限りは、一生受給することができないのです。ですから、「制度を知る」ことは、とても大切です。

既に療養中の方からも、日々ご相談をいただきます。

「医療費の負担が大きい」
「病院に通うためのお金がかかる」
「休職中の健康保険料の支払いがキツい」

ご相談者は、ガン、脳梗塞による後遺症、うつ病、双極性障害、アルコール依存症、腎疾患、パーキンソン病の方などさまざまです。治療中の方もいれば、これから治療が始まろうとしている段階の方もいらっしゃいます。ご相談内容は多種多様ですが、すべての方に共通するものとして、今後の生き方があります。

病気やケガで治療が必要とされたとき、混乱しない人はいません。

〝まさかこんなことになるなんて〟

色々なことが頭の中を巡ります。

「治療期間はどのくらいか」
「仕事はどうすればいいのか」
「生活はどうなってしまうのか」
「家族はどうなっていくのか」

突如、先がみえなくなってしまうような感覚になっているのことでしょう。自分が置かれている状況も刻々と変わってきます。診断されてすぐの混乱している段階、通院しながら働いている段階、休職中、働き方の変更や転職や退職について考えるとき、さまざまな場面で不安に思ったり、焦ったりします。

病気やケガでの治療が必要とされたとき、考えることや決めることがたくさんあり、将来への不安も当然に高まります。働いている人であれば職場に迷惑をかけたくない、いっそ仕事を辞めてしまったほうがすっきりするなどと考える方も少なくありません。自分の中の何かが抜け落ちていく感じを経験されている方もいるかもしれません。

とりわけ「お金」についての不安も高まります。今まで定期的に振り込まれていた給料がなくなるかもしれない、と考えれば当然のことでしょう。それぞれに考えることは違っても、働けない状態にあるのですから「お金」の心配は尽きません。

でも、焦らないでください。するべきことを一つひとつこなしながら、一歩ずつ進んでいきましょう。

本書の目的は、次の二つです。
①自分が加入している国の制度等のしくみを知ること
②自分が利用できる制度を知ること

まずは、自身がどのような制度の中で暮らしているのかを知ることです。その上で、利用できる制度があることを確認していきましょう。

さまざまな段階で、利用できる国の制度などを紹介しています。社会保障制度が中心ですが、その他にも今まで社労士として質問を受けたことを参考にして、関連する項目を掲載しています。重点を置いたのは、「使える制度は使い尽くす」ことです。

この本を読むだけで「お金」が入ってきたり得をしたりするわけではありませんが、とにかく損をすることがないように、さまざまな制度があることを知ってほしいと考えています。ほとんどの制度は、自分から申請しないと利用できません。「自分に該当するかもしれない」と思ったら、ぜひ関係機関にお問い合わせください。

使える制度はすべて利用して、

- ●もらえる「お金」を受けるための手続きをする
- ●出ていく「お金」を減らすための手続きをする

そのきっかけになれば幸いです。

※なお、本書は、会社などに勤務し、社会保険制度に加入している被保険者、退職者およびその家族を対象にした内容です。

おことわり

「障害」という言葉に抵抗を感じる方もいると思いますが、国の制度などを解説する本書においては、混乱を避けるため「障害」と表記しています。

病気やケガで働けなくなったときに 知っておきたい「制度」と「お金」

目次

第5章　該当すれば利用できる制度

第6章　仕事と治療の両立

利用できる制度

障害・介護状態になったとき | 復職を考えるとき | 退職を考えるとき

療養費（10ページ）、
高額療養費（50ページ）、
高額医療費貸付制度（56ページ）、

高額介護合算療養費（57ページ）

退職後の傷病手当金（42ページ）、
退職後の健康保険（120ページ）

障害補償年金（24ページ）、
介護補償給付（28ページ）

退職後の労災保険（30ページ）

仕事との両立・復職
（176～178ページ）

失業保険のしくみ（104ページ）

介護保険制度（96ページ）

国民年金保険料（126ページ）

感染症医療費助成（142ページ）

ページ）、医療費控除（152ページ）、
発達障害者支援センター（158ページ）、

障害福祉サービス（88ページ）、
補装具の交付・修理の費用の支給
（94 ページ）、
日常生活用具の給付（95 ページ）

住宅ローン（134ページ）

タイムラインからみた

病気・ケガのとき → 療養中のとき → 療養が長期化のとき

健康保険

療養の給付（2ページ）、入院時食事療養費（4ページ）、保険外併用療養費（8ページ）、
柔道整復師の施術・療養費（12ページ）、訪問看護療養費・移送費（14ページ）、
世帯合算・多数回該当（52ページ）、限度額適用認定証（54ページ）、
特定疾病療養費（58ページ）

入院時生活療養費（6ページ）、

傷病手当金（32ページ）

労災保険

療養補償給付（16ページ）、
休業補償給付（20ページ）

傷病補償年金（22ページ）

労働法

年次有給休暇（172ページ）、休職制度（174ページ）

社会保険

障害年金制度（60ページ）

その他

特定医療費（指定難病）助成（138ページ）、自立支援医療（140ページ）、

特別障害給付金（83ページ）、手帳（144ページ）、生活福祉資金貸付制度（150
障害者特例の老齢厚生年金（154ページ）、生活保護（156ページ）、
高次脳機能障害者支援センター（160ページ）、特別障害者手当（162ページ）

第1章

病気やケガで働けなくなったとき

病気になったり、大きなケガを負ったりしたとき、思わぬ出費がかさむことになります。ときには収入も途絶えて、生活が不安定になります。

このような事態に備えるため、公的な医療保険制度があります。健康保険はそのひとつです。

仕事以外の病気やケガが、健康保険の範囲になります。

一方、業務上や通勤中の病気やケガのときは、労災保険（労働者災害補償保険）から給付が行われます。

第1章では、健康保険と労災保険の基本的なしくみについてお伝えします。

Ⅰ 病院にかかるときに使う〝健康保険制度〟

1 健康保険証で現物給付「療養の給付」

病院にかかるとき、私たちは健康保険証を病院の窓口に提示します。これには、どのような意味があるのかご存じですか？

健康保険証の提示

健康保険制度に加入すると、健康保険証が交付されます。その健康保険証を提示することにより、一部の負担金で、診察、薬剤、処置、入院などの必要な医療を受けることができます。医師の処方せんをもらったときは、保険薬局で薬剤の調剤をしてもらうこともできます。健康保険証がなければ、医療費を全額負担しなければなりません。

負担は医療費の1割から3割

病院にかかったときの一部負担金は、原則として、その診療にかかった費用の3割です。あとの7割は加入する健康保険（健康保険組合および協会けんぽ等）が負担します。具体的には、現物給付である「療養の給付」が行われています。

療養の給付の対象となる範囲は次のとおりです。

- 診察
- 薬剤または治療材料の支給
- 処置・手術その他の治療
- 在宅で療養する上での管理、その療養のための世話、その他の看護
- 病院・診療所への入院、その療養のための世話、その他の看護

この3割の負担割合は、健康保険に加入している本人、家族、入院、外来に関わりなくすべて同じですが、年齢などによっては負担割合の少ない人もいます。小学校入

学前の被扶養者は2割、70歳以上の高齢受給者は所得によって2割（昭和19年4月1日以前生まれの人は軽減特例措置により1割）か3割のどちらかです。70歳〜74歳の人（後期高齢者医療制度の被保険者等になる人を除く）は**「高齢受給者証」**もあわせて提示する必要があります。

ただし、健康保険証があればどこの病院でも利用できるわけではありません。**保険医療機関もしくは保険薬局**でなければ、健康保険の診療を受けることはできず、それ以外は医療費を全額負担しなければなりません。

窓口で支払う一部負担金が多額となったときは、**高額療養費制度**が利用できます。また、高額療養費が支給されるまでの間、当座の支払いに充てるための資金を貸し付ける制度も設けられています（第2章Ⅱ参照）。

「高齢受給者証」とは？

健康保険に加入する本人や家族が70歳になると、75歳までの間、「健康保険高齢受給者証」が交付されます。自己負担割合が、「一部負担金の割合」として記載されており、2割負担（1割負担の場合もあり）もしくは3割負担のいずれかです。

「保険医療機関、保険薬局」とは？

厚生労働省（地方厚生局長）から指定を受けた病院や薬局のことをいいます。

療養の給付のしくみ

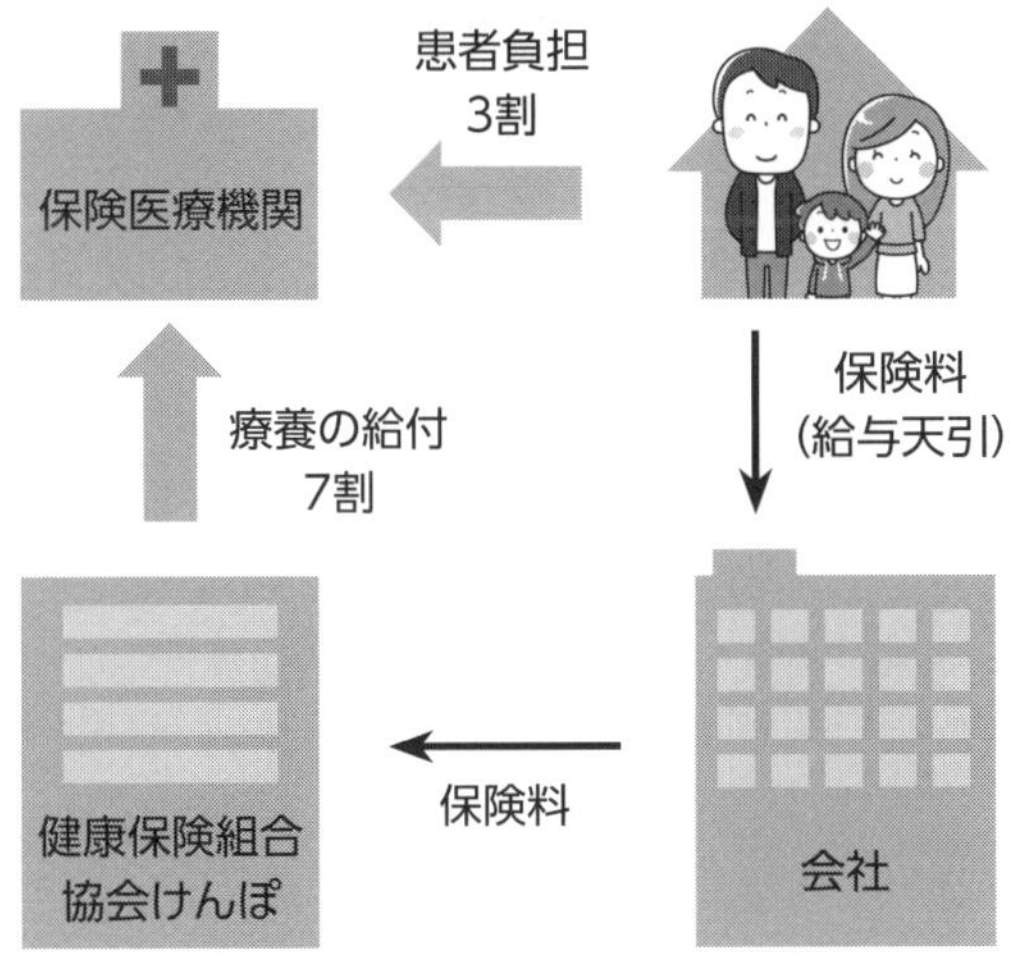

2 入院したときは「入院時食事療養費」

入院したときは、医療費の3割に加えて、食事代の負担もあることをご存じですか？

入院中の食事代負担

入院したときは、朝・昼・晩と決まった時間に食事が出てきます。この食事にかかる費用は、医療費の3割自己負担とは別に、入院患者が負担します。

入院時の標準的な食事代は、1食につき640円、1日3食で1920円とされています。そのうち、患者側は、1食につき460円、1日3食1380円を負担します。この負担する額のことを「**食事療養標準負担額**」といい、これを超える分は、「**入院時食事療養費**」として健康保険組合および協会けんぽ等が負担します。

これは、患者が食事代の全額を負担するのではなく、その一部が健康保険からの給付で賄われるしくみです。

つまり、入院したときは、診療にかかった費用の3割に加えて、食事療養標準負担額を支払います。

この1食あたりの負担額は、平均的な家計の食費を勘案して厚生労働大臣が定めることとなっており、糖尿食や腎臓食などの特別食の人には、1食につき76円が加算されています。

患者の負担額は徐々に増えています。平成30年3月までは1食360円でしたので、1日3食分だと300円、1月入院すれば約1万円の負担増です。

標準負担額減額認定申請

所得の低い人には、少ない負担で済むような配慮がされています。

食事代については、市区町村民税非課税世帯の人は1食につき210円、入院91日目以降は160円になるなど、自己負担額が軽減されることがあります。この軽減措置を利用するには、**手続きが必要**です。

例えば、協会けんぽの場合は、「健康保険限度額適用・

標準負担額減額認定申請書」に健康保険証と所得の証明書等を添付して提出します。申請が認められると「健康保険限度額適用・標準負担額減額認定証」が交付されますから、健康保険証と認定証を病院の窓口へ提出すれば、**標準負担額の軽減措置**を受けることができます。詳しくは、加入している健康保険組合または協会けんぽにお問い合わせください。

食事代として支払った自己負担額については、高額療養費（第2章Ⅱ参照）の対象から除外されています。一方で、確定申告時の**医療費控除**の計算の対象（第5章Ⅲ・2参照）になります。

食事代の自己負担額は、平成28年3月までは1食260円、平成30年3月までは1食360円でした。段階的に負担額が引き上げられています。結構な家計負担ですね。

入院時食事療養費

厚生労働大臣の算出基準による食事療養費	−	入院時食事療養費	＝	自己負担額

食事療養標準負担額（自己負担額）一覧

70歳未満の人

		自己負担額
一般の人		1食につき　460円
住民税非課税世帯の人	入院日数90日以内	1食につき　210円
	入院日数91日目以降	1食につき　160円

70歳以上の人

		自己負担額
一般の人		1食につき　460円
住民税非課税世帯の人	入院日数90日以内	1食につき　210円
	入院日数91日目以降	1食につき　160円
住民税非課税世帯に属し、かつ所得が一定基準に満たない人（年金受給者は年金収入80万円以下）		1食につき　100円

※　一般の人のうち指定難病患者は「1食につき260円」

3 療養病床へ入院したときは「入院時生活療養費」

65歳以上の人が療養病床に入院したときは、医療費の3割に加えて、食事代、居住費の負担もあることをご存じですか？

療養病床入院時の食事代と居住費の負担

療養病床に入院している65歳以上の人は、食事代と居住費分として、**生活療養標準負担額**を負担します。これは、介護施設入所者との公平性を保つためのものです。介護施設入所者は、原則として食事代（食材料費・調理費相当）と居住費（水道光熱費相当）を全額自己負担しています。療養病床への入院は長期間に及び、介護施設入居者と同様に病院で生活しているような状態なので、食事代と居住費を自己負担することにより、介護施設入居者との公平な扱いとしています。

実際に負担する額は、療養病床入院時の食事代として、1食につき４６０円（一般所得者）です。これに加えて、居住費として1日につき３７０円を支払います。この負担額のことを「生活療養標準負担額」といい、これを超える分は、「入院時生活療養費」として健康保険組合および協会けんぽ等が負担します。

1日あたりの自己負担額を計算すると、食事部分（４６０円×３）＋居住費部分（３７０円）＝１７５０円で、1月あたりの負担は約5万円です。65歳以上の人が療養病床に入院すると、家計への負担が大きくなります。

入院医療の必要性の高い患者等の居住費については、これまでは負担額が軽減されていたのですが、平成30年4月に３７０円に引き上げられ、一律の負担が求められています。ただし、**指定難病患者に居住費の負担はありません。**

自己負担額の軽減

所得の状況、病状の程度、治療の内容などによっては、**自己負担額が軽減**されることもあります。

市区町村民税非課税世帯の人が課税世帯の負担額を支

払ったとき、または、91日目以降の入院で90日以内の負担額を支払ったときは、申請をすることにより食事代が軽減されます。90日を超えて入院する見込みが生じたときは、**手続きが必要**です。

「療養病床」とは?

医療法において、病院の病床は5分類(一般病床・療養病床・精神病床・感染症病床・結核病床)に整備されています。「療養病床」とは、主として長期にわたり療養を必要とする患者のための病床です。療養病床に対して、主として急性期の入院治療を必要とする患者のための病床が「一般病床」です。

入院時生活療養費

厚生労働大臣の算出基準による生活療養費 － 入院時生活療養費 ＝ 自己負担額

生活療養標準負担額(自己負担額)一覧

区　分		生活療養標準負担額※3
一般所得者(低所得者以外)	入院時生活療養(Ⅰ)※1を算定する保険医療機関に入院している者	(食　費)1食につき460円 (居住費)1日につき370円 の合計額
	入院時生活療養(Ⅱ)※2を算定する保険医療機関に入院している者	(食　費)1食につき420円 (居住費)1日につき370円 の合計額
低所得者(市区町村民税非課税者等)	低所得者Ⅱ	(食　費)1食につき210円 (居住費)1日につき370円 の合計額
	低所得者Ⅰ(年金収入80万円以下等)	(食　費)1食につき130円 (居住費)1日につき370円 の合計額

※1　入院時生活療養(Ⅰ)は、食事の提供が、保険医療機関において管理栄養士または栄養士によって行われている場合

※2　入院時生活療養(Ⅱ)は 、入院時生活療養(Ⅰ)以外

※3　一般所得者の指定難病患者の食費は「1食につき260円」
指定難病患者の居住費は「負担なし」

4 先進医療を受けたときは「保険外併用療養費」

健康保険が適用されない診療を受けたとき、保険が適用される診療も含めて、全額自己負担となることをご存じですか？

保険診療との併用が認められる保険外診療

健康保険では、保険が適用されない**保険外診療**を受けると、保険が適用される診療も含めて、医療費のすべてを自己負担しなければなりません。

ただし、保険外診療を受ける場合でも、厚生労働大臣の定める「**評価療養**」と「**選定療養**」については、**保険診療との併用**が認められており、通常の治療と共通する部分（診察・検査・投薬・入院料など）の費用は、一般の保険診療と同様に扱われ、一部負担金を支払えば済みます。残りの額は「**保険外併用療養費**」として健康保険から給付されます。

例えば、医療費の総額が１００万円、そのうち先進医療（評価療養）の費用が30万円のケースをみてみましょう。

先進医療に係る費用30万円は、全額自己負担です。残りの70万円のうち、通常の治療と共通する部分（診察、検査、投薬、入院料など）は、保険として給付される部分になります。70万円が保険診療分だとすると、その３割の21万円が自己負担となり、残りの49万円は、健康保険が負担をします。なお、自己負担金の21万円については、**高額療養費**（第２章Ⅱ参照）の対象となります。

一方、国内未承認の抗がん剤などを使用した治療は、健康保険が適用されず、評価療養や選定療養にも当てはまらないため、原則として医療費の全額を自己負担しなければなりません。例えば、医療費の総額が１００万円、そのうち国内未承認の抗がん剤治療費が30万円のケースでは、１００万円すべてが自己負担となります。

評価療養と選定療養

【評価療養】

- 先進医療（高度医療を含む）
- 医薬品の治験に係る診療
- 医療機器の治験に係る診療
- 薬事法承認後で保険収載前の医薬品の使用
- 薬事法承認後で保険収載前の医療機器の使用
- 適応外の医薬品の使用
- 適応外の医療機器の使用

【選定療養】

- 特別の療養環境（差額ベッド）
- 歯科の金合金等
- 金属床総義歯
- 予約診療
- 時間外診療
- 大病院の初診
- 小児う蝕の指導管理
- 大病院の再診
- 180日以上の入院
- 制限回数を超える医療行為

※「評価療養」とは、将来的に保険適用になることを前提として保険適用の可否を評価している医療のことです。「選定療養」とは、患者の快適性、利便性のために、患者自身の選定によって行う特別な医療のことです。

保険診療、保険外診療を受けた時の自己負担額

●医療費の総額が100万円、すべてが保険診療のとき

全体の医療費	一般治療	70万円	
	一部負担金（３割負担）	30万円	自己負担額 30万円

●医療費の総額が100万円、そのうち先進医療（評価療養と選定療養に当たる）の費用が30万円のとき

全体の医療費	診察・検査・投薬・注射・入院料等（一般治療と共通する部分）	49万円	
	一部負担金（３割負担）	21万円	自己負担額 51万円
	先進医療部分（全額自己負担）	30万円	

●医療費の総額が100万円、そのうち保険外診療（評価療養、選定療養以外）の費用が30万円のとき

全体の医療費	診察・検査・投薬・注射・入院料等（一般治療と共通する部分）	49万円	自己負担額 100万円
	（通常の）一部負担金（３割負担）	21万円	
	国内未承認の抗がん剤など	30万円	

※健康保険を適用した治療との併用(混合診療)は禁止されていますが、患者申出療養（患者の申出により国内未承認薬等を保険外併用療養費とする）を受けられる場合もあります。

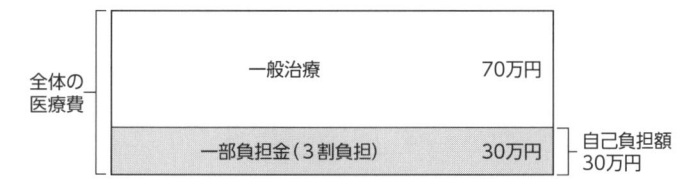

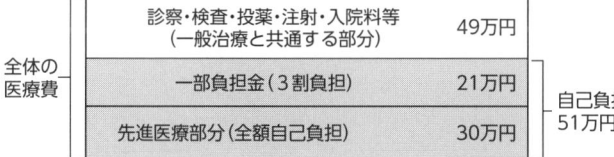

5 非保険医にかかったときは「療養費」

健康保険証を窓口に提示しなかったとき、その後の手続きをご存じですか？

健康保険証を提示しなかったとき

健康保険証を提示しなかったとき、かかりつけの病院であれば、後日持っていけばよいこともあるかもしれません。しかし、旅行中の急病やケガを負ったときに健康保険証を持参していなかったり、近くに**保険医療機関**がなく、やむを得ず保険医療機関ではない病院を受診したりしたときはどうでしょうか。

このようなとき、**医療費は全額支払わなければなりません**。例えば、医療費が1万円かかったとすると、通常は3割の3000円の負担で済むところ、全額の1万円を支払います。

多く支払った分は、あとで手続きをすれば、**療養費と**して払戻しを受けることができます。ただし、払戻し額は、支払った医療費の7割と決まっているわけではなく、保険者（健康保険組合および協会けんぽ等）が健康保険の基準で計算した額から、その額に一部負担割合を乗じた額を差し引いた額となります。つまり、払戻し額が、医療費の7割相当額より少ないケースもあります。

療養費が支給されるのは、保険診療を受けることができない、やむを得ない事情がある場合に限られます。例えば、次のようなケースです。

- 事業主が資格取得届の手続き中で、健康保険証が未交付のため、保険診療が受けられなかったとき
- 感染症予防法により隔離収容され、薬価を徴収されたとき
- 療養のため、医師の指示により義手・義足・義眼・コルセットを装着したとき
- 生血液の輸血を受けたとき
- **柔道整復師**などから施術を受けたとき

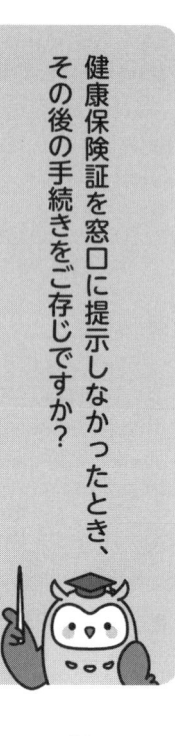

療養費は、自身が加入している保険者（健康保険組合または協会けんぽ等）に請求します。やむを得ない事情があると認められなければ、療養費は支給されません。

海外での病気やケガのとき

海外旅行中や海外赴任中の急な病気やケガなどにより、やむを得ず現地の医療機関で診療などを受けたときは、**海外療養費**として、医療費の一部の払戻しを受けることができます。

　海外療養費の支給対象となるのは、日本国内で保険診療として認められている医療行為に限られます。美容整形やインプラントなど、日本国内で保険が適用されていない医療行為や薬が使用されたときは、給付の対象となりません。療養や治療を目的として海外へ渡航し診療を受けたときや、日本で実施できない診療や治療を行ったときも、保険給付の対象とはなりません。

　海外療養費の支給額は、日本国内の医療機関等で同じ傷病を治療した場合にかかる治療費を基準に計算した額（実際に海外で支払った額のほうが低いときはその額）から、自己負担相当額を差し引いた額です。海外の医療体制や治療方法は、日本のものとは異なるため、支給額が大幅に少なくなることがあります。外貨で支払われた医療費については、支給決定日の外国為替換算率（売レート）を用いて、円に換算して支給額を算出します。

　海外療養費についても、自分が加入している保険者（健康保険組合または協会けんぽ等）に請求します。

　なお、療養費および海外療養費の請求手続き時は、領収書が必要になります。必ずもらうようにしましょう。

療養費の対象

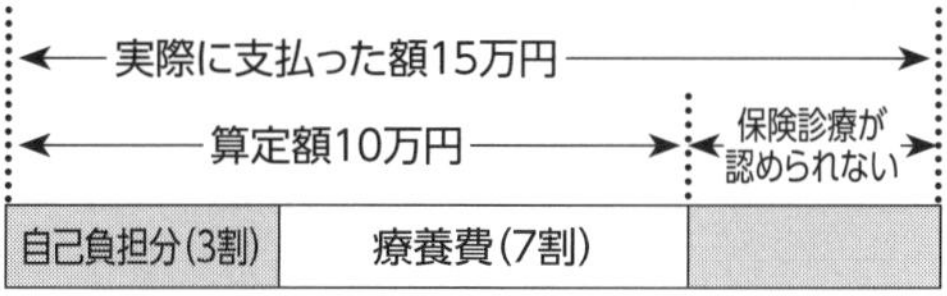
実際に支払った額15万円
算定額10万円
保険診療が認められない
自己負担分(3割)
療養費(7割)

実際に支払った金額15万円
→　7万円が療養費として支給

海外療養費の対象

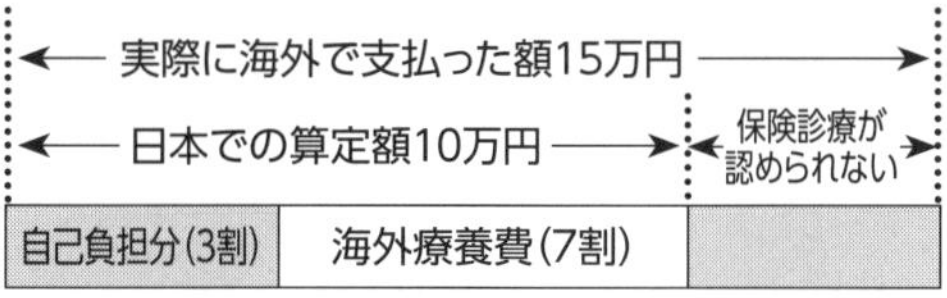
実際に海外で支払った額15万円
日本での算定額10万円
保険診療が認められない
自己負担分(3割)
海外療養費(7割)

実際に支払った金額15万円
→　7万円が海外療養費として支給

6 柔道整復師の施術を受けたときは「療養費」

健康保険が使える「あんま」や「マッサージ」があることをご存じですか?

あんま・マッサージの施術

あんま・マッサージの施術について、一定の要件を満たすときは、療養費として健康保険の対象になることがあります。要件は次の二つです。

- 筋麻痺や関節拘縮などにより、医療上マッサージを必要とすること
- あんま・マッサージを受けることについて、医師が医療上必要であることを認め、同意していること

脳血管障害等の後遺症による手足の麻痺、パーキンソン病等の関節拘縮の予防や改善などが該当しますが、単に疲労回復や慰安を目的としたものや、疾病予防のためのマッサージなどは、保険の対象となりません。

はり・きゅうの施術

はり・きゅうの施術についても、一定の要件を満たすときは、療養費として健康保険の対象となります。その要件は、次の三つです。

(1) 対象となる傷病(慢性的な疼痛が主な症状である疾患)であること

- 神経痛
- リウマチ
- 五十肩
- 頸腕症候群
- 腰痛症
- 頸椎捻挫後遺症

(2) 医師の発行した同意書または診断書があること

(3) 並行して保険医療機関(病院・診療所など)で同じ傷病の診療を受けていないこと

柔道整復師の施術

骨折、脱臼、打撲および捻挫のために、整骨院や接骨

院で柔道整復師の施術を受けたときは、かかった費用の一部が療養費として支給されます。なお、骨折および脱臼については、緊急の場合を除き、あらかじめ医師の同意を得ることが必要です。

ただし、次の場合は健康保険の対象にはならず、全額自己負担になります。

- ●単なる肩こり、筋肉疲労
- ●慰安目的のあんま・マッサージ代わりの利用
- ●病気（神経痛・リウマチ・五十肩・関節炎・ヘルニアなど）からくる痛み・こり
- ●脳疾患後遺症などの慢性病
- ●過去の交通事故などによる後遺症
- ●症状の改善のみられない長期の治療
- ●医師の同意のない骨折や脱臼の治療（応急処置除く）
- ●業務上や通勤中に起きた負傷

療養費は、患者が費用の全額を支払い、その後保険者へ請求手続きをして支給を受ける償還払いが原則ですが、柔道整復師による施術は受領委任が認められています。これは、患者側が自己負担分のみを支払い、柔道整復師が患者に代わって残りの費用を保険者に請求する方法です。このため多くの整骨院や接骨院では、病院にかかったときと同じように、自己負担分のみ支払うことにより施術を受けることができます。

なお、保険医療機関（病院、診療所など）で同じ負傷部分の治療を受けているときは、柔道整復師による施術を受けても保険の対象になりません。

「柔道整復師」とは？

柔道整復師とは、ケガやスポーツなどの損傷に対して、手術や薬を使わずに回復させ快適な生活を送ることができるように導く専門家です。

マッサージが健康保険の対象になるのは、例えば、脳梗塞などの後遺症で、関節が硬くて動かない、または動きが悪いとき、筋肉が麻痺して自由に動けないとき、などです。

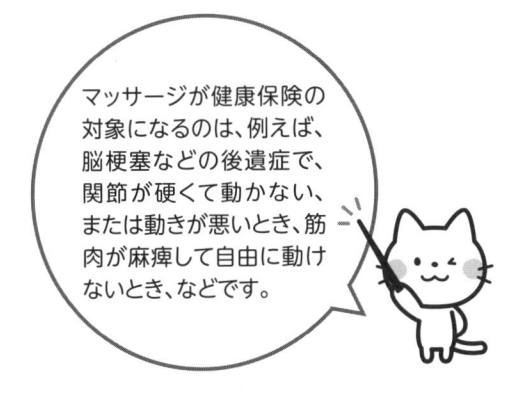

7 その他の給付「訪問看護療養費」「移送費」

訪問看護を受けたときは、その利用料を負担しなければなりません。同じ訪問看護でも、種類によって利用料の自己負担額などが違うことをご存じですか？

訪問看護療養費

訪問看護は、病気や障害を抱えながら自宅で療養中の人に、看護師などが訪問して、療養生活上の世話や診療の補助を行うものです。例えば、血圧・体温・呼吸のチェック、血糖測定、カテーテル管理など、内容は人によって異なります。

訪問看護の種類としては、次の三つがあります。

（1）健康保険の訪問看護
（2）介護保険の訪問看護
（3）自費の訪問看護

健康保険の訪問看護を利用したときの自己負担額は、**利用料の1割から3割**です。あとの9割から7割分は訪問看護療養費として、健康保険から現物給付されます。

介護保険の訪問看護を利用したときは、**1割から3割負担**であり、**自費による訪問看護は10割負担**です。健康保険と介護保険を比べると、一般的に介護保険のほうが自己負担割合が低いメリットがありますが、制度上においても介護保険制度が利用できるときは、**介護保険の訪問看護を優先的に利用**することとされています。

介護保険制度には、月間の支給限度額があります。そのため、訪問介護などのサービス（第3章Ⅲ・3参照）を多く利用していると、訪問看護が利用できなくなることがあります。そこで、**特に重い病気や症状の人**は、医師がその必要性を認めた上で、**健康保険の訪問看護を利用**することができます。交通費・おむつ代などの実費や、営業時間外の対応などの特別サービスを希望して受けたときは、特別料金の支払いも必要です。健康保険の訪問看護の利用だけで足りなければ**自費による訪問看護を併用**することもできます。利用する際は、主治医にご相談ください。なお、訪問看護療養費の基本利用料は、**高額療養費**（第2章Ⅱ参照）の対象となります。

訪問看護を利用できる人

	介護保険の訪問看護	健康保険の訪問看護※	自費の訪問看護
65歳以上	介護保険で要支援・要介護と認定された人	医師が訪問看護の必要性を認めた人で介護保険の要支援・要介護に該当しない人	すべての人
40歳以上65歳未満	16特定疾患の対象者で、要支援・要介護と認定された人	医師が訪問看護の必要性を認めた人で、①16特定疾患の対象でない人②16特定疾患の対象であっても、介護保険の要支援・要介護に該当しない人	
40歳未満	利用できない	医師が訪問看護の必要性を認めた人	

※特例として、介護保険の訪問看護の対象者でも、特に重い病気の人（厚生労働大臣が定める疾病に該当する人等）は健康保険の訪問看護の対象となる場合があります。厚生労働大臣が定める疾病とは、末期の悪性腫瘍、重症筋無力症、進行性ジストロフィー症、パーキンソン病関連疾患、頸髄損傷、人工呼吸器を使用している状態等です。

病気やケガの治療のため、入院、転院をする際の交通費が、健康保険から支払われることをご存じですか？

移送費が支給されるとき

医師の指示により、入院や転院が必要となったとき、移送にかかった交通費については、**移送費**として現金給付されることがあります。次のいずれにも該当すると保険者が認めた場合に限られます。

- ●移送の目的である療養が保険診察として適切であること
- ●療養の原因である病気やケガにより移動が困難であること
- ●緊急・その他、やむを得ないこと

移送費の額は、実際に支払った費用です。ただし、最も経済的な通常の経路および方法により移送された場合の旅費の範囲内に限られています。なお、必要があって医師などの付添人が同乗したときの人件費は、**療養費**（3割負担）として支給されます。

Ⅱ 業務上の病気やケガのときに使う〝労災保険制度〟

1 業務上の病気やケガのときは労災保険を利用

仕事中や通勤中にケガをしたとき、私たちは病院などに行き、レントゲンをとったり、ギブスをしてもらったりなどの治療を受けます。そのとき病院の窓口で健康保険証を提示していませんか？

健康保険証を使ってはいけない

実は、このようなケースは提示してはダメなのです。健康保険証を使ってはいけません。

病院にかかるときは、いつでも病院の窓口に健康保険証を提示するものと思いがちですが、健康保険が使えるのは、業務外の病気やケガのときに限られています。

労災保険の対象となったときの自己負担

業務上や通勤中の病気やケガで治療を受けるときは、労災保険の対象となります。病院にかかったとき、健康保険では医療費の3割を負担することになりますが、労災保険に自己負担金はありません。無料です。これは、労災保険からの給付があるからです。業務災害のときは**療養補償給付**、通勤災害のときは**療養給付**が支給され、医療費の全額が賄われます。ただし、通勤災害には、初めて治療を受けたときのみ、200円の自己負担があります。したがって、健康保険証を提示してしまうと、余計な医療費を支払うことになりますから注意が必要です。

仕事をしているときにケガをしたら

それでは業務上や通勤中の病気やケガのときは、どうすればよいのでしょうか。

ポイントは二つあります。まず、病院の窓口で「**労災保険の対象となる仕事中や通勤中の傷病での受診です**」と伝えましょう。何も伝えず健康保険証を提示すれば、病院側は当然に健康保険の対象として処理します。こちらから状況を伝えない限り、わかるはずもありません。

治療開始後に「実は仕事中のケガで……」と病院に伝えると、健康保険は適用されないとして、これまでの医療費が返還請求されます。約70万円を返還するようといわれたケースもありました。労災保険から後日支給されるとしても、貯えがなければ大変なことになります。

二つ目に、できる限り**労災保険指定医療機関**にかかりましょう。そうすれば、治癒するまでの間は、実質無料で治療を受けることができます。労災保険指定医療機関を受診する際は、窓口に「療養補償給付たる療養の給付請求書」を提出します。その書類は、病院経由で会社を管轄する労働基準監督署に届きます。請求が認められれば、病院に医療費が支払われる**現物給付**が行われます。

ただ、近くに労災保険指定医療機関がないこともあるでしょう。そんなときは、受診した病院の窓口で一旦医療費の全額を支払い、後日、会社経由で労働基準監督署に請求して払戻しを受けます。これを「**療養の費用の支給**」といい、**現金給付**となります。結果的に支払った医療費は戻ってきますが、立替払いが必要であったり、払戻しされるまでに時間がかかったりするので、労災保険指定医療機関にかかるほうが手間がかかりません。

「現物給付」「現金給付」とは?

●現物給付

健康保険証を医療機関に提示し、診療や検査、投薬、入院などの医療行為で支給されるものです。
お金が支給されるわけではありません。

●現金給付

治療にかかった費用をお金で支給するものです。

「労災保険指定医療機関」とは?

労災保険法(労働者災害補償保険法)の規定による療養の給付を行うものとして、労災保険法施行規則第11条第1項の規定により、都道府県労働局長が指定する病院または診療所のことです。

Q&A

Q 療養補償給付(療養給付)はいつまで受けることができますか?

A 療養補償給付(療養給付)は、その病気やケガによる療養を必要としなくなるまで、行われます。治療の効果が期待できず、療養の必要がなくなったときは終了します。

2 労災保険が給付される要件

通勤中の駅の階段で転んでケガをして、病院にかかったとき、労災保険の対象になると思いますか？

労災保険は、業務上の事由または通勤による労働者の負傷、疾病、障害、死亡などに対して行われる保険給付です。

業務上災害とは

次の二つの要件が認められたときに、**業務上災害**とされ、労災保険の給付を受けることができます。

①仕事中に発生した病気・ケガであること（業務遂行性）

②仕事が病気・ケガの原因であること（業務起因性）

工場での作業中に、機械に挟まれたり、高い所から落ちたりしてケガをしたケースは、問題なく業務上災害として認められます。取引先に行く途中に、石につまずいて転んでケガをしたときなども業務上災害です。出張中の災害についても、出張過程の全般が事業主の支配下にあると認められるため、業務上災害として取り扱われます。

ただし、業務上の病気やケガであっても、次のようなときは業務上災害とは認められません。

- 労働者が仕事中に私的行為を行い、または業務を逸脱する恣意的行為をしていて、それが原因となった災害を被ったとき
- 労働者が故意に災害を発生させたとき
- 労働者が個人的な恨みなどにより、第三者から暴行を受けて被災したとき
- 地震・台風などの天災地変によって被災したとき

通勤災害とは

通勤中の病気やケガについても業務上と同様の給付を受けることができます。例えば、通勤中の駅の階段で、バランスを崩して転んでケガをしたときは、**通勤災害と**

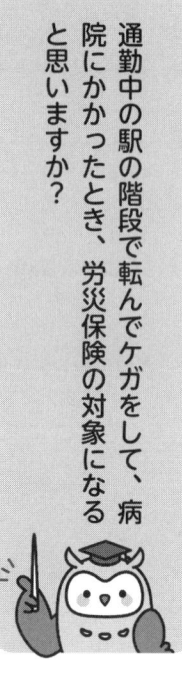

され、労災保険の給付を受けることができます。

労災保険でいう通勤とは、「**労働者が就業に関し、住居と就業場所との間を合理的な経路および方法により行うこと**」と定義されています。通常の通勤経路はもちろん、単身赴任者が、赴任先住居と帰省先住居の移動中に負ったケガなどは、原則、通勤災害として認められます。

逸脱と中断とは

会社からの帰りに、コンビニに寄ったり、飲み会に参加したりしたときはどうでしょうか。

通勤の経路を**逸脱**したり、**中断**したりしたときは、逸脱または中断の間およびその後の移動は、通勤とは認められません。ただし、その逸脱または中断が**日常生活上必要な行為**（厚生労働省令で定めるものをやむを得ない事由により行う最小限度のもの）であるときは、その逸脱または中断の間を除き、合理的な経路に戻った後は通勤とされます。「**日用品の購入その他これに準ずる行為**」「選挙権の行使」などが該当します。

例えば、会社の帰り道にスーパーに寄ったとき、買い物中の店内で負ったケガであれば通勤災害になりませんが、買い物が終了した後の帰り道のケガであれば、通勤災害となります。

なお、労災保険の対象者は、会社で働く人全員です。働く日数・時間・期間を問わずに対象となるので、アルバイトや日雇労働者、派遣労働者も含まれます。ただし、代表権・業務執行権を有する役員、事業主と同居している親族は、原則として適用されません。

「逸脱・中断」とは?

逸脱とは通勤と関係のない目的で合理的な経路を外れることをいい、中断とは通勤経路上で通勤とは関係のない行為を行うことをいいます。

[逸脱・中断となるもの]

- 飲み会　● 映画館に入る　● フィットネスクラブに入る
- デートのため長時間にわたって話し込むなど

日用品の購入その他これに準ずる行為となるもの

- 経路近くにある公衆便所を利用すること
- 経路上の店でタバコや雑誌等を購入すること
- 帰途で惣菜等を購入すること
- クリーニング店に立ち寄ること
- 独身者が食堂に立ち寄ること
- 治療のために病院や診療所に寄ること
- 施術所においてあんまなどの施術を受けることなど

3 仕事ができないときの生活保障「休業補償給付」

業務上や通勤中の病気やケガで会社を休んだとき、生活保障のための給付があることをご存じですか？

休業補償給付の要件

業務上または通勤中の病気やケガが原因で、療養のために働くことができないとき、労災保険から**休業補償給付**（通勤災害は**休業給付**）が受けられます。

休業補償給付（休業給付）の要件は次の三つです。

①業務上や通勤中の病気やケガによる療養であること
②療養のため働くことができないこと
③賃金を受けていないこと

休業補償給付の支給額

休業補償給付（休業給付）の額は、1日につき**給付基礎日額の60％**です。これに、休業給付基礎日額の20％が、休業特別支給金として上乗せされるので、**合計で80％が保障されます。**なお、賃金を受けていてもその額が通常の60％未満なら支給されます。また、1日の一部について働いた場合でも給付基礎日額と賃金との差額を元に算定された額が支給されることがあります。

休業補償給付の支給開始時期

休業補償給付（休業給付）は、要件を満たせば**休業の4日目から支給**されます。3日休業したら4日目から支給されるしくみですが、最初の3日間（待期期間）の休業は、継続している必要はありません。ちなみに、健康保険の傷病手当金は、3日連続して休業していなければ支給されません。また、最初の3日間についても、事業主による労働基準法上の休業補償があり、その額は平均賃金の60％以上とされています。ただし、この3日間の補償は業務災害のみであって、通勤災害にはありません。

つまり、**業務災害のときは休業初日から、通勤災害のときは休業4日目から生活保障の給付が行われます。**

休業補償給付（休業給付）は、健康保険の傷病手当金

のしくみと類似していますが、休業補償給付（休業給付）のほうが手厚い内容です。

休業補償給付（休業給付）の請求は、休業（補償）給付支給請求書を所轄の労働基準監督署長に提出します。

休業特別支給金の支給申請も同時に行います。

「給付基礎日額」とは?

給付基礎日額は、労働基準法の平均賃金に相当する額です。平均賃金は、業務上または通勤中のケガや死亡の原因となった事故が発生した日等の直前3カ月間に被災労働者に対して支払われた賃金の総額（ボーナス除く）をその期間の総日数で割った1日あたりの賃金額のことです。

Q&A

Q 休業補償給付（休業給付）はいつまで受けることができますか?

A 休業補償給付（休業給付）は、要件を満たしている間は支給されます。ただし、療養開始から1年6カ月が経過して、傷病補償年金（傷病年金）を受給することになったときは、傷病補償年金（傷病年金）に切り替わります。

休業（補償）給付と傷病手当金の違い

	待期期間	給付額	支給期間
休業補償給付（休業給付）	通算3日	給付基礎日額の80%	必要に応じて
傷病手当金	継続3日	標準報酬日額の3分の2	支給開始から1年6カ月間

計算事例

10月に仕事中の事故により、100日間休業（最初の3日間除く）しました。休業補償給付はいくら受給できますか?

（賃金は月30万円、賃金締切日は毎月末日）

【給付基礎日額】

（30万円×3カ月）÷92日 ≒ 9,783円

（総日数　7月は31日、8月は31日、9月は30日）

・休業補償給付

9,783円×60%×100日間 = 586,980円

・特別支給金

9,783円×20%×100日間 =195,660円

586,980円 + 195,660円 = 782,640円、が支給されます。

4 傷病が治っていないときは「傷病補償年金」

業務上や通勤中に負ったケガが治らず、休業が長くなったときは、受ける給付の種類が変わることがあるのをご存じですか？

休業補償給付から傷病補償年金へ

業務上または通勤中の病気やケガが、療養開始後1年6カ月を経過しても**治癒**せず、かつ、その病気やケガによる障害の程度が、傷病等級表に該当する場合は、休業補償給付に代わって**傷病補償年金**（通勤災害は**傷病年金**）が支給されます。

傷病等級は第1級から第3級まであり、第1級は給付基礎日額の313日分、第2級は277日分、第3級は245日分が支給されます。さらに、**傷病特別年金**が上乗せされます。第1級は算定基礎日額の313日分、第2級は277日分、第3級は245日分です。また、**傷病特別支給金**も一時金として支給されます。障害の程度により114万円から100万円です。

傷病補償年金（傷病年金）は、**所轄の労働基準監督署長の職権によって支給・不支給の判定が行われます**ので、受給するための手続きは必要ありませんが、「傷病の状態等に関する届」の提出を求められたときは、医師の診断書などを添付した上で提出します。

傷病補償年金（傷病年金）を受ける人には休業補償給付（休業給付）は支給されません。これに対して、療養の開始から1年6カ月を経過したとき、傷病は治癒していないものの障害の程度が傷病等級に該当しない人には、傷病補償年金（傷病年金）は支給されず、必要に応じて休業補償給付（休業給付）が引き続き支給されます。その場合は、毎年1月分の請求の際に「傷病の状態等に関する報告書」の提出を求められますので、診断書などを添付して提出します。なお、傷病補償年金（傷病年金）を受給していても、従来から行われている療養補償給付（療養給付）は、引き続き支給されます。

「算定基礎日額」とは?

業務上や通勤中の事故が発生した日以前1年間に、事業主から支払われた3カ月を超える期間に支払われた特別給与(ボーナス)の総額を、365で割った金額をいいます。上限や例外があります。

「治癒」とは?

労災保険における治癒とは、身体の諸器官・組織が健康時の状態に完全に回復した状態のみをいうものではありません。傷病の症状が安定し、医療を行っても効果が期待できなくなった状態(その傷病の回復・改善が期待できなくなった状態)をもいいます。

傷病補償年金の傷病等級と支給額

給付 / 傷病等級	傷病補償年金(傷病年金)	傷病特別支給金	傷病特別年金
	給付基礎日額の	一時金	算定基礎日額の
第1級	313日分	114万円	313日分
第2級	277日分	107万円	277日分
第3級	245日分	100万円	245日分

※313日分⇒障害の状態が継続している期間1年間につき給付基礎日額313日分

傷病等級表

第1級	1	神経系統の機能または精神に著しい障害を有し、常に介護を要するもの
	2	胸腹部臓器の機能に著しい障害を有し、常に介護を要するもの
	3	両眼が失明しているもの
	4	そしゃくおよび言語の機能を廃しているもの
	5	両上肢をひじ関節以上で失ったもの
	6	両上肢の用を全廃しているもの
	7	両下肢をひざ関節以上で失ったもの
	8	両下肢の用を全廃しているもの
	9	前各号に定めるものと同程度以上の障害の状態にあるもの
第2級	1	神経系統の機能または精神に著しい障害を有し、随時介護を要するもの
	2	胸腹部臓器の機能に著しい障害を有し、随時介護を要するもの
	3	両眼の視力が0.02以下になっているもの
	4	両上肢を腕関節以上で失ったもの
	5	両下肢を足関節以上で失ったもの
	6	前各号に定めるものと同程度以上の障害の状態にあるもの
第3級	1	神経系統の機能または精神に著しい障害を有し、常に労務に服することができないもの
	2	胸腹部臓器の機能に著しい障害を有し、常に労務に服することができないもの
	3	一眼が失明し、他眼の視力が0.06以下になっているもの
	4	そしゃくまたは言語の機能を廃しているもの
	5	両手の手指の全部を失ったもの
	6	第1号および第2号に定めるもののほか常に労務に服することができないものその他前各号に定めるものと同程度以上の障害の状態にあるもの

5 身体に障害が残ったときは「障害補償年金」

業務上や通勤中の病気やケガで障害が残ったときは、障害補償給付が支給されることをご存じですか？

障害が残ったら障害補償給付

業務上または通勤中の病気やケガが治癒し、一定の障害が残ったときは、**障害補償給付**（通勤災害は**障害給付**）が支給されます。

障害等級第1級から第7級までに該当するときは、**障害補償年金**に加えて、**障害特別支給金（一時金）**と**障害特別年金**が支給されます。

障害等級第8級から第14級に該当するときは、一時金として、**障害補償一時金（障害一時金）**、**障害特別支給金**、**障害特別一時金**が支給されます。傷病特別支給金の支給を受けていたときは、障害特別支給金との差額が支給されます。

請求方法は、障害（補償）給付支給請求書に、医師または歯科医師の診断書および必要に応じてレントゲン写真などの資料を添付の上、所轄の労働基準監督署長に提出します。同一の事由によって、障害厚生年金、障害基礎年金などの支給を受けているときは、その支給額を証明できる書類も添付します。

障害補償年金前払一時金

傷病が治癒した直後は、まとまったお金が必要になるときも多いです。障害補償年金（障害年金）の受給権者は、請求により、**障害補償年金前払一時金（障害年金前払一時金）**を受けることができます。

障害補償年金前払一時金（障害年金前払一時金）が支給された場合には、各月に支給されるべき障害補償年金（障害年金）の合計額が受給した金額に達するまでの間、障害補償年金（障害年金）が支給停止されます。

請求は、原則として障害補償年金（障害年金）の請求と同時に行います。

障害（補償）給付の障害等級と支給額

障害等級	障害（補償）年金 （年金） 給付基礎日額×	障害特別支給金 （一時金）	障害特別年金 （年金） 算定基礎日額×
第1級	313日分	342万円	313日分
第2級	277日分	320万円	277日分
第3級	245日分	300万円	245日分
第4級	213日分	264万円	213日分
第5級	184日分	225万円	184日分
第6級	156日分	195万円	156日分
第7級	131日分	159万円	131日分

障害等級	障害（補償）一時金 （一時金） 給付基礎日額×	障害特別支給金 （一時金）	障害特別一時金 （一時金） 算定基礎日額×
第8級	503日分	65万円	503日分
第9級	391日分	50万円	391日分
第10級	302日分	39万円	302日分
第11級	223日分	29万円	223日分
第12級	156日分	20万円	156日分
第13級	101日分	14万円	101日分
第14級	56日分	8万円	56日分

障害（補償）年金前払一時金の額

下表の額のうち、受給権者の選択する額

障害等級	額
第1級	給付基礎日額の200日分、400日分、600日分、800日分、1,000日分、1,200日分、1,340日分
第2級	給付基礎日額の200日分、400日分、600日分、800日分、1,000日分、1,190日分
第3級	給付基礎日額の200日分、400日分、600日分、800日分、1,000日分、1,050日分
第4級	給付基礎日額の200日分、400日分、600日分、800日分、920日分
第5級	給付基礎日額の200日分、400日分、600日分、790日分
第6級	給付基礎日額の200日分、400日分、600日分、670日分
第7級	給付基礎日額の200日分、400日分、560日分

6 労災保険と社会保険の併給調整

障害厚生年金を受給すると、労災保険の給付が減額されるのであれば、障害厚生年金は請求しないほうがよいと考えていませんか？

障害補償年金と障害厚生年金

同一の事由によって、労災保険の給付と社会保険の年金が両方支給されるときは、**労災保険の給付が減額される併給調整**が行われます。例えば、障害厚生年金と障害基礎年金を受給すると、障害補償年金（障害年金）が73%相当額に減額されます。

同一の事由によって傷病補償年金（傷病年金）や休業補償給付（休業給付）を受給したときにも、調整が行われます。その際も、社会保険側の年金が全額支給され、労災保険の給付は次ページの調整率を乗じた額に減額されます。これは、両制度からの給付額の合計が、被災前に支給されていた給与よりも高額にならないための措置です。

「労災保険の給付が減額されてしまうのであれば、障害厚生年金はいらない」という人は多いです。「減額」と聞くと、損をするように思われるかもしれませんが、損をすることはありません。減額された労災保険の給付と社会保険の年金額の合計が、調整前の労災保険の給付額より低くならないように考慮されているからです。**受ける権利のあるものは請求**しておきましょう。

併給調整が行われる給付

併給調整が行われるのは、**同一の理由によって支給される給付のみ**です。例えば、仕事中の事故で肢体に障害が残って障害補償年金を受給している人が、人工透析を開始したことにより障害厚生年金を受給したとしても、障害補償年金は減額されず、全額を受給することができます。また、老後の年金を受けることになったときにも事由が異なるため、労災保険の給付は減額されず、全額を受給することができます。

労災保険と社会保険の調整率

労災保険の年金と社会保険の年金との調整

障害(補償)年金

●障害(補償)年金	0.73	＋	障害厚生年金および障害基礎年金	全額
●障害(補償)年金	0.83	＋	障害厚生年金	全額
●障害(補償)年金	0.88	＋	障害基礎年金	全額

傷病(補償)年金

●傷病(補償)年金	0.73	＋	障害厚生年金および障害基礎年金	全額
●傷病(補償)年金	0.88	＋	障害厚生年金	全額
●傷病(補償)年金	0.88	＋	障害基礎年金	全額

遺族(補償)年金

●遺族(補償)年金	0.80	＋	遺族厚生年金および遺族基礎年金	全額
●遺族(補償)年金	0.84	＋	遺族厚生年金	全額
●遺族(補償)年金	0.88	＋	遺族基礎年金	全額

ただし、「調整後の労災保険の年金額 ＋ 社会保険の年金額 ＜ 調整前の労災保険の年金額」となる場合は、「調整前の労災保険の年金額 − 社会保険の年金額」が労災保険の年金額とされます。

休業(補償)給付と社会保険の年金との調整

●休業(補償)給付	0.73	＋	障害厚生年金および障害基礎年金	全額
●休業(補償)給付	0.88	＋	障害厚生年金	全額
●休業(補償)給付	0.88	＋	障害基礎年金	全額

ただし、「調整後の休業(補償)給付 ＜ 調整前の休業(補償)給付 − 社会保険の年金額 × 1/365」となる場合は、「調整前の休業(補償)給付 − 社会保険の年金額 × 1/365」が休業(補償)給付の額とされます。

障害(補償)一時金と障害手当金の調整

同一の事由によって障害(補償)一時金と厚生年金保険の障害手当金の受給権が発生した場合、障害(補償)一時金が全額支給され、障害手当金は支給されません。

「併給調整」とは?

年金制度においては、一人の人が複数の年金を受けることは過剰給付になり公平性を失うとの観点から、「一人1年金」が原則です。複数の年金を受けられるときは、いずれかひとつの年金を選択しなければならず、これを併給調整といいます。ただし、障害基礎年金と老齢厚生年金のように、例外が認められているときもあります。

7 介護状態になったときは「介護補償給付」

介護が必要な状態にあるときは、障害補償年金、傷病補償年金に加えて、介護補償給付が受けられることをご存じですか？

介護補償給付（介護給付）の支給額は、常時介護を必要とする状態か、随時介護を必要とする状態か、親族等の介護を受けているか、受けていないかによって異なります。

介護補償給付の要件

障害補償年金（障害年金）、または**傷病補償年金**（傷病年金）を受けている人が、常時介護、随時介護を要する障害状態にあり、実際に介護を受けているときは、その介護を受けている間、**介護補償給付**（通勤災害は**介護給付**）が支給されます。ただし、一定の障害にあることが必要で、障害補償年金（障害年金）または傷病補償年金（傷病年金）の第1級の人すべてと、第2級以上の障害のうち、神経障害、精神障害、胸腹部臓器の障害を有している人などが該当します。病院に入院していたり、障害者支援施設で生活介護を受けていたり、特別養護老人ホームなどに入所していたりする人には支給されません。

介護（補償）給付の支給額

常時介護の場合

介護者＼該当月	1月目	2月目以降
業者のみ	上限：105,290円	
業者+親族	実　費	最低保障：57,190円
親族のみ	不支給	定　　額：57,190円

随時介護の場合

介護者＼該当月	1月目	2月目以降
業者のみ	上限：52,650円	
業者+親族	実　費	最低保障：28,600円
親族のみ	不支給	定　　額：28,600円

※平成31年4月1日現在（毎年度人事院による国家公務員の給与勧告率に応じ改定される）

8 その他の給付「外科後処置」など

社会復帰促進等事業

労災保険には、被災労働者の円滑な社会復帰を促進するために、次のような事業が行われています。

主な社会復帰促進等事業

名　称	内　容
外科後処置	保険給付の対象とならない義肢装着のための断端部の再手術、顔面醜状の軽減のための整形手術など
義肢等の支給	身体に障害を残した者で、必要があると認められる者に対して、義肢、義眼、眼鏡、つえ、車椅子などを無料で支給
労災就学等援護費	業務災害または通勤災害により死亡した労働者の遺族や重度障害者、長期療養者の子で学資等の支弁が困難である者には、学校の種別に応じて就学等援護費を支給
アフターケア	治癒後に再発や後遺障害に伴う新たな病気の発症を防ぐための、診察、保健指導、検査等のアフターケアの実施

第三者行為災害のときの調整

仕事中の交通事故などのように、第三者の行為によってケガなどをしたとき、その医療費は加害者が負担するべきものです。そのため、ケガなどを負った人が、同一の事由について損害賠償を受けたときは、その価格の限度で保険給付が行われません。災害発生後7年以内に支給事由が生じた保険給付であって、災害発生後7年以内に支払われるべき保険給付を限度としています。

加害者があるときの調整のしくみ

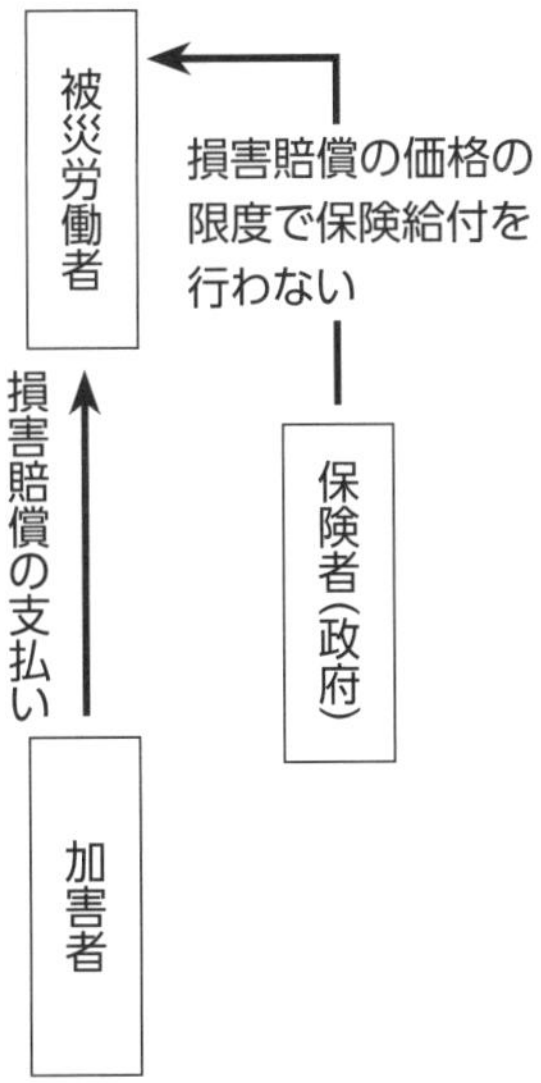

被災労働者
損害賠償の価格の限度で保険給付を行わない
保険者（政府）
損害賠償の支払い
加害者

9 退職後の労災保険の給付

業務上や通勤中のケガが理由で働けなくなり、療養していたものの、職場復帰することなく退職することとなったとき、受けていた給付に変更はあるのでしょうか？

退職後の労災保険の給付

労災保険について、保険給付を受ける権利は、退職によって変更されることはありません。

例えば、休業補償給付（休業給付）を受けていた人が、労働契約の満了によって退職することとなったときでも、引き続いて休業補償給付（休業給付）を受けることができます。退職時点で発生している権利だけではなく、将来的に発生する権利も保護されています。例えば、退職後に障害状態となったときは、障害補償給付（障害給付）が支給され、介護が必要な状況であれば、介護補償給付（介護給付）が支給されます。

保険給付の受給権保護

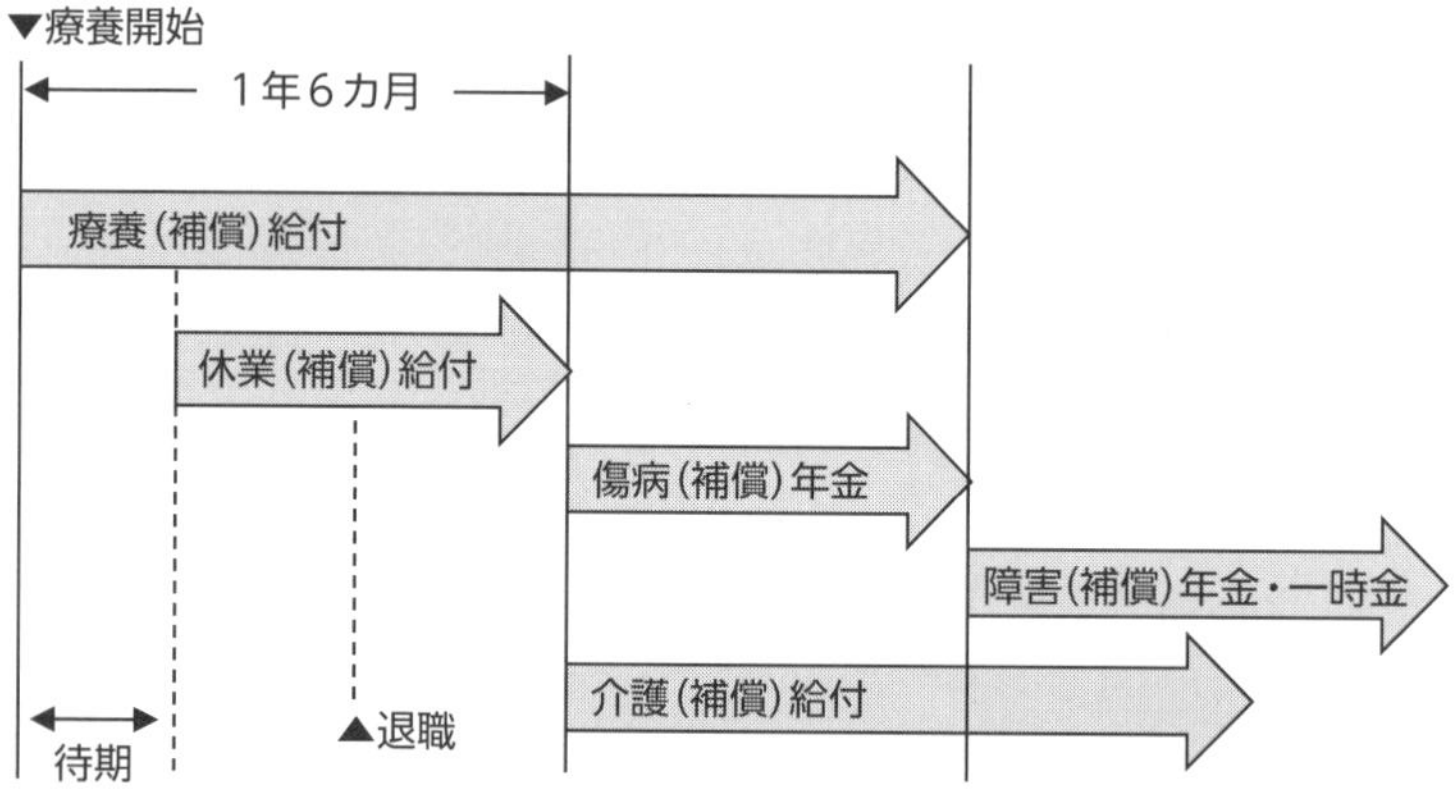

退職することによって、保険給付を受ける権利は変更されません。
受給中の療養(補償)給付や休業(補償)給付を受ける権利はもちろん、
将来発生するかもしれない障害(補償)年金等の権利についても
保護されています。

第2章

絶対に押さえておきたい傷病手当金と高額療養費

健康保険に入っているからこそ利用できる制度があります。

病気やケガで働けないときは、生活保障としての「傷病手当金」があります。

医療費をたくさん支払ったときは、その一部が払戻しされる「高額療養費」があります。

この二つの制度は、経済的負担を減らしてくれる強い味方ですから、利用しない手はありません。

しかし、制度を知らないばかりに、もらい損ねているケースは少なくありません。

第2章では、この二つの制度についてお伝えします。

Ⅰ　会社を休むことになったとき〝傷病手当金〟

1　休職したときに利用する傷病手当金のしくみ

病気やケガのために会社を休み、十分な報酬を得られないとき、健康保険からお金が受けられる制度があることをご存じですか？

健康保険で利用できる制度

会社に就職をすると、**健康保険証**を渡されます。病院にかかるときに健康保険証を窓口で提示することで、自身は医療費の３割を負担することで済んでいます（第１章Ⅰ・１参照）。このように、健康保険に加入していることにより、少ない負担で、診察、処置、投薬などの治療を受けることができます。それ以外にも、健康保険に入っているからこそ利用できる制度があります。

傷病手当金の対象者

病気やケガのために仕事ができず、会社からの給与が減額されたり、支給されなかったりしたときは、「傷病手当金」制度を利用することができます。

傷病手当金は、健康保険制度の加入者に対して支給される生活保障のための給付です。まずは、手元にある健康保険証を確認してください。「保険者名称」の部分に、「全国健康保険協会○○支部」「○○健康保険組合」「○○共済組合」などと記載してあれば、傷病手当金制度を利用できます。自営業などで「国民健康保険組合」と記載されている健康保険証を持っている人は、残念ながらこの制度に該当しませんので、ご注意ください。ただし、建設業などの同一業種による「国民健康保険組合」には、内容の違う傷病手当金の制度がある場合もありますので、加入している国民健康保険組合にお問い合わせください。

なお、傷病手当金は、**仕事をしている人が働けなくなったときに、休職中の生活を保障するために設けられた**

制度です。利用できるのは、健康保険証の本人のみであって、扶養されている家族は対象となりません。退職後の任意継続被保険者も対象になりませんが、一部要件を満たしている人については、退職後も引き続き支給されることがあります（本章Ⅰ・6参照）。

対象となるのは、業務外の病気やケガです。仕事や通勤中の病気やケガのときは、労災保険の対象（第1章Ⅱ参照）となるため利用できません。

健康保険証の記載例

健康保険
被保険者証　　本人（被保険者）
平成20年10月5日交付

氏名　山田　太郎
生年月日　昭和46年4月20日　性別　男
資格取得年月日　平成20年10月1日

事業所所在地　○○市○○町１－２－３
事業所名称　○○株式会社
保険者番号　□□□□□□□□
保険者名称　全国健康保険協会　●●支部　印
保険者所在地　○○市○○町１－２－３

医療保険制度の種類

	医療保険制度	加入者	
職域保険	各種共済組合	公務員・教員	傷病手当金制度の利用ができる
職域保険	健康保険組合	会社員	傷病手当金制度の利用ができる
職域保険	全国健康保険協会（協会けんぽ）	会社員・船員	傷病手当金制度の利用ができる
地域保険	国民健康保険組合	同一業種の人	傷病手当金制度の利用ができる場合あり
地域保険	市区町村国民健康保険	上記以外	
地域保険	後期高齢者医療制度	75歳以上	

※高額療養費制度（本章Ⅱ）は、すべての医療保険制度で利用できます。

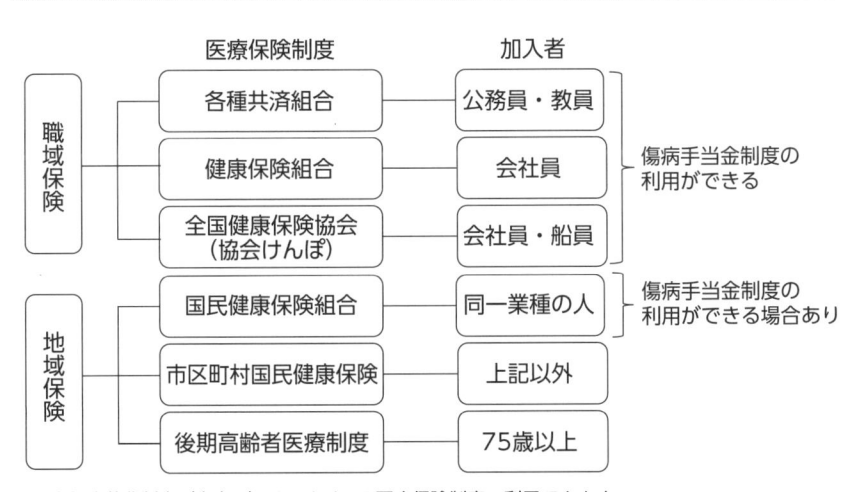

2 傷病手当金の具体的な要件は？

四つの要件をすべて満たさなければ、傷病手当金は支給されないことをご存じですか？

要件1　療養中であること

ひとつ目の要件は、**病気やケガのために療養していること**です。一般的には、病院にかかりながら療養していると思いますが、病院にかかっていない期間（診療を受けずに自宅で療養をしている期間、病後静養した期間、疾病にかかり医師の診療を受けるまでの期間など）についても、医師の意見書、事業主の証明書などにより、支給の対象となることがあります。ただし、業務上のケガなどの労災保険の給付対象となるものや、美容整形手術などにより療養をしているときは対象外です。

要件2　仕事に就くことができないこと

二つ目の要件は、**仕事に就くことができない状態（労務不能）であること**です。労務不能かどうかの判定は、必ずしも医学的な基準によるものではなく、個々の仕事の内容を考慮して判断されます。今まで従事してきた本来の仕事に耐えられるかどうかを基準として、社会通念に基づき認定されることとされています。

本来の仕事に就くことができなくても、相当額の報酬を得ているようなときは、労務不能に該当しません。本来の仕事の代替的性格を持たない副業や内職などに従事したり、一時的に軽微な他の労務に服したりして、報酬を得るようなときは、労務不能に該当します。

要件3　4日以上仕事を休むこと

三つ目の要件は、**連続する3日間を含む4日以上仕事に就けなかったこと**です。療養のため仕事に就けなくなった日から連続して3日を経過し、4日目から支給されます。この3日間を**待期期間**といいます。つまり、3日以上連続して休んでいなければ、傷病手当金は支給されません。待期期間は、欠勤した日だけではなく、年次有

待期期間の考え方

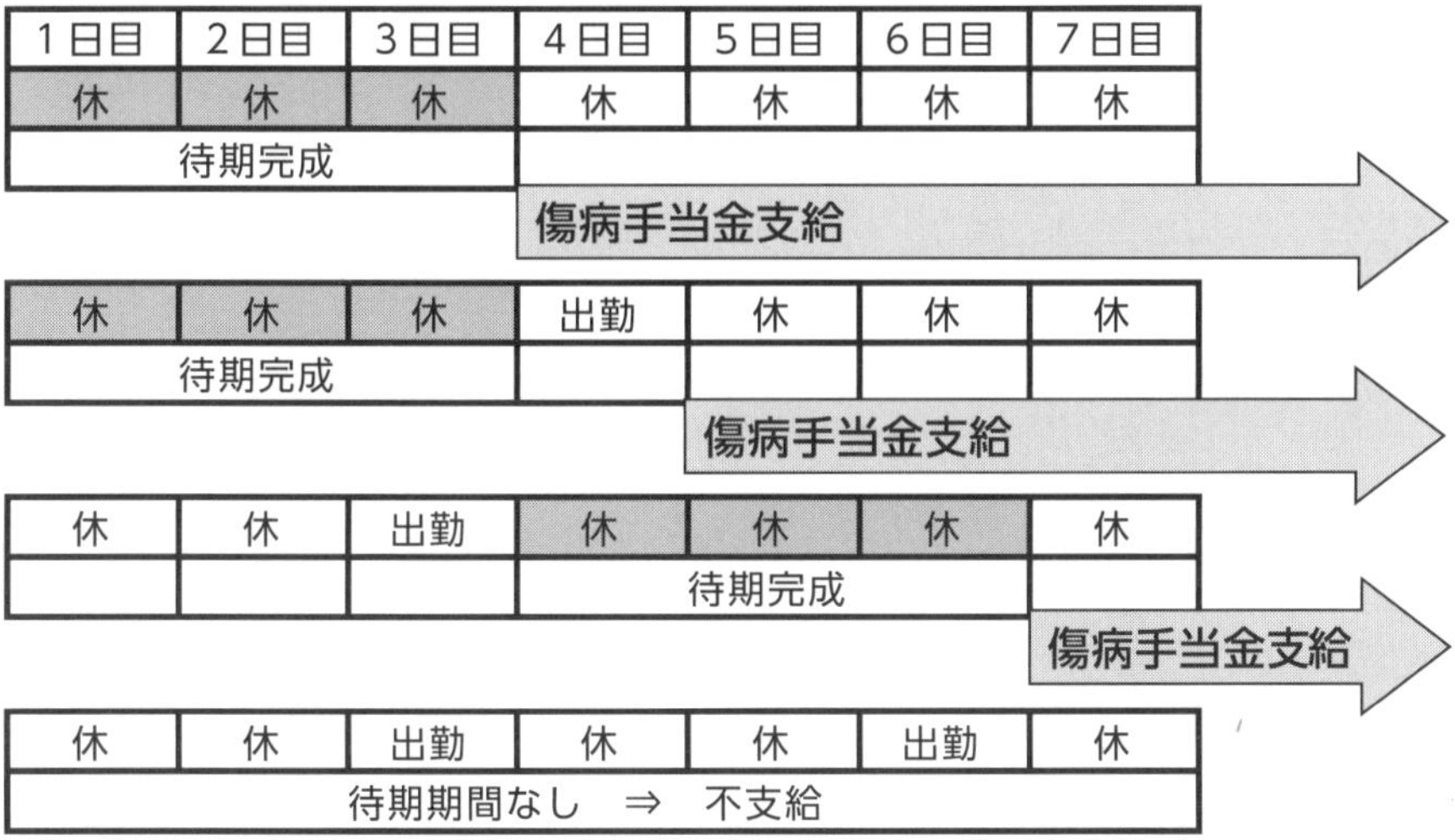
1日目
2日目
3日目
4日目
5日目
6日目
7日目
休 休 休 休 休 休 休
待期完成
傷病手当金支給
休 休 休 出勤 休 休 休
待期完成
傷病手当金支給
休 休 出勤 休 休 休 休
待期完成
傷病手当金支給
休 休 出勤 休 休 出勤 休
待期期間なし ⇒ 不支給

給休暇を取得した日や、土日・祝日などの公休日も該当します。給与の支払いがあったかどうかは関係ありません。就労時間中に業務外の事由で発生した病気やケガについて、仕事に就くことができない状態となったときは、その日を待期の初日として起算します。

要件4　給与の支払いがないこと

四つ目の要件は、**給与の支払いがないこと**です。傷病手当金は、給与が支払われている間は支給されません。ただし、給与が傷病手当金の額よりも少ないときは、差額が支給されます。

傷病手当金制度を利用する際は、医師の診断が必要ですが、病名はあまり重要ではありません。医師の診断に「就労不能と診断する」との文言が入っていると手続きがスムーズに進むようです。

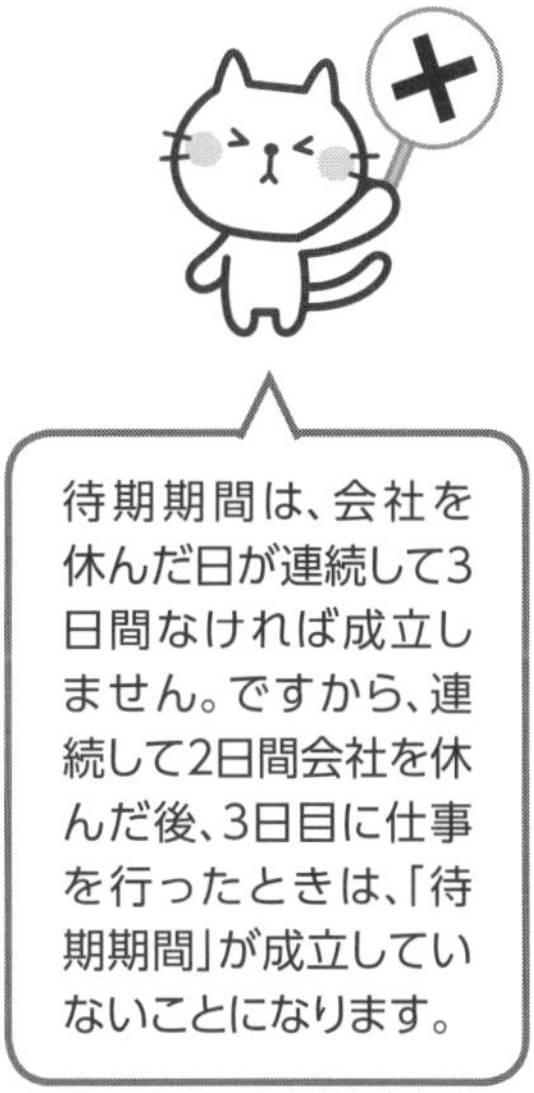
待期期間は、会社を休んだ日が連続して3日間なければ成立しません。ですから、連続して2日間会社を休んだ後、3日目に仕事を行ったときは、「待期期間」が成立していないことになります。

3 傷病手当金はいくら受給できるの？

傷病手当金は生活保障のためのものです。今後のことを考える上で、受給できる金額を把握しておきたいところですが、どのくらい受給できるかご存じですか？

傷病手当金の給付額

健康保険からの支給は、原則として現物給付です。現物給付とは、診察や治療などの医療そのものが給付されることです。**傷病手当金は、例外的に現金給付**です。

傷病手当金の額は、標準報酬月額を基準に計算します。具体的には、**標準報酬月額**（支給開始以前の継続した12カ月間の各月の標準報酬月額を平均した額）**の30分の1に相当する額の3分の2に相当する金額**が、1日あたりの金額です。標準報酬月額とは、実際に受けている給与とは異なり、原則として4月〜6月の総支給額の平均を等級表に当てはめて決定されたものです。

就職してからの期間が短く、傷病手当金の支給開始以前の期間が12カ月に満たないときは、「支給開始日の月以前の継続した各月の標準報酬月額の平均額」か「当該年度の前年度9月30日における全被保険者の同月の標準報酬月額を平均した額（加入する健康保険によって金額が異なる）」を比較して、いずれか少ない額の30分の1に相当する額の3分の2に相当する金額となります。傷病手当金を受けている間は、基本的にその額は変更されません。

加入している医療保険が健康保険組合のときは、通常の保険給付に**「付加給付」**が上乗せされて支給されることがあります。付加給付があるかどうかは、それぞれの健康保険組合に確認してみてください。

傷病手当金は、申請する期間分が支給されるしくみのため、給与のように毎月定期的に支給されることはありません。手続方法によっては、2〜3カ月に1回の支給となることもありますので、療養が長期になるときは注意が必要です。詳細は後述（本章Ⅰ・9参照）します。

複数の傷病手当金を受給できるとき

傷病手当金を受けている期間の途中に、別の病気やケガによって、別の傷病手当金を受給できる状態となったときは、**それぞれの傷病手当金のうち、いずれが多い額**が支給されます。

「標準報酬月額」とは?

健康保険料や厚生年金保険料は、「標準報酬月額×保険料率」で計算されています。標準報酬月額とは文字どおり「月額の標準の報酬」ですが、給与額とは一致しません。
等級別に分かれており、原則として4・5・6月の給与の平均額を該当する区分に当てはめて決定されます。例えば、4月、5月、6月の給与がそれぞれ、25万円、26万円、24万円のとき、平均は25万円です。等級表に当てはめると、標準報酬月額は26万円となります。

傷病手当金の計算式(1日あたり)

支給開始以前の継続した12カ月間の各月の標準報酬月額を平均した額	÷30日×2/3

計算事例　傷病手当金の計算事例(1日あたり)

- **支給開始以前に12カ月以上の被保険者期間あり**
- **標準報酬月額34万円、後半6カ月間は26万円**

A事業所	B事業所（▼転職）	休（▼ケガ）
標準報酬月額34万円	標準報酬月額26万円(6カ月)	

(34万円×6カ月＋26万円×6カ月)÷12カ月÷30日×2/3＝6,667円

※「30日」で割ったところで、1の位を四捨五入します。
※ 計算した金額に小数点以下があれば小数点第1位を四捨五入します。

いつもの給与額のおおよそ3分の2が保障されることになりますね。

4 傷病手当金はどのくらいの期間受給できるの？

傷病手当金は、療養期間中ずっと受給できるものではありません。どのくらいの期間受給できるのか、ご存じですか？

傷病手当金の支給期間

傷病手当金を受給できる期間は、支給が開始された日から最長1年6カ月です。会社の公休日があるときでも、療養のために仕事ができない状態であれば、傷病手当金を受けることができます。例えば、令和元年9月1日から休職、9月10日までは給与を全額受け、以後無給となったときは、9月11日から傷病手当金が支給されます。そして、最長で1年6カ月後の令和3年3月10日まで受給することができます。

この「1年6カ月」は、1年6カ月分の傷病手当金が支給されるという意味ではありません。支給が開始されたら、その日から暦の上で1年6カ月後までしか支給されません。

例えば、1年6カ月経過前に一旦仕事に復帰し、その後再び同じ病気やケガにより仕事に就けなくなったときは、**復帰期間中の傷病手当金が支給されない期間も含めて、1年6カ月が限度です。**暦の上で支給開始日から1年6カ月を経過すれば、支給は打ち切られます。仕事に就くことができない状態であったとしても、1年6カ月で支給は打ち切られます。

違う病気やケガで仕事に就けないときは

傷病手当金を1年6カ月受給後、職場復帰し、その後違う病気やケガにより仕事に就けなくなったときは、再度傷病手当金を受給することはできるでしょうか。

傷病手当金の支給期間は、「同一の病気やケガおよびこれにより発した疾病に関して、その支給を始めた日から起算して1年6月を超えないもの」とされています。**つまり、異なる病気やケガであれば、再度傷病手当金を受給することはできます。**例えば、糖尿病が原因で傷病手当金を1年6カ月受給した後に、交通事故によるケガにより仕事に就けなくなったときは、傷病手当金を再度受給することができます。

同一の病気やケガでの再受給

傷病手当金を1年6カ月受給後に職場復帰し、その後同一の病気やケガにより仕事に就けなくなったときは、再度傷病手当金を受給することはできるでしょうか。

「同一の病気やケガ」とは、1回の病気やケガが治癒するまでをいうので、医学的に治癒した後に再発した場合は、別疾病として扱われ、傷病手当金が支給されることがあります。

治癒の認定は必ずしも医学的判断だけではありません。傷病手当金が支給された病気やケガについて、医学的には治癒していなくても、**「社会的治癒」**があったと判断されるときは、傷病手当金の支給の上では別疾病として扱われます。つまり、同一の病気やケガが再発した場合であっても別のものとみなされ、再度傷病手当金が支給されることがあります。例えば、ガンが再発したときなど、傷病手当金が再度支給された事例があります。

「社会的治癒」については、症状経過や受診状況、就業状況などから、社会通念上治癒したものと認められるかどうかで個別具体的に判断されます。

傷病手当金の支給期間

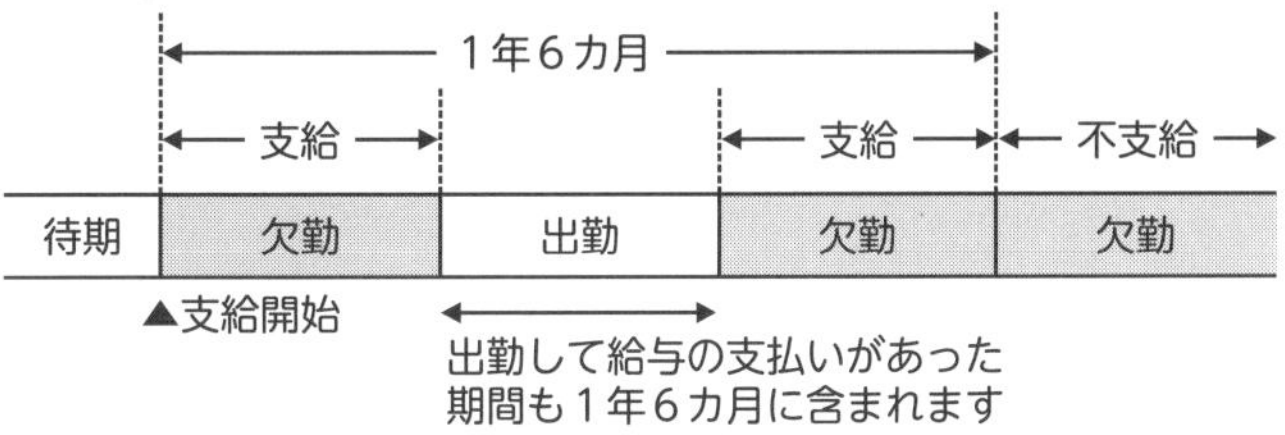
1年6カ月
支給
支給
不支給
待期
欠勤
出勤
欠勤
欠勤
▲支給開始
出勤して給与の支払いがあった期間も1年6カ月に含まれます

「社会的治癒」とは？

社会的治癒とは、医学的な治癒とは違い、医学的には同じ傷病であっても、前の傷病と後の傷病を分けて「社会通念上の治癒」として取り扱うことをいいます。前の傷病から数年経過して再発（再燃）したときでも、それまで特段の療養もなく通常の日常生活が送れていたとき、再発後に受診した日を新たな傷病の受診日とする考え方です。

5 傷病手当金受給中の社会保険料負担は？

給与が支払われない休職中であっても、社会保険料を納めなくてはいけないことをご存じですか？

休職中の社会保険料負担

会社に在職中は、社会保険料を負担しなければなりません。通常は給与から天引きされます。これは、傷病手当金を受給している期間についても同様です。

傷病手当金を受けているのであれば、給与が減額もしくは支払われていないはずです。しかし、その間も社会保険料の負担はあります。ただし、**給与からの天引きができないため、別途支払う必要があります。**支払う方法は会社によってさまざまですが、この社会保険料の負担が結構大変なのです。

傷病手当金は給与のおおむね３分の２の金額です。しかし、社会保険料は３分の２に減額されません。

例えば、給与総額が毎月30万円の人の社会保険料は、１カ月あたり約４万５０００円（加入機関・地域差あり）です。この人が休職して無給となった場合、傷病手当金は１カ月あたり約20万円が支給されますが、社会保険料は、１カ月あたり約４万５０００円のままです。入ってくるお金が減っても、社会保険料の負担額は変わりません。給与総額が60万円の人であれば、傷病手当金は約40万円、社会保険料は、約９万円の負担となります。基本的には給与が高い人ほど傷病手当金の額は高くなるのですが、社会保険料も高いのです。「社会保険料が高すぎる……」と思うかもしれませんが、これでも保険料の半分を会社が負担してくれているのです。

また、住民税も負担します。税額は人それぞれですが、社会保険料と同様に休職中も支払いが必要です。

退職したら社会保険料負担はどうなるか？

会社を退職した場合は、社会保険料を支払う必要はなくなります。ただ、退職後も何かしらの健康保険に入らなくてはいけません。任意継続被保険者（第4章Ⅱ・1参照）となるか、国民健康保険に加入するか、**家族の扶養に入ります**（第4章Ⅱ・2参照）。

よく次のような質問を受けます。

「会社を休職して傷病手当金をもらっていますが、社会保険料が高くて大変です。会社を退職して家族の扶養に入ることを検討していますができますか？」

会社を退職し家族の扶養に入ることができれば、社会保険料の負担は確かになくなります。ただ、ここで注意したいのが、退職後も傷病手当金を受給できる場合（本章Ⅰ・6参照）です。**退職後の傷病手当金**を受けている間は、家族の扶養に入れないかもしれません。

健康保険の扶養に入るには、収入の要件があります。60歳未満であれば年収130万円未満、60歳以上または障害のある人は年収180万円未満です。この収入は、**傷病手当金も含みます。**1日あたりの傷病手当金額で考えると、60歳未満であれば3611円未満、60歳以上または障害のある人は5000円未満であれば、収入の要件を満たします。しかし、それ以上であれば扶養に入ることはできませんので、退職後は任意継続被保険者となるか国民健康保険に加入するしかありません。

任意継続被保険者や国民健康保険の保険料は、在職中のように、会社がその一部を負担してくれません。60歳未満であれば国民年金保険料の支払いも必要となり、加えて扶養する配偶者分の支払いが必要になることもあります。つまり、在職中の社会保険料より退職後の負担のほうが大きいことも考えられます。休職中の社会保険料負担は大変ですが、その負担を減らすための退職は、さまざまなリスクもありますので注意が必要です。

「社会保険料」とは?

社会保険料とは、厚生年金保険料と健康保険料のことをいい、さらに40歳以上の人は介護保険料も含みます。通常は給与から天引きされ、その額面は人によって異なります。社会保険料の半分は会社が負担しています。

計算事例　標準報酬月額30万円（支給開始以前12カ月以上）のときの社会保険料（1カ月分）

	標準報酬月額（給与）	社会保険料
1月	30万円	約4.5万円
2月	30万円	約4.5万円
3月	30万円	約4.5万円
⋮	（休職）	
	傷病手当金（1カ月あたり）	社会保険料
	約20万円	約4.5万円

6 退職後も傷病手当金は受給できるの？

退職後は、原則として、傷病手当金を受給できないことをご存じですか？

退職後は傷病手当金を原則として受給できない

退職すると、会社の健康保険ではなく、他の医療保険制度に加入します。**傷病手当金は、会社の健康保険から抜けると、原則として受給することができません。**例えば、在職中に病気になり、しばらく働いていたが体調が悪くなって退職した場合、在職中に判明した病気であることを理由に、傷病手当金は受給できません。退職後に任意継続被保険者となったとしても同様です。ただし、例外的に受給できる場合があります。

退職後に傷病手当金を受給できる要件

退職後に傷病手当金を例外的に受給するには、次の二つの要件を満たす必要があります。

①退職日までに被保険者期間が継続して1年以上あること
②退職日に、現に傷病手当金を受けているか、受けられる状態であること

①の「退職日までに被保険者期間が継続して1年以上あること」は、同じ会社である必要はありません。例えば、転職をしていても1日の空白期間もなく健康保険に加入していれば問題ありません。

②の「退職日に、現に傷病手当金を受けているか、受けられる状態であること」は、退職するまでに傷病手当金を受給できる状態になっている必要があります。気をつけなければならないのが、待期期間の考え方です。

左図のⒶのように、療養のために働けない状態が3日連続しているだけでは、退職日に支給が行われていない状態ですから、退職後の継続給付としての傷病手当金の支給を受けることができません。つまり、図のⒷⒸのように休んでいる日が「3日連続＋1日以上」あることが

要件となります。

退職前に注意すべきこと

退職前に傷病手当金を受けていたからといって、退職後も必ず受給できるとは限りません。**退職後の傷病手当金は**、「引き続き1年以上被保険者であった者」が要件とされていますが、原則的な傷病手当金に本要件はないからです。例えば、入社して4カ月目に病気となり傷病手当金を受給し始めた人が、その2カ月後に退職することとなった場合、退職前に傷病手当金を受けていたとしても、退職後の傷病手当金は支給されません。

体調が悪くて本当は働ける状態ではないのに、「会社に迷惑をかけてはいけない」と、退職日まで休むことなく出勤し続ける人によくお会いします。当然に退職後の傷病手当金は受給できません。無理せずに、最後の4日間だけでも休んでいたら傷病手当金が受給できたのに、と思うと残念に思います。制度を知らないことによって、お金の面で損をすることがあるのです。

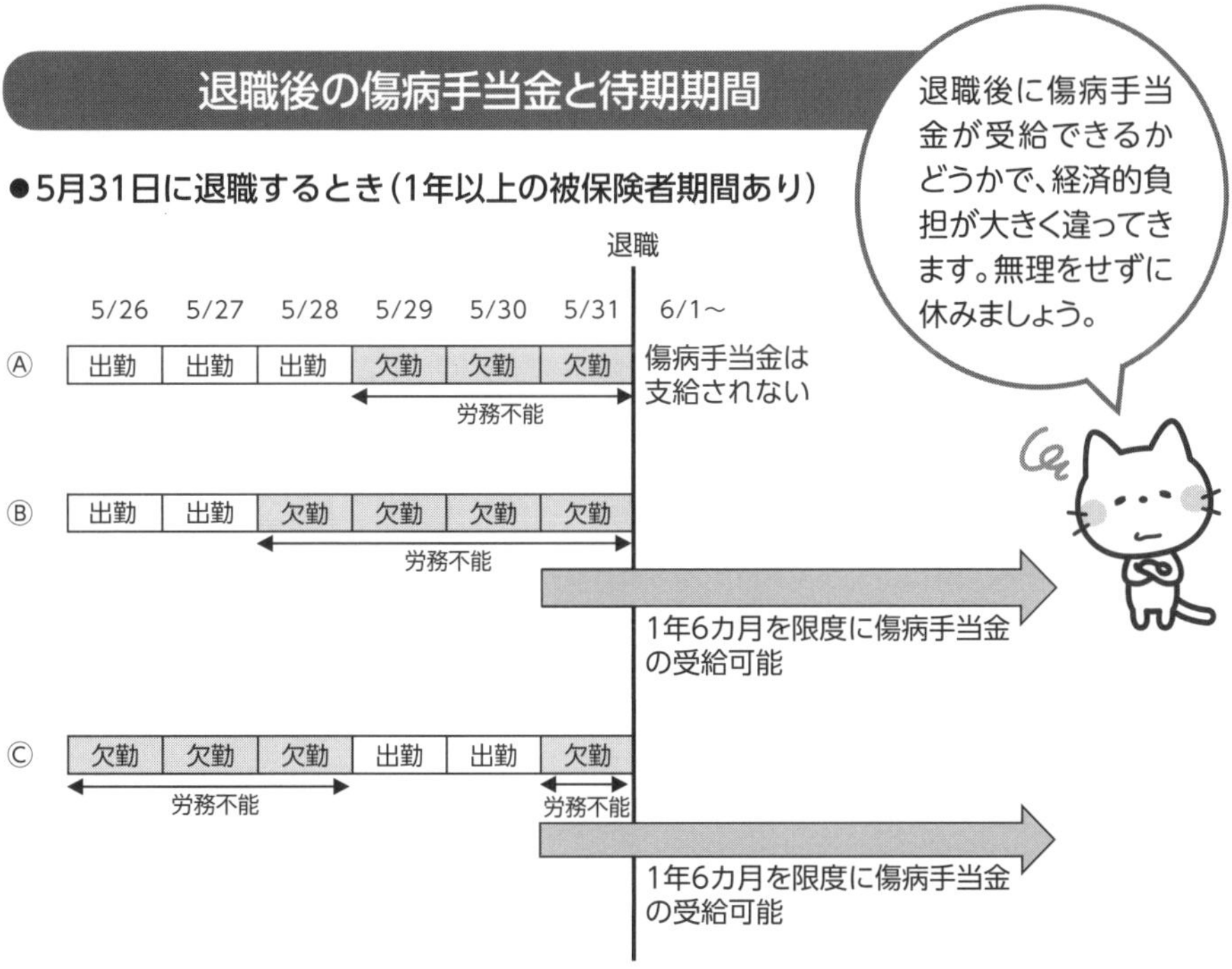
退職後の傷病手当金と待期期間
退職後に傷病手当金が受給できるかどうかで、経済的負担が大きく違ってきます。無理をせずに休みましょう。
●5月31日に退職するとき（1年以上の被保険者期間あり）
退職
5/26 5/27 5/28 5/29 5/30 5/31 6/1〜
Ⓐ 出勤 出勤 出勤 欠勤 欠勤 欠勤
労務不能
傷病手当金は支給されない
Ⓑ 出勤 出勤 欠勤 欠勤 欠勤 欠勤
労務不能
1年6カ月を限度に傷病手当金の受給可能
Ⓒ 欠勤 欠勤 欠勤 出勤 出勤 欠勤
労務不能
労務不能
1年6カ月を限度に傷病手当金の受給可能

7 退職日の行動で傷病手当金が受給できなくなる？

会社員になって20年目です。在職中に病気になり、傷病手当金を受給していました。退職後も、傷病手当金が受給できると聞いていたのに、支給されないといわれました。なぜですか？

退職日の要件

ある男性からこのような質問を受けました。この人は、退職後の傷病手当金の要件を満たしているようにみえますが、ひとつだけ〝あること〟をしたために、退職後の傷病手当金が受給できなくなってしまったのです。

前述したように、退職後の傷病手当金を受給するには、**「退職日に現に傷病手当金を受けているか、受けられる状態である」**必要があります。在職中に傷病手当金の要件を満たしていることが条件ですが、文字どおり退職日に傷病手当金が受けられる状態でなければなりません。

質問者の男性は、退職日当日に、引き継ぎや退職の手続きのために会社に出勤し、1日分の給与が支払われていました。

このケースでは、退職日についての傷病手当金は支給されません。そうなると、退職後の傷病手当金の要件である「退職日に現に傷病手当金を受けているか、受けられる状態である」ことを満たさなくなります。したがって、退職後の傷病手当金を受給することはできません。1円も受給できないのです。

「退職手続きと残務整理のため無理をして会社に行っただけなのに～」と思っても、退職日に働くことができる状態であったと判断されれば、退職後の傷病手当金が受給できなくなることがありますので、注意が必要です。

退職日は、仕事を欠勤している場合はもちろん、公休日や、年次有給休暇中である場合でも、働くことのできない状態であれば問題ありません。

退職後に一旦仕事に就いたら

退職後の傷病手当金は、**稼働すると不支給**になります。一旦不支給になると、その後再び働くことのできない状態になっても、傷病手当金の支給が復活することはありません。支給開始から1年6カ月経過前であっても支給されません。

　では、退職後に、在宅でできる範囲の軽い仕事を行う場合はどうでしょうか。少しの稼働であれば、退職後の傷病手当金は受給できるでしょうか。

　ケースにもよりますが、在宅であっても働くことに変わりはありませんから、退職後の傷病手当金は支給されなくなります。資料を1枚作るくらいならよいだろう、と考える人も多く、よく質問を受けるのですが、退職後の傷病手当金は一度不支給になると、以後支給されなくなりますので、注意が必要です。

退職後の傷病手当金と退職日

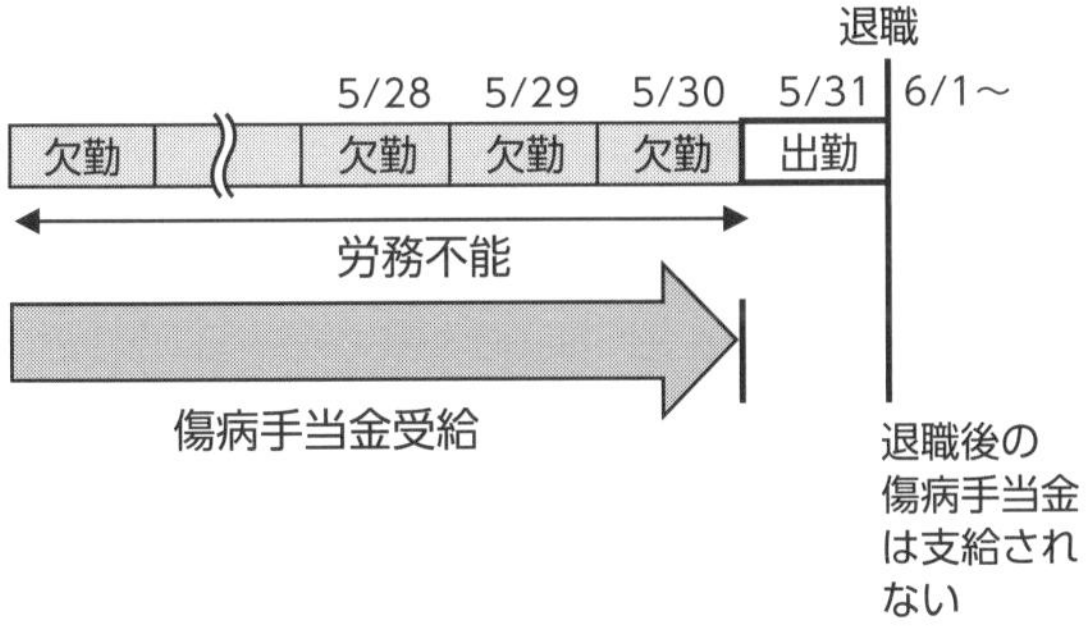
退職
5/28
5/29
5/30
5/31
6/1～
欠勤
欠勤
欠勤
欠勤
出勤
労務不能
傷病手当金受給
退職後の傷病手当金は支給されない

退職後の傷病手当金受給中の稼働

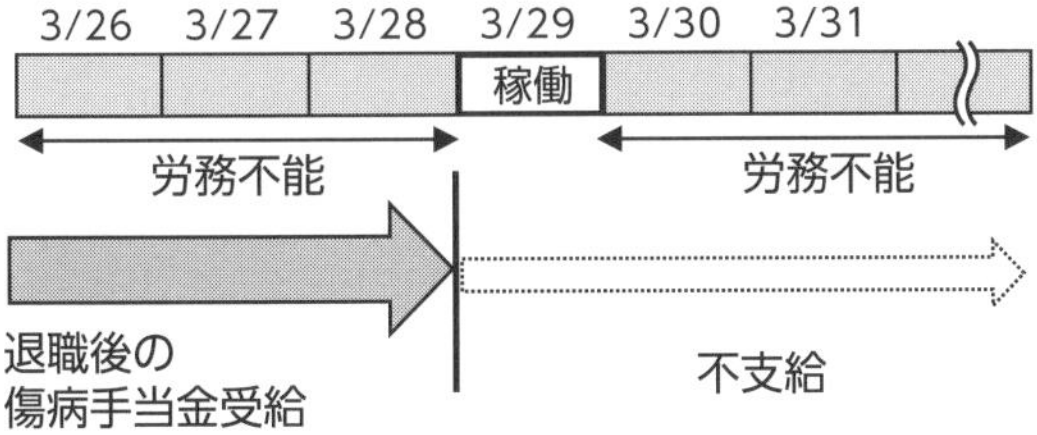
3/26
3/27
3/28
3/29
3/30
3/31
稼働
労務不能
労務不能
退職後の傷病手当金受給
不支給

退職日の過ごし方と退職後の稼働は、要注意です。「このくらいは大丈夫か」と思っていると、大きな「損」をするかもしれません。

8 傷病手当金が受給できなくなることはあるの？

傷病手当金の要件を満たしていても、他の制度との関係で、受給できないケースがあることをご存じですか？

給与のある日は休んでいても受給できない？

仕事を休んでいても給与の支払いがあるときは、傷病手当金は受給できません。ただし、1日あたりの給与額が、傷病手当金の日額より少ない場合は、傷病手当金と給与の差額を受給できます。

障害厚生年金を受けていると受給できない？

同一の病気やケガによって、厚生年金保険の障害厚生年金または障害手当金を受けることができるときは、傷病手当金は受給できません。ただし、障害厚生年金の額（同一の支給事由による障害基礎年金が支給されるときは障害厚生年金と障害基礎年金の合算額）の360分の1が傷病手当金の額より少ない場合は、その差額を受給することができます。障害手当金の場合は、傷病手当金の支給額が障害手当金の支給額を上回るまで傷病手当金は受給できません。障害手当金の金額分だけ調整されるしくみです。

老後の年金を受けていると受給できない？

退職後の傷病手当金を受けている人が、老齢厚生年金などの老後の年金を受給できるようになると、傷病手当金は支給されません。ただし、老後の年金額の360分の1が傷病手当金より少ない場合は、その差額を受給することができます。なお、在職中は、老後の年金（在職老齢年金）と傷病手当金の調整はありません。

労災給付を受けていると受給できない？

別の原因で労災保険から休業補償給付を受けている期間中は、傷病手当金は受給できません。ただし、労災保険の休業補償給付が傷病手当金より少ないときは、その差額を受給することができます。

出産手当金が受けられると受給できない？

出産手当金と傷病手当金を同時に受けられるときは、原則傷病手当金は受給できません。出産手当金が傷病手当金よりも少なければ、差額を受給することができます。

障害年金と傷病手当金

●障害年金が傷病手当金より少ないとき

●障害年金が傷病手当金より多いとき

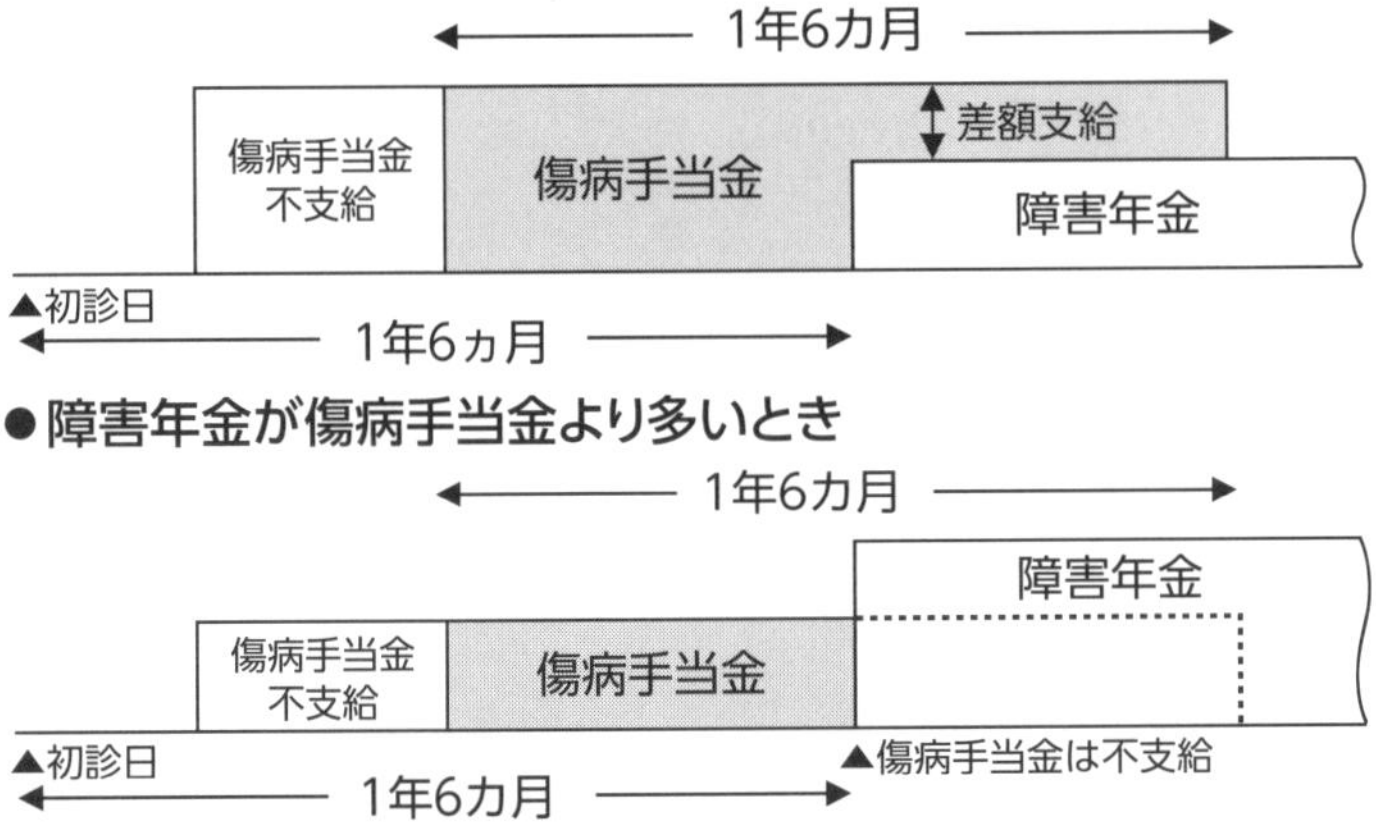

老後の年金と傷病手当金

●老後の年金が傷病手当金より少ないとき

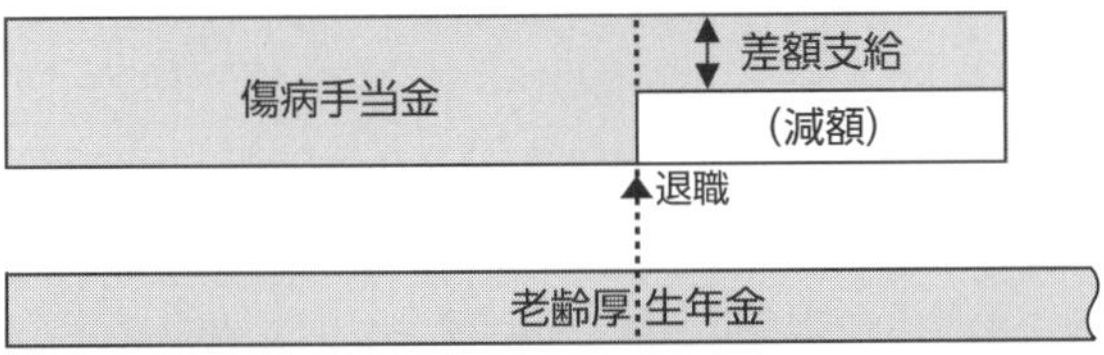

労災給付と傷病手当金

●労災給付が傷病手当金より少ないとき

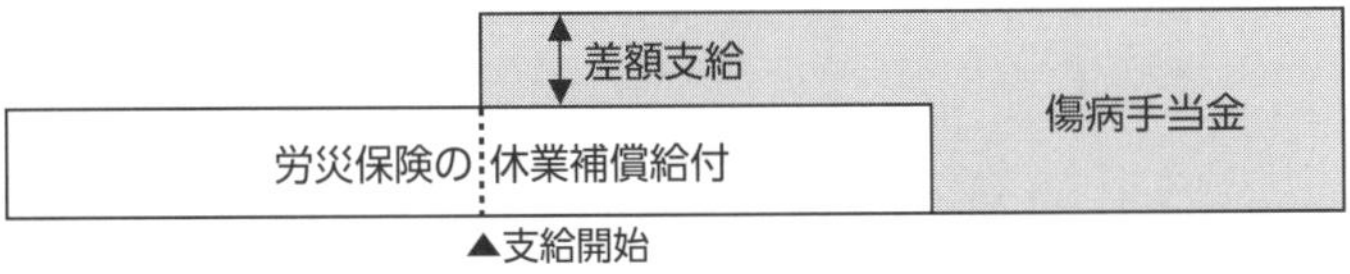

出産手当金と傷病手当金

●出産手当金が傷病手当金より少ないとき

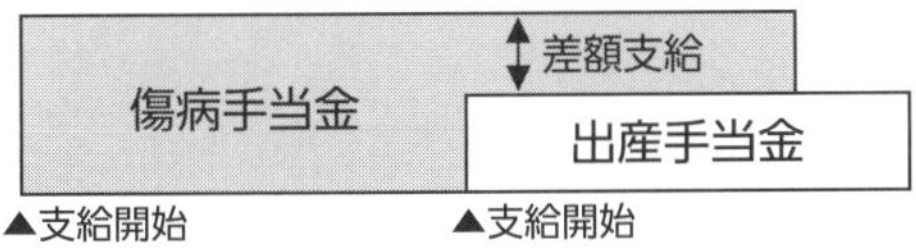

9 傷病手当金の申請方法は？

傷病手当金は、要件を満たしたからといって、自動的に支給されるものではありません。手続きが必要なことをご存じですか？

傷病手当金の申請方法

傷病手当金を受給するには、請求手続きが必要です。具体的には、「傷病手当金支給申請書」を、保険者（健康保険組合または協会けんぽ等）に提出します。申請書は、保険者からもらうか、ホームページから印刷できる場合もあります。協会けんぽのホームページからは印刷可能ですが、できないときは電話などで確認してみましょう。郵送してくれることもあります。

傷病手当金の申請には、次の二つの証明が必要です。

①医師の証明

申請書には、医師の証明欄がありますので、病気やケガのため仕事に就くことができないことを証明してもらいます。医師の証明は、申請期間経過後のものが必要です。例えば、4月1日から4月30日の期間分の傷病手当金を申請するときには、5月1日以降に医師の証明をもらいます。申請期間経過前に記入された医師の証明は、受け付けてもらえませんので注意が必要です。

②事業主の証明

申請書には、事業主の証明欄があります。そこに、会社を休んでいることの証明、給与の支払いの有無や支給額の証明をしてもらいます。この事業主の証明についても、申請期間経過後のものが必要です。

このように、傷病手当金の申請は過去の期間について行うものですが、療養が終わるまで申請できないわけではありません。生活保障のための給付ですから、長期の療養のときは、1～2カ月ごとに申請書を提出することが多いようです。自身の会社に確認してください。

なお、引き続き退職後の傷病手当金を申請する際には、事業主の証明は不要です。

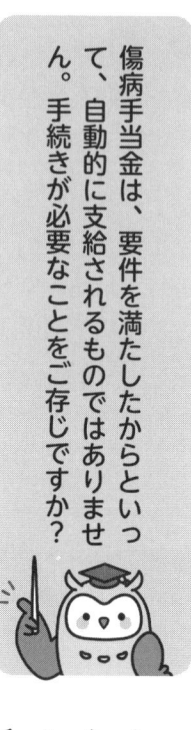

傷病手当金を請求し忘れていたら？

「あのとき、私も傷病手当金がもらえていたかもしれない。なのに申請するのを忘れてしまった」

このような場合でも、まだ間に合う可能性があります。健康保険法には「保険給付を受ける権利は2年を経過したときは時効によって消滅する」との規定があるからです。傷病手当金の時効の起算日は、仕事ができなかった日ごとに、その翌日から進行します。つまり、**過去2年間分の傷病手当金であれば、今からでも申請が可能**なのです。

例えば、1年前に会社を2カ月間休み、一部は年次有給休暇を使ったものの、一部は欠勤扱いとなっていた場合、給与が支払われていなかった期間について、今からでも傷病手当金を申請できる可能性があります。

言い方を換えれば、傷病手当金の申請には期限があります。2年の時効が到来する前に申請をしなければ、傷病手当金を受ける権利はなくなってしまいます。療養中で身動きが取れない状況にあるときは、会社や家族の協力を得て手続きを進めていきましょう。

傷病手当金の申請サイクル

●一度に全部請求

療養のため休んだ期間 ➡ 7/1以降の証明 ➡ 請求

▲4/1　▲6/30 7/1から復帰

●定期的に請求

療養のため休んだ期間 ➡ 5/1以降の証明 ➡ 請求

▲4/1　▲4/30

療養のため休んだ期間 ➡ 6/1以降の証明 ➡ 請求

▲5/1　▲5/31

療養のため休んだ期間 ➡ 7/1以降の証明 ➡ 請求

▲6/1　▲6/30 引き続き休職

傷病手当金の手続き方法を知らないため証明をしてくれない会社もあるようです。そんなときは、自分から会社に対して働きかけ、もらい損ねることのないように請求しましょう。

Ⅱ 医療費を抑えるための制度 〝高額療養費など〟

1 医療費が抑えられる！ 高額療養費のしくみ

医療費が高額になったとき、払ったお金の一部が戻る制度があることをご存じですか？

高額療養費制度のしくみ

健康保険証を病院の窓口に提示して、診察や治療を受けたときに、治療にかかった費用のうち、原則として7割は健康保険が負担してくれます（第1章Ⅰ・1参照）。残りの3割が自己負担額です。

3割の自己負担額は、長期入院したり、手術を受けたり、化学療法を受けるなどした場合は、高額になります。1カ月の医療費が100万円を超えることはよくあります。その負担を軽減するための制度が「高額療養費」です。**病院や薬局の窓口で支払った額が、一定の金額を超えると、超えた部分が払戻しされるしくみです。**

高額療養費の対象は、健康保険の範囲内に限られます。入院時の食事代、差額ベッド代、先進医療の先進技術部分など、保険適用外の負担額などは含まれません。

医療機関の領収書などを添付して、保険者（健康保険組合または協会けんぽ等）へ申請します。なお、多くの健康保険組合では、診療報酬明細書（レセプト）から自動計算されて支給されるシステムをとっています。高額療養費の申請をする必要がない場合もありますので、所属の健康保険組合に確認してください。

払戻しされる額は、自己負担限度額を超えた額です。70歳未満の場合は、自己負担額のうち、2万1000円以上のものを合算した額から自己負担限度額を控除した額です。1カ月あたりの自己負担限度額は、治療を受けた人の年齢と所得水準によって決まります。

高額療養費のしくみ

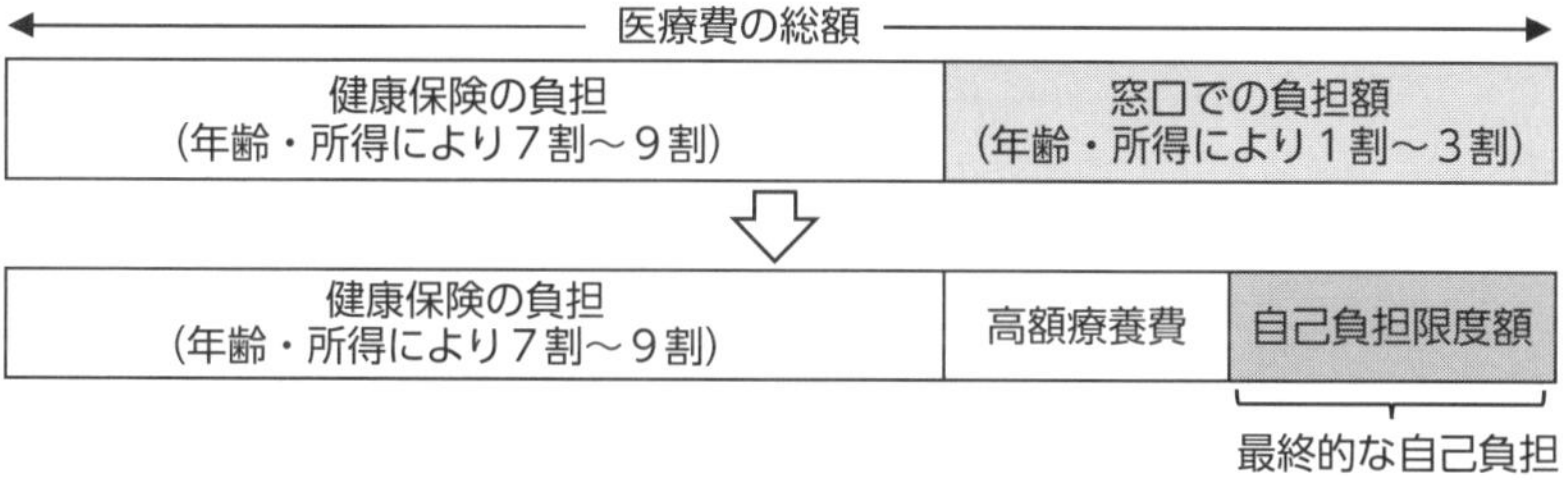
医療費の総額
健康保険の負担
(年齢・所得により7割～9割)
窓口での負担額
(年齢・所得により1割～3割)
健康保険の負担
(年齢・所得により7割～9割)
高額療養費
自己負担限度額
最終的な自己負担

年齢・所得別の自己負担限度額

●70歳未満の場合

所得区分	自己負担限度額	多数回該当(説明は次項)
①標準報酬月額 83万円以上	252,600円+ (総医療費−842,000円)×1%	140,100円
②標準報酬月額 53万円以上83万円未満	167,400円+ (総医療費−558,000円)×1%	93,000円
③標準報酬月額 28万円以上53万円未満	80,100円+ (総医療費−267,000円)×1%	44,400円
④標準報酬月額 28万円未満	57,600円	44,400円
⑤低所得者(市区町村民税の非課税者等)	35,400円	24,600円

計算事例

Q **10月2日から10日間入院する50歳男性です。私の所得区分は「28～53万円」に当たるそうです。医療費(健康保険の範囲内)が100万円かかったとすると自己負担額はいくらですか?**

A 最終的な自己負担額は8万7,430円です。次のように計算します。

8万100円+(100万円−26万7,000円)×1%=8万7,430円

8万7,430円を超えた分を高額療養費がカバーします。

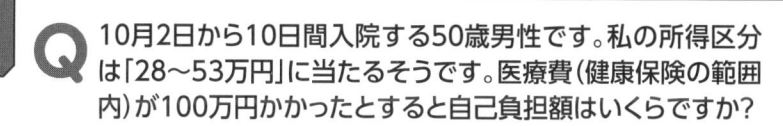

2 負担がさらに軽減「世帯合算」「多数回該当」

「基準額以上の医療費を払っていないから、自分は払戻しを受けることはできない」と思っている人は、再度確認してください。家族に病院にかかった人はいませんか？

世帯合算とは

自身の受診だけでは高額療養費の対象とならない場合でも、**家族（同じ医療保険に加入している同世帯の人）の医療費を、1カ月単位で合算することができます。**家族が同じ月に病気やケガにより病院等を受診したときや、同じ月に一人が複数の病院等を受診したとき、ひとつの病院の入院と外来で受診したときなどは、世帯全体で医療費を合算することができ、合算額が自己負担額を超えた場合は、高額療養費として払戻しされます。

ただし、70歳未満の人については、2万1000円以上の自己負担額のみ合算できます。例えば、被保険者の夫のA病院の自己負担額が5万円、B病院が8000円、被扶養者の妻がかかったC病院の自己負担額が1万5000円、D病院とE病院がそれぞれ3万円とした場合は、A・D・Eを合算した11万円が高額療養費の対象になります。

なお、同じ医療機関であっても、医科入院、医科外来、歯科入院、歯科外来は分けて計算します。医療機関から交付された処方せんにより、調剤薬局で調剤を受けた場合は、薬局で支払った自己負担額を、処方せん交付医療機関に含めて計算します。

多数回該当とは

直近の12カ月間に、既に3月以上高額療養費制度を利用している場合は、「多数回該当」になり、4月目からの自己負担額がより少なくなります（51ページ表参照）。これは、自己負担限度額が軽減されるからです。

多数回該当は、同じ保険者であるときに適用されます。例えば、国民健康保険や健康保険組合から協会けんぽに移動した場合など、保険者が変わったときは多数回該当の月数に通算されません。退職して被保険者から被扶養者に変わった場合なども、多数回該当の月数に通算されません。

高額療養費の世帯合算の事例

【事例】70歳未満の夫婦がそれぞれに病院にかかったとき

	受診した病院	同一月の自己負担額の合計
夫	A病院	50,000円
	B病院	8,000円
妻	C病院	15,000円
	D病院	30,000円
	E病院	30,000円

世帯合算できるのは、ひとつの病院ごとに、21,000円以上となったもの。この事例では、A病院、D病院、E病院で、合計110,000円が高額療養費の対象となります。

高額療養費の多数回該当のしくみ

【事例】標準報酬月額28万円(70歳未満)のケース

高額療養費として払い戻される額　自己負担額

●多数回該当のしくみ

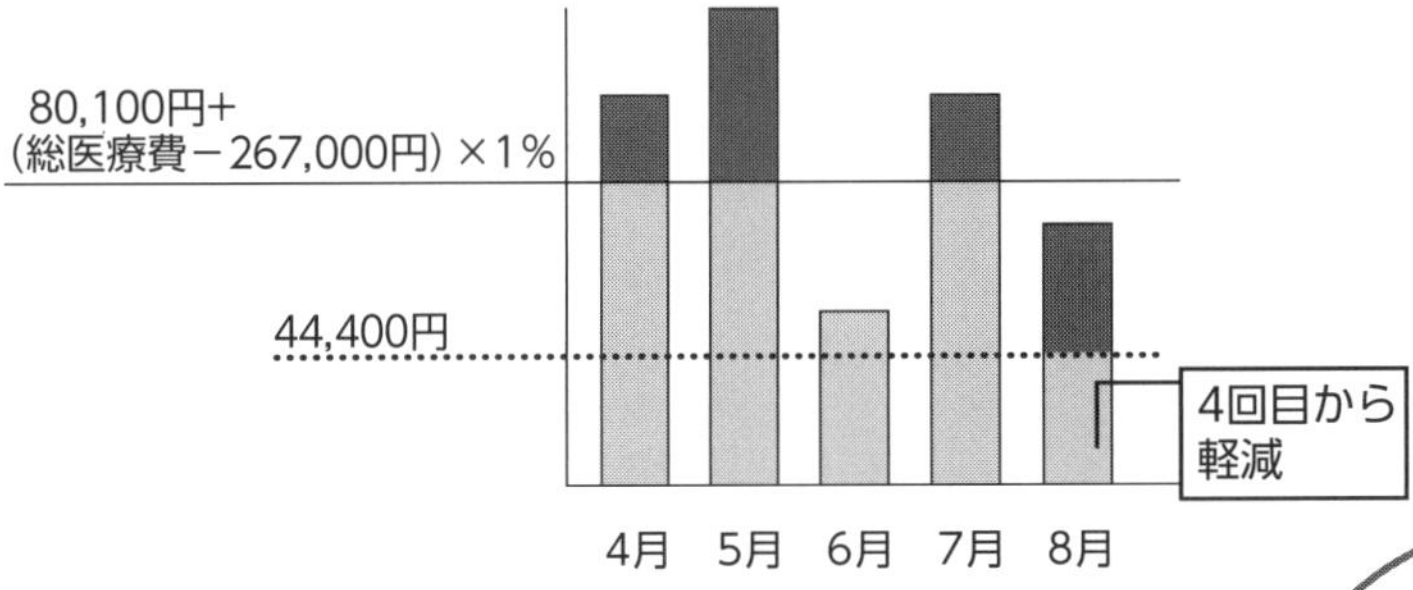
80,100円+
(総医療費－267,000円)×1%
44,400円
4回目から
軽減
4月
5月
6月
7月
8月

●加入する健康保険が変わったとき

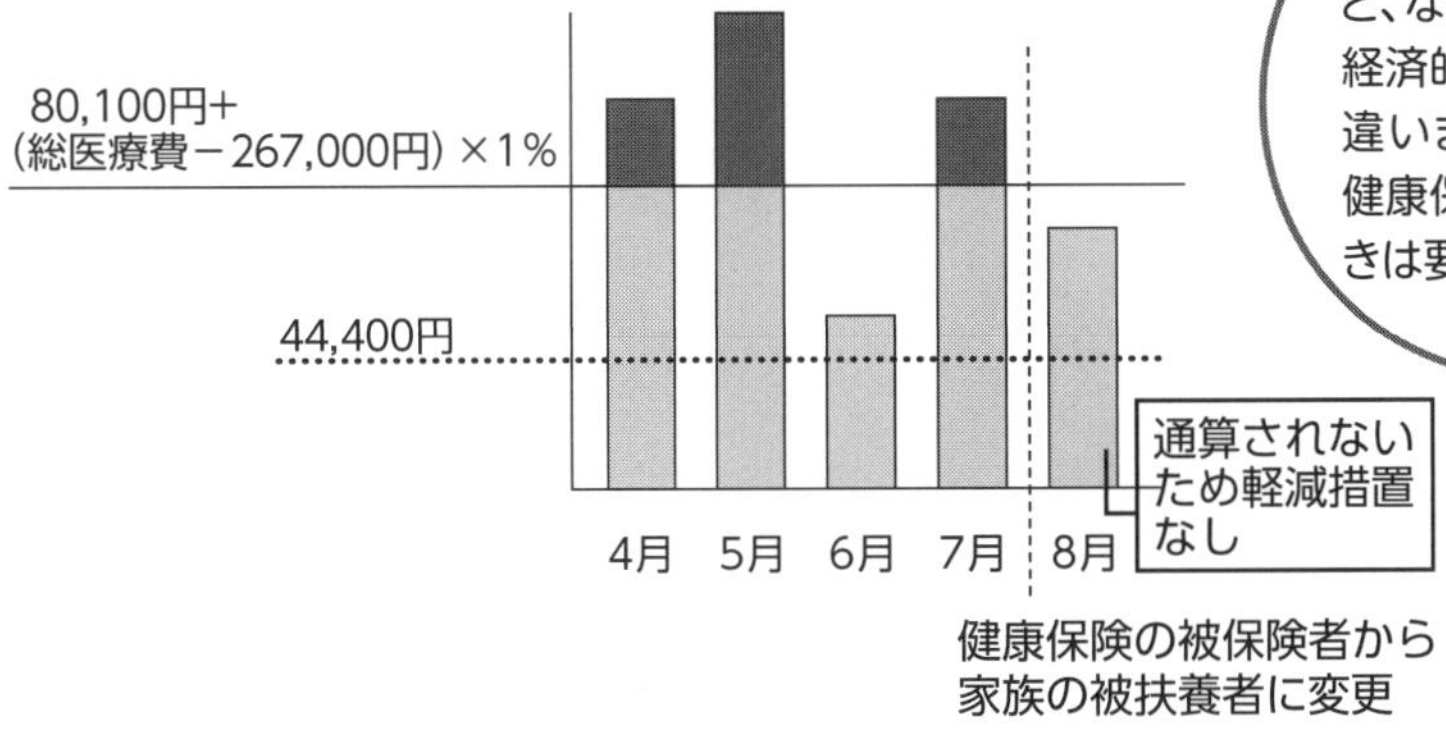
80,100円+
(総医療費－267,000円)×1%
44,400円
通算されない
ため軽減措置
なし
4月
5月
6月
7月
8月
健康保険の被保険者から
家族の被扶養者に変更

多数回該当となるのと、ならないのでは、経済的負担が大きく違います。加入する健康保険が変わるときは要注意です。

3 医療費が高くなりそうなら「限度額適用認定証」

医療費が高額になりそうなときは、限度額適用認定証を発行してもらう方法が便利なことをご存じですか？

限度額適用認定証とは

高額療養費は、病気やケガなどによる医療費の負担を軽減する制度ですが、申請手続きが必要なため、そのまま放置しているケースは少なくありません。

70歳未満の人で、入院などで医療費が高額になりそうな場合は「限度額適用認定証」を発行してもらう方法が便利です。

限度額適用認定証を病院の窓口に提示すれば、医療機関が保険者に直接高額療養費相当分を請求する現物給付の扱いとなります。つまり、患者の入院医療費などの支払いが、通常の医療費の3割負担ではなく、自己負担限度額で済みます。事後に高額療養費の支給申請をする手間も省けます。入院中の食事代や差額ベッド代などは支給対象外です。

限度額適用認定証の適用範囲

限度額適用認定証を利用すれば、常に、自己負担限度額以下の支払いになるわけではありません。それは次のような制限があるからです。

●二つの病院にかかっているときは、病院ごと、保険薬局ごとに計算される。

●同じ病院であっても、入院と外来、歯科は別計算となる。

これらに該当する場合は、限度額適用認定証を利用していたとしても、事後に高額療養費の申請が必要となることがあるので注意が必要です。

しかし、一般的な3割負担と比較すると、一旦支払わなくてはいけない医療費の負担が随分軽くなりますので、**病気やケガで入院が決まったときなどは、まず限度額適用認定証を取得しましょう。**

限度額適用認定証を取得するには、「限度額適用認定申請書」を加入する保険者（健康保険組合または協会けんぽ等）に提出します。

申請書は、保険者からもらうか、ホームページから印刷できる場合もあります。協会けんぽは印刷可能ですが、できないときは電話などで確認してみましょう。郵送してくれることもあります。

限度額適用認定証

健康保険限度額適用認定証

令和2年1月5日交付

被保険者	記号	12345678	番号	1	
	氏名	マサカ タロウ 真坂 太郎			男
	生年月日	昭和36年5月5日			
適用対象者	氏名	被保険者本人			
	生年月日				
	住所				
発行年月日		令和2年1月1日			
有効期限		令和2年3月31日			
適用区分		イ			
保険者	所在地	○○市			
	保険者番号 名称及び印	0 1 ○ ○ ○ ○ ○ ○ 全国健康保険協会○○支部 印			

限度額適用認定証制度のしくみ

【事例】医療費が100万円かかったとき（所得区分は「28万円以上53万円未満」）

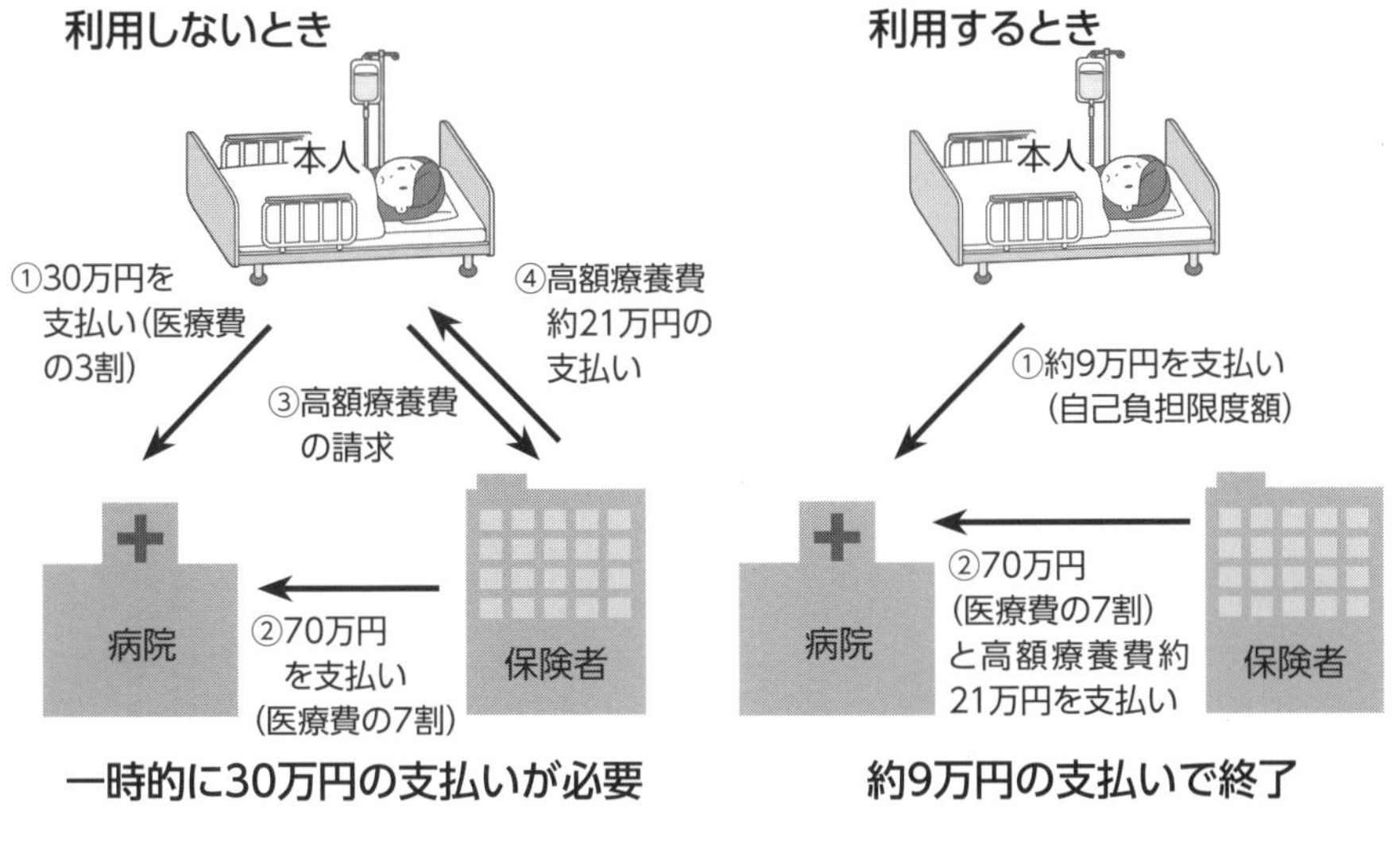
●限度額適用認定証制度を利用しないとき
本人
①30万円を支払い（医療費の3割）
④高額療養費約21万円の支払い
③高額療養費の請求
病院
保険者
②70万円を支払い（医療費の7割）
一時的に30万円の支払いが必要
●限度額適用認定証制度を利用するとき
本人
①約9万円を支払い（自己負担限度額）
病院
保険者
②70万円（医療費の7割）と高額療養費約21万円を支払い
約9万円の支払いで終了

4 高額療養費分を貸付「高額医療費貸付制度」

高額な医療費支払いのための貸付制度があることをご存じですか？

限度額適用認定証が利用できないとき

高額療養費として払戻しされるのは、通常申請から3～4カ月後です。限度額適用認定証を利用できない人や、限度額適用認定証が交付される前に既に医療機関から医療費を請求されている人などは、医療費の負担が大きく、支払いが困難となることもあります。

このような高額な医療費の支払いに充てるため、**高額療養費支給見込額の8～10割相当額を無利子で貸付するのが、高額医療費貸付制度**です。利用することにより家計負担を軽減することができます。

事前に医療機関の許可を受け、医療機関の発行した医療費の請求書や健康保険証を持参して、保険者（健康保険組合または協会けんぽ等）へ申請します。

高額療養費の支払いが返済金に充てられます。

高額医療費貸付制度のしくみ

【事例】医療費が100万円かかったとき
（所得区分は「28万円以上53万円未満」）

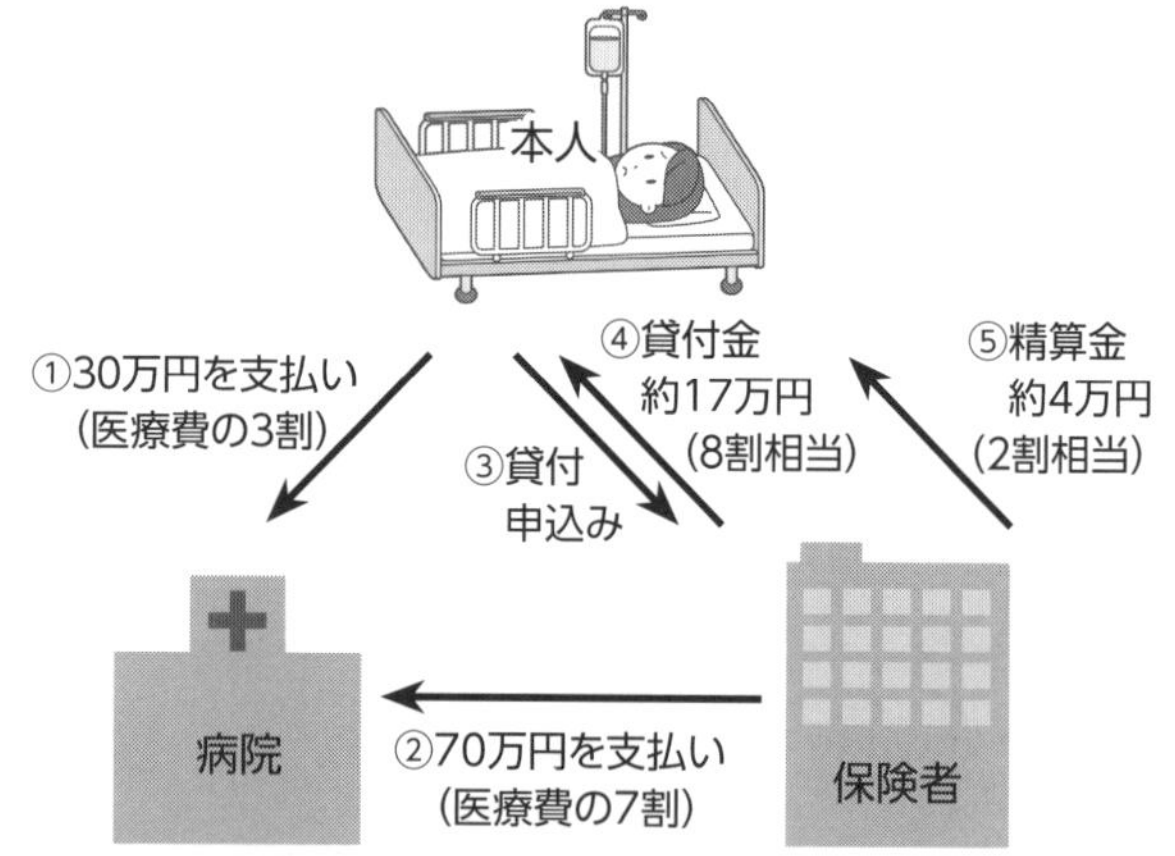
本人
①30万円を支払い
（医療費の3割）
③貸付
申込み
④貸付金
約17万円
（8割相当）
⑤精算金
約4万円
（2割相当）
病院
②70万円を支払い
（医療費の7割）
保険者

通常、貸付申込後、約1カ月で貸付金（8割相当）が、3～4カ月後に残りの精算金（2割相当）が振込みになります。

5 療養と介護が合算できる「高額介護合算療養費」

介護保険制度も利用しているときに、負担を減らすことのできる制度があることをご存じですか？

医療保険と介護保険を利用したとき

医療保険と介護保険の両方のサービスを利用する世帯は、自己負担額が高くなりがちです。その負担を軽減するのが**高額介護合算療養費です。医療保険と介護保険の自己負担額を合計し、新たに設定される自己負担限度額を超えた場合は、その超えた金額が払戻しされます。**

対象となるのは、世帯内の同一の医療保険に加入する人です。合算するのは、毎年8月1日から翌年7月31日までの1年間分で、医療保険の高額療養費および介護保険の高額介護サービス費を除きます。

介護保険の自己負担額証明書を添付して保険者（健康保険組合または協会けんぽ等）へ申請します。

高額介護合算療養費の自己負担限度額

12カ月間の合計限度額（8月1日～翌年7月31日）

		70歳未満の人がいる世帯	70歳～74歳の人がいる世帯
標準報酬月額 83万円以上		212万円	212万円
標準報酬月額 53万円以上83万円未満		141万円	141万円
標準報酬月額 28万円以上53万円未満		67万円	67万円
標準報酬月額 28万円未満		60万円	56万円
市区町村民税非課税者	Ⅱ（※1）	34万円	31万円
	Ⅰ（※2）		19万円

※1　被保険者が市区町村民税の非課税者である場合
※2　被保険者とその扶養家族全員の収入から必要経費等控除後において所得がない場合

計算事例

Q 40歳の男性です。昨年8月からの1年間に、私の医療費が53万円、母の介護費用が44万円かかりました。払戻しされるお金はありますか？（標準報酬月額は28万円）

A 限度額の67万円を超えた30万円が払戻しされます。

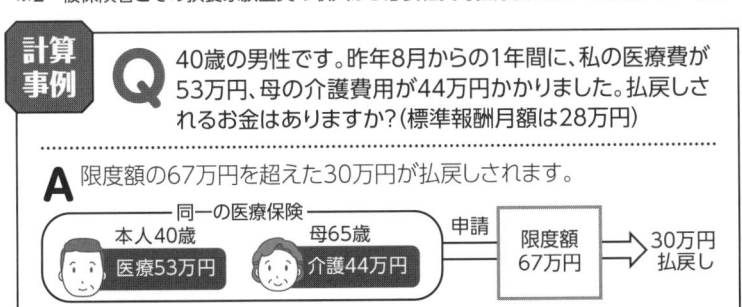

6 人工透析などの疾病には「特定疾病療養費」

長期にわたって高額な医療費がかかる特定の疾病の人は、**特定疾病療養費が利用できます**。これにより、自己負担額を軽減することができます。

特定の疾病とは、人工透析を行う必要のある慢性腎不全、血友病、抗ウイルス剤を投与している後天性免疫不全症候群の3疾病をいいます。

具体的には、1カ月の自己負担額が、医療機関ごと（入院・外来別）、または薬局ごとに、1万円が限度になります。ただし、人工透析をしている70歳未満の慢性腎不全の人で標準報酬月額が53万円以上の人は、2万円が限度です。

利用方法は、医師の意見書や診断書などを添付して、加入している医療保険の保険者（健康保険組合または協会けんぽ等）に申請します。保険者の認定を受けると「**特定疾病療養受療証**」が交付されます。それを健康保険証と併せて保険医療機関等へ提示すれば、自己負担限度額までの負担で済みます。

特定疾病療養費の限度額

特定疾病			1カ月の自己負担限度額
血友病			10,000円
人工透析をしている慢性腎不全	70歳未満	被保険者の標準報酬月額53万円未満	10,000円
		被保険者の標準報酬月額53万円以上	20,000円
	70歳以上		10,000円
抗ウイルス剤を投与をしている後天性免疫不全症候群			10,000円

※国民健康保険では、「被保険者の標準報酬月額53万円以上」は、「基礎控除後の所得金額が600万円を超える」と読替え

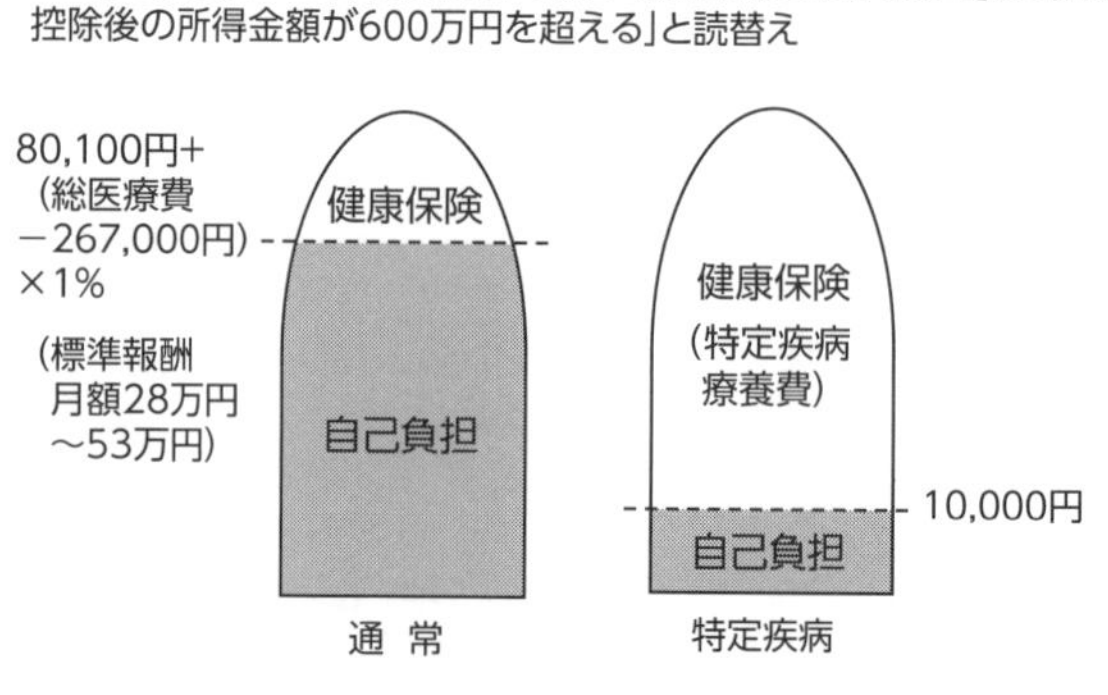

80,100円+（総医療費−267,000円）×1%
（標準報酬月額28万円～53万円）
健康保険
自己負担
通 常
健康保険（特定疾病療養費）
10,000円
自己負担
特定疾病

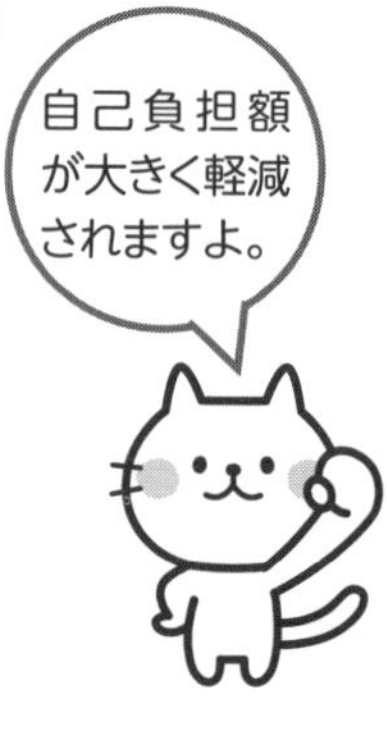

自己負担額が大きく軽減されますよ。

第3章

障害があるとき、介護が必要なとき

思うように働けないとき、「収入が途絶えたらどうしよう……」という不安が出てきます。

途方に暮れる人も少なくありません。

障害があるときに利用できる制度のひとつに、障害年金があります。

障害年金を受給することによって、治療に専念できるという人がいます。

生活費の一部が保障されたことで、治療をしながら無理のないペースで働くことができるという人もいます。

しかし、受給する権利がありながら、ちょっとした理由で、受給し損ねているケースは少なくありません。

第3章では、障害があるときに利用できる制度についてお伝えします。

Ⅰ 障害があるときお金が受けられる制度〝障害年金〟

1 国の社会保障「障害年金制度」のしくみ

障害年金は、傷病名によって受給できるかどうかが決まるものではないことをご存じですか?

障害年金の対象となる傷病

「私は障害年金をもらうことができますか?」「○○病と診断されたのですが、障害年金はもらえますか?」との相談をよく受けます。

障害年金が受給できるのは、身体に障害を持っている人を想像することが多いようです。しかし、実際はうつ病や統合失調症といった**精神障害等を理由に、障害年金を受給している人が一番多い**のです。左ページのグラフをご参照ください。精神障害および知的障害で障害年金を受給している人が多いことが一目瞭然です。他にも、糖尿病が悪化して人工透析を受けるようになった人や、ガン、アルツハイマー病、脳血管障害による後遺症など、**さまざまな病気やケガにより、障害年金を受給することができます。**ほとんどの傷病が対象になるといっても過言ではありません。

ある特定の病気と診断されれば、障害年金を受けることができると考える人も多いようです。しかし、障害年金は、傷病名で受給できるかどうかが決まるものではありません。あくまでも、**障害の程度が一定の基準以上にあるか否かで判断されます。**

例えば、パーキンソン病と診断されただけでは障害年金を受給することはできません。それが原因で、日常生活や仕事をするにあたって、どのくらいの支障が出ているかによって、受給できるかどうかが判断されます。障害の程度については後述します。

障害年金傷病名別受給者数　単位：千人

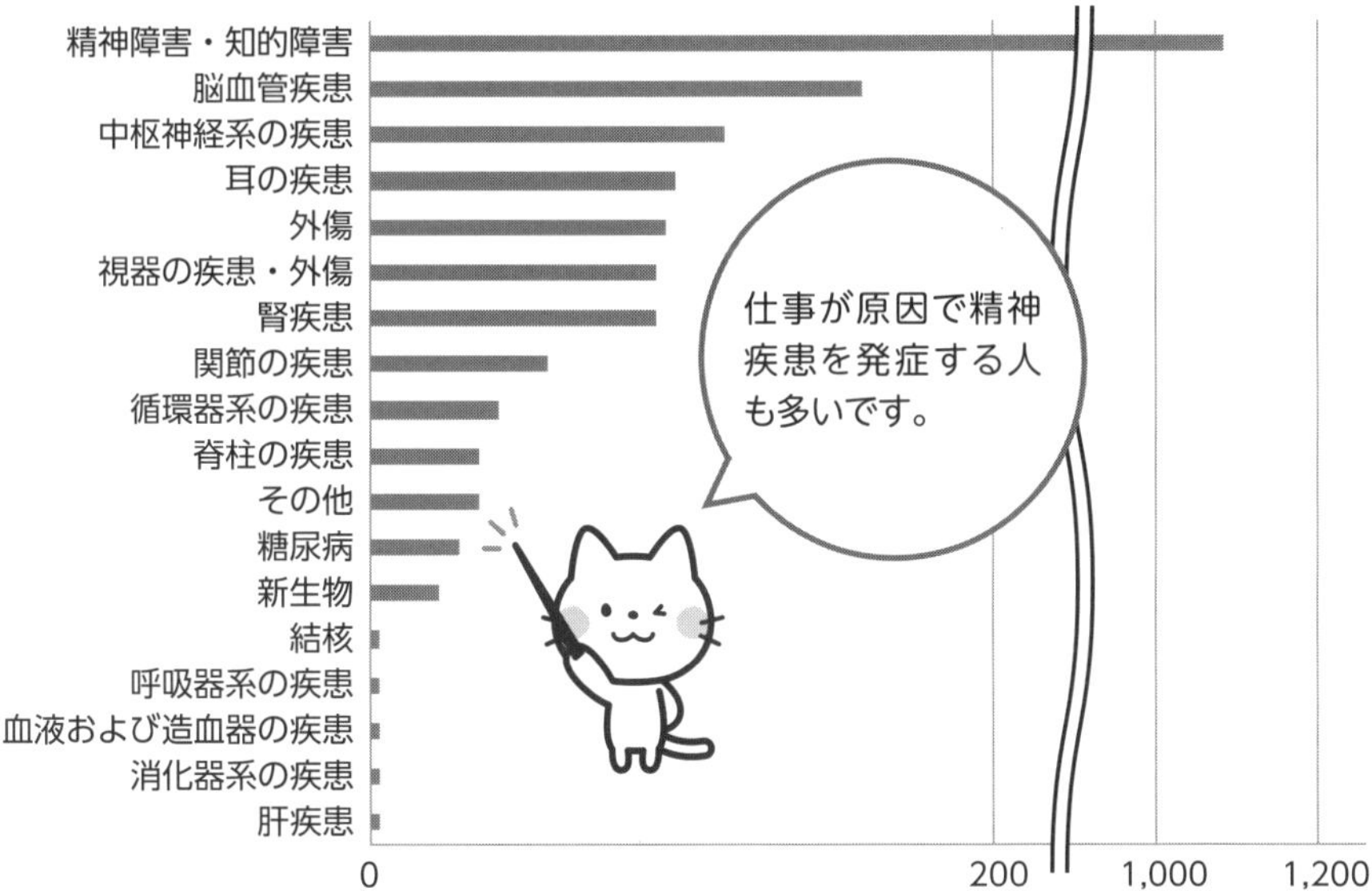
精神障害・知的障害
脳血管疾患
中枢神経系の疾患
耳の疾患
外傷
視器の疾患・外傷
腎疾患
関節の疾患
循環器系の疾患
脊柱の疾患
その他
糖尿病
新生物
結核
呼吸器系の疾患
血液および造血器の疾患
消化器系の疾患
肝疾患
0
200
1,000
1,200
仕事が原因で精神疾患を発症する人も多いです。

平成31年4月現在最新（参考：総務省統計局平成26年年金制度基礎調査）

障害年金制度と障害年金の種類

障害年金を大きく分けると、**障害基礎年金**と**障害厚生年金**があります。初診日（説明は次項）に加入していた年金制度により、受給できる障害年金の種類が決まります。

初診日に国民年金に加入していた場合は障害基礎年金、厚生年金に加入していた場合は障害厚生年金の対象です。国民年金は、自営業者や学生など、20歳になったらすべての人が加入します。会社員や公務員、私立学校の教職員は厚生年金保険にも加入します（本章Ⅰ・4参照）。

障害年金制度は、病気やケガで働くことのできなくなった人や、日常生活が不自由になった人を支える公的年金のひとつです。高齢になったから老後の年金を受給しよう、夫が死亡したから遺族年金を受給しようと大抵の人は考えるのですが、障害年金については制度の存在すら知らない人が多いです。また、知っていても自身がその対象者だと気づいていない人がたくさんいます。障害年金は請求しなければ絶対にもらうことはできません。老後の年金のように「そろそろ手続きしてくださいね」という案内も来ません。まずは障害年金のしくみを知ることから始めましょう。

2 まずは初診日の特定から

障害年金を請求するとき、何を最初にすべきかご存じですか？

ひとつ目の要件は「初診日」

障害年金を受給するには、三つの要件を満たす必要があります。そのひとつ目が「初診日」の要件です。

初診日とは、現在の傷病について、初めて医師や歯科医師に診てもらった日のことをいいます。障害年金を請求するとき、最初にしなくてはならないことは、**初診日を特定すること**です。

交通事故のように、事故日と初診日が同日なら、特定しやすいでしょう。また、ずっと同じ病院で診察を受けているならわかりやすいです。しかし、長い時間をかけて症状が出てくるような病気では、多くの病院にかかっていることも多く、最初に病院にかかったのがいつだったか、記憶が曖昧になることもあります。そんな状況であっても、何とかして特定しなければなりません。また、その特定した日が初めて医師や歯科医師に診てもらった日で間違いないことを、医療機関で証明してもらう必要があります。

受診状況等証明書による証明

初診日が請求時から5年以内だと、比較的簡単に証明してもらえます。その方法は、**「受診状況等証明書」に、病院の証明をもらうこと**によります。この書類は、年金事務所や市区町村に置いてあります。日本年金機構のホームページからも印刷可能です。

問題なのは、初診日が5年以上前のときです。カルテが既に破棄されるなどして、その証明が困難になる可能性が高くなっていきます。初診日が特定できないときについては次項で説明します。

初診日とは

初診日を特定し証明するために、まずは「初めて医師

や歯科医師に診てもらった日」が、どのような日を指すのかを、しっかりと把握することが先決です。

例えば、次のようなケースではいつが初診日となると思いますか？

『交通事故でA救急病院に搬送され、翌日からB病院で治療を受け、その後転院してリハビリ専門のC病院に通っている。C病院で初めて、高次脳機能障害と確定診断された』

家族や支援者は、確定診断されたC病院にかかった日が初診日だと思っていたようですが、A救急病院に搬送された日が初診日になります。

他にも、精神の障害のある人の場合、精神科を受診したときが初診日になると考える人が多いのですが、精神科受診の前に内科や耳鼻科を受診したときは、内科や耳鼻科が初診日となることがあります。

また、ある傷病と障害との間に関係性があると認められるときは、同じ傷病として取り扱われます。例えば、糖尿病の合併症として、糖尿病性網膜症や糖尿病性腎症を発症した場合は、糖尿病で初めて受診した日が初診日となります。初診日を勘違いして請求を行ったばかりに不支給になるケースもありますので、注意が必要です。

初診日の考え方

1．初めて診察を受けた日

▲発症　▲A病院受診（初診日）

2．転院したときは、最初に医師等の診察を受けた日

▲A病院受診（初診日）　転院　▲B病院受診

3．同一傷病で治癒し、再発したときは再発し医師等の診断を受けた日
（症状にもよるが、相当に期間を経過している場合）

▲A病院受診　▲治癒　←　相当期間　→　▲再発B病院受診（初診日）

4．誤診であっても、正確な傷病名が確定した日ではなく、誤診をした診療日

▲A病院受診 誤診（初診日）　同じ症状、自覚症状あり　▲B病院受診 病名確定

5．じん肺症についてはじん肺を診断された日

▲A病院受診 原因不明　▲B病院受診「じん肺」確定（初診日）

初診日を取り違えて、不支給になることもあるので、初診日確定は確実に行いましょう。

3 初診日が特定できないときは？

初めて病院にかかった日がわからなくても、障害年金は受給できる、と思っていませんか？

初診日の特定の重要性

初診日がいつだったのか、どの病院にかかったのか、記憶の曖昧な人は多いです。しかし、**障害年金を請求するつもりなら、まず初診日を特定しなければなりません。**そして、**「受診状況等証明書」**に病院の証明をもらいます。

初診日が何十年も前だと、いくら考えても思い出せないこともあるでしょう。しかし、初診日の証明ができなければ、現在の障害がどんなに重くても、障害年金を受けることは困難です。実際に、初診日の証明ができないことを理由に、障害年金が受給できていない人は数多くいます。

初診日が証明できないとき

初診日が特定できても、それが5年以上前の場合はその証明が困難になるケースが数多くあります。カルテの保存期間は5年と法定されており、5年を経過すれば破棄することが認められているからです。また、受診した病院が廃院していることもよくあります。

初診日の病院にカルテが残っていない場合や病院自体が廃院しており受診状況等証明書を入手することができない場合は**「受診状況等証明書が添付できない申立書」**を請求時に提出します。ただし、この「受診状況等証明書が添付できない申立書」を提出するのみでは不十分です。初診日が証明できていない状態ですので、他の客観的資料を添付する必要があります。

まずは、2番目にかかった病院の「受診状況等証明書」をもらいましょう。2番目の証明がとれなければ3番目です。その内容によっては有力な資料になります。例えば、2番目の病院の受診状況等証明書に、初診の病院を受診した時期などの内容の記載があり、それが5年以上前のカルテをもとに記載されたのであれば、初診日を客観的に証明する有力な資料となります。

また、**初診日を客観的に証明できる資料**がないかを確認します。例えば、受診した医療機関の診察券が残っていれば、その記載内容によっては有力な参考資料となります。生命保険へ提出した診断書などにより初診日を確定できる可能性もあります。

初診日が一定期間内にあると確認されれば請求者が申し立てた日が初診日と認められることもあります。

初診日を確認できる資料が何もない場合は、「**第三者証明**」の方法があります。初診日の状況を把握している第三者の証明書を2通以上添付することにより、初診日を証明する書類として請求する方法です。第三者とは、民法上の三親等以内の親族以外をいいます。第三者が初診日頃に診察した医師、看護師、その他の医療従事者のときは、その1通のみでも有効です。

この第三者証明は、初診日が20歳前か20歳以降であるかによって、扱いが異なります。20歳前の初診日の場合は、第三者証明のみでも認められることがあります。一方、20歳以降の場合は、第三者証明の他に参考となる客観的な資料（診察券や入院記録など）が必要です。第三者証明の様式は年金事務所、市区町村にあります。

初診日確定の参考資料となるもの

① 身体障害者手帳、精神障害者保健福祉手帳、療育手帳
② 身体障害者手帳などの申請時の診断書
③ 生命保険、損害保険、労災保険の給付申請時の診断書
④ 交通事故証明書
⑤ 労災の事故証明書
⑥ 事業所の健康診断の記録
⑦ インフォームド・コンセントによる医療情報サマリー
⑧ 健康保険の給付記録
⑨ 次の受診医療機関への紹介状
⑩ お薬手帳、領収書、診察券
⑪ 第三者証明　など

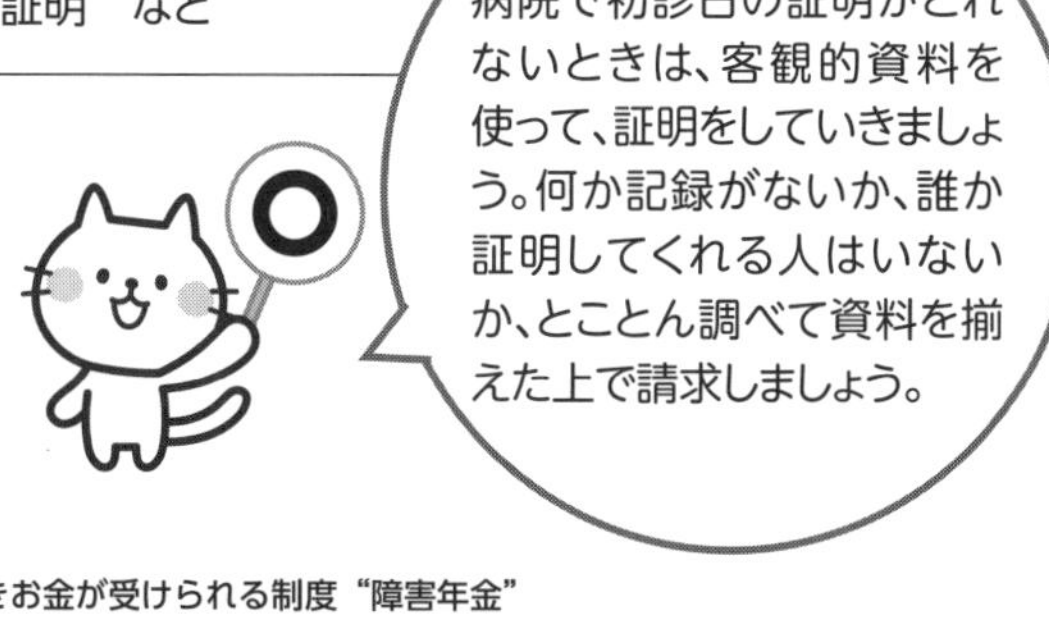
病院で初診日の証明がとれないときは、客観的資料を使って、証明をしていきましょう。何か記録がないか、誰か証明してくれる人はいないか、とことん調べて資料を揃えた上で請求しましょう。

4 初診日に加入していた制度で何が決まるの？

初診日に加入していた制度によって、受給する年金の種類が決まることをご存じですか？

初診日に加入していた制度

初診日は、加入要件をみる基準となります。つまり、**初診日に加入していた年金制度で、受け取る障害年金が決定されます。障害基礎年金**（1級～2級）の対象になるのか、**障害厚生年金**（1級～3級）の対象になるのか、その両方なのかが決まります。

国民年金保険料は、20歳から60歳になるまで支払う義務があります。原則としてその間は、国民年金制度に加入しています。国民年金制度に加入している間に初診日があると、障害基礎年金の対象となります。

会社員は、厚生年金保険制度に加入しています。給与から天引きされる厚生年金保険料の中には、国民年金保険料が含まれています。つまり会社員は、国民年金制度と厚生年金保険制度の両方に加入していることになるので、障害基礎年金と障害厚生年金の対象になります。65歳を過ぎると、原則として国民年金制度に加入していない状態になるので、障害厚生年金のみの対象です。

20歳前で会社員でない場合は、障害基礎年金の対象です。60歳以降65歳未満の勤めていない人も同様です。

障害基礎年金は、障害状態（本章Ⅰ・6参照）が3級程度であれば支給されません。3級の障害年金が支給されるのは障害厚生年金だけだからです。

障害基礎年金と障害厚生年金の違い

障害基礎年金と障害厚生年金とでは、年金額にも違いがあります。

例えば、20歳から厚生年金に10年（平均標準報酬額30万円）加入し退職した人が、退職後すぐに病院にかかったとき、初診日は国民年金加入中となるので、2級状態であれば、障害基礎年金が年間約78万円支給されます。

同じ人が、退職前に病院にかかっていたとき、初診日は厚生年金加入中となるので、２級状態であれば、障害基礎年金の年間約78万円に加えて、障害厚生年金が約49万円、合わせて約１２７万円を受給することができます。

このように、**障害基礎年金と障害厚生年金では、受ける年金額が大きく違います**。これは初診日に加入していた制度で決まるのです（年金額の詳細は本章Ⅰ・８参照）。

ですから、初診日の証明がとれた場合であっても、それが国民年金加入中であったなら、もっと以前の厚生年金加入中に病院にかかったことはなかったかを改めて考えることも大切です。

Q

「厚生年金加入中に初診日があったのに、間違って国民年金加入中の初診日として請求し、障害基礎年金を受給しています。厚生年金の年金額が多いのであれば請求し直したいです。何とかならないですか？」

既に障害基礎年金を受給している人から、このような質問を受けることがあります。しかし、初診日を変更して再請求することは容易ではありません。受給済の年金の返戻を求められるなどの大きなリスクもあります。請求時には、初めて医師や歯科医師に診てもらった日に間違いがないかをきちんと確認しましょう。

初診日の加入状況と対象になる障害年金

年齢	初診日に加入する年金制度		対象となる障害年金 1級・2級に該当	対象となる障害年金 3級に該当
出生～20歳未満	学生等	加入なし	障害基礎年金	――
	会社員等	厚年に加入（国年にも加入）	障害厚生年金 障害基礎年金	障害厚生年金
20歳～60歳未満	学生・自営・主婦	国年に加入	障害基礎年金	――
	会社員等	厚年に加入（国年にも加入）	障害厚生年金 障害基礎年金	障害厚生年金
60歳～65歳未満	国内在住	加入なし	障害基礎年金	――
	会社員等	厚年に加入（国年にも加入）	障害厚生年金 障害基礎年金	障害厚生年金
65歳～70歳未満	会社員等	厚年に加入	障害厚生年金	障害厚生年金

※「国年」＝国民年金、「厚年」＝厚生年金保険、のことです。
※例外もあります。

5 保険料納付要件ってなに？

年金の保険料をきちんと納めていないと、障害年金の請求すらできないことをご存じですか？

保険料をきちんと納めていること

初診日が特定できれば、次は**保険料納付要件を満たしているかを確認**します。これが二つ目の要件です。障害厚生年金の保険料納付要件は次のとおりです。

> 初診日の前日において、次のいずれかの要件を満たしていること
> (1)初診日のある月の前々月までの公的年金の加入期間の3分の2以上の期間について、保険料が納付または免除されていること
> (2) 初診日において65歳未満であり、初診日のある月の前々月までの1年間に保険料の未納がないこと

つまり、初診日より前に、きちんと保険料を納めていることが必要です。そうでなければ、どんなに障害状態が重くても、障害年金を受給することができません。ただし、20歳前の年金制度に加入していない期間に初診日がある場合は、保険料納付要件はありません。自身が要件を満たしているか否かは、年金事務所で確認することができます。市区町村でも相談にのってくれます。

納付要件を満たしていないとき

では、確認した結果「あなたは納付要件を満たしていません。障害年金を請求できません」といわれたら、諦めるしかないのでしょうか。繰り返しますが、保険料納付要件を満たしていなければ、残念ながら障害年金を受給することはできません。ただ、まだすべきことは残っています。それは、初診日の再確認です。

保険料納付要件は、**初診日**を基準とした期間によって算定します。初診日が変われば、保険料納付要件の結果が変わってくることがあります。

例えば、30歳のときに症状が出て病院にかかったところ、統合失調症と診断され、後日入院となった人がいました。それまで精神科にかかったことがなく、30歳のときを初診日として、障害年金を請求しようとしたのですが、20歳以降ほとんど保険料を納めておらず、免除にもなっていなかったため「あなたは障害年金を請求できません」といわれました。多くの人はこの段階で障害年金の請求を断念します。ただ、諦めてしまう前に確認したいことがあります。

本当にその日が「初診日」で合っていますか？

実際の事例では、病名がはっきりする前に、何となく調子が悪くて、耳鼻科や内科や小児科にかかっていたりするケースがあります。前述の統合失調症の人も19歳のときに耳鼻科に1日だけかかったことを思い出し、その日が初診日として認められたことで障害基礎年金を受給できました。20歳前の初診日であれば、保険料納付要件は必要ないので、受給できたのです。

特に精神の障害がある人は、その影響もあって、国民年金保険料を未納にしていることが多いです。症状がいつ頃からあったのか、他に病院にかかったことがないのか、本当にその日が初診日で合っているのかを再確認することはとても大切です。

保険料の納付要件

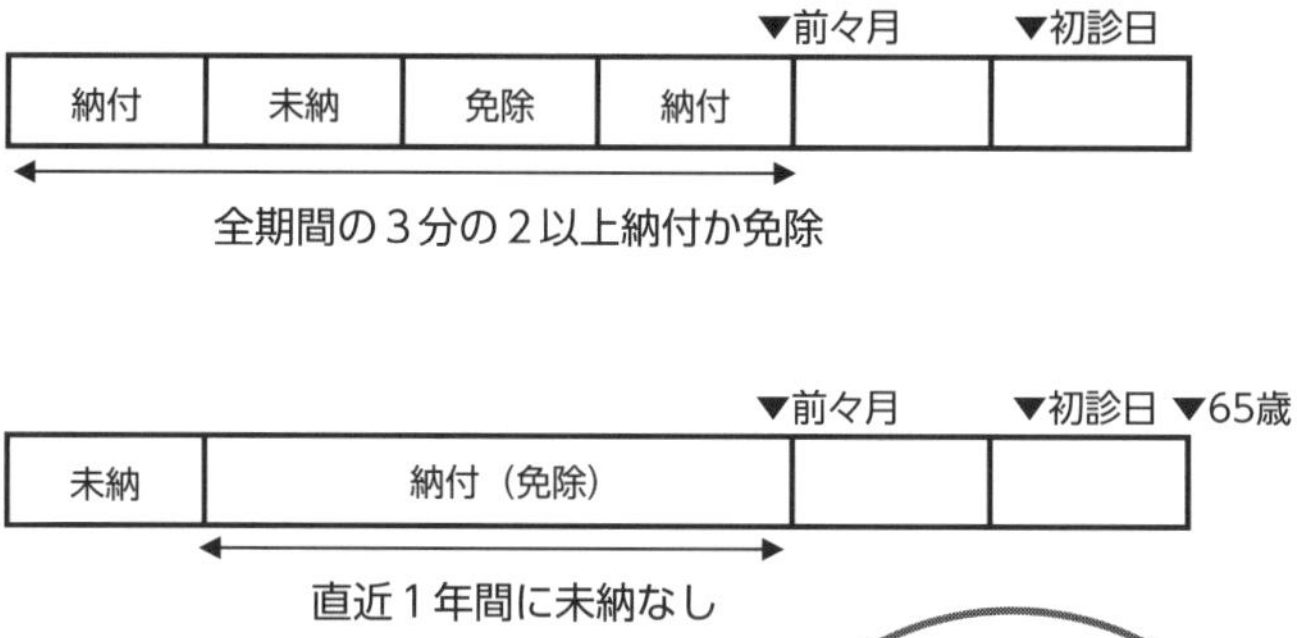
▼前々月
▼初診日
納付
未納
免除
納付
全期間の３分の２以上納付か免除
▼前々月
▼初診日
▼65歳
未納
納付（免除）
直近１年間に未納なし

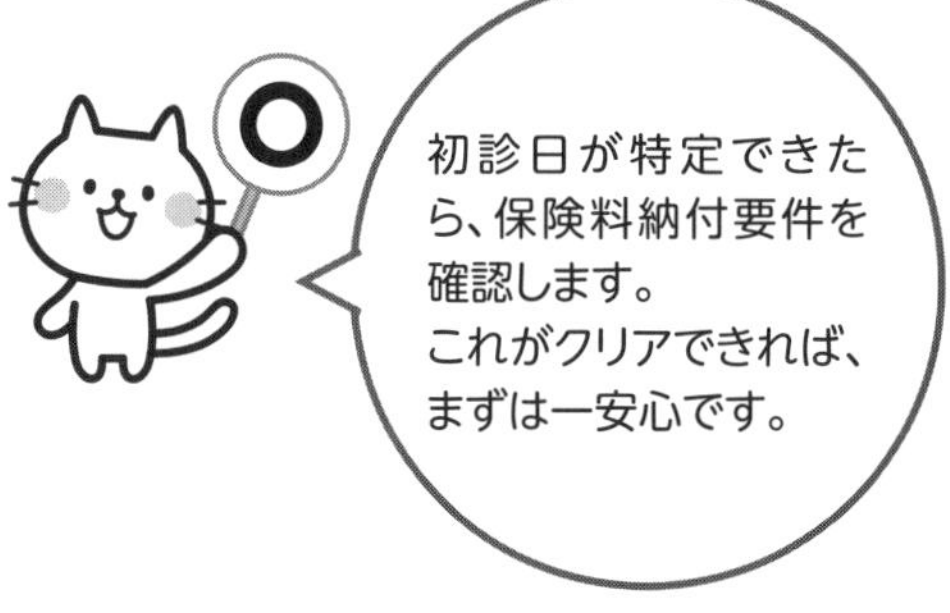
初診日が特定できたら、保険料納付要件を確認します。
これがクリアできれば、まずは一安心です。

6 障害があれば障害年金は受給できるの？

障害年金は、初診日から1年6カ月後に障害状態にあれば受給できますが、1年6カ月を待たなくても、受給できる場合があることをご存じですか？

障害状態にあること

三つ目の要件は、障害認定日に障害の状態にあるかどうかです。障害認定日とは、障害の程度を定める日です。初診日から1年6カ月を経過した日、または1年6カ月以内にその病気やケガが治った（症状が固定した）ときは治った日のことをいいます。ここでいう「治った」とは、その症状が固定して、これ以上の治療効果が見込めない状態をいい、傷病が回復したという意味ではありません。例えば、事故により左手を切断したときは、「これ以上治療効果が見込めない状態」とされ、切断日が障害認定日となります。障害認定日が早く到来することにより、早くなった期間分の年金が多く受けられることになります。

障害状態とは

障害状態とは、国民年金については障害等級の1級か2級、厚生年金については1級、2級、3級、および障害手当金の基準以上の程度を指します。それぞれの程度は、国民年金法と厚生年金保険法に規定され、具体的な基準は「国民年金・厚生年金保険障害認定基準」に明記されています。その基準は、日常生活や仕事をするにあたってどのくらいの支障があるのかがポイントになっており、傷病やそれぞれの状況にもよりますが、おおむね次のように区分されています。

1級……他人からの介助がなければ、自分の用を済ませることがほぼできない状態
2級……日常生活に著しい制限があるが、家庭内で軽い活動であれば可能な状態
3級……労働に制限を受ける状態

傷病手当金……傷病が初診日から5年以内に治ったが3級よりも軽い程度の障害が残っている状態

障害状態の判断

障害状態は、障害年金請求時に添付する**診断書や病歴・就労状況等申立書**（本章Ⅰ・7参照）などで判断されます。

Q 「障害者手帳が1級なら障害年金も1級ですよね？」

よくある質問ですが、障害者手帳（第5章Ⅱ参照）と**障害年金の等級の基準は違います**。手帳を取得していることを理由に、障害年金の受給が約束されているわけではありません。また、受給できたとしても、同じ等級とは限りません。例えば、心臓ペースメーカーを装着し1級の身体障害者手帳を持っている人がいますが、障害年金の基準では基本的に3級相当（例外あり）です。

なお、障害認定日に障害状態になかったときは、後日悪化した時点で障害年金を請求できる制度（事後重症。本章Ⅰ・11参照）もあります。

1年6カ月以内の日が「障害認定日」とされる例

① 切断または離断による肢体の障害は、原則として切断または離断をした日
② 人工骨頭または人工関節を挿入置換した場合は、挿入置換した日
③ 新膀胱の造設をした場合は造設した日
④ 人工肛門または尿路変更術を施術した場合は、手術を行った日から<u>6カ月を経過した日</u>
⑤ 心臓ペースメーカー、植え込み型除細動器（ICD）、または人工弁の装着をした場合は、装着した日
⑥ 人工透析療法を行っている場合は、透析開始日から<u>3カ月を経過した日</u>
⑦ 喉頭全摘出の場合は、全摘出をした日
⑧ 在宅酸素療法を行っている場合は、在宅酸素療法を開始した日

脳血管障害の後遺症による障害年金は、初診日から6カ月以上経過した日に症状固定が認められるときは、その日が障害認定日となることもあります。

7 障害等級判断のポイントは？

「診断書を書いてください」とだけいって、主治医に診断書の作成を依頼していませんか？

診断書の記載

障害年金の障害等級は、診断書および病歴・就労状況等申立書の記載内容によってほぼ決まります。ですから、この二つの書類はとても重要です。

「診断書を書いてください」

多くの人は、このようにいって、主治医に診断書作成をお願いします。会社や保険会社へ提出する診断書なら、これでも十分です。また、検査の異常値がはっきりしている傷病であれば問題ないかもしれません。しかし、障害年金請求用の診断書は、いかに大変な状況にあるかを証明する書類です。重要なポイントをきちんと、文字にして記載してもらわなければなりません。

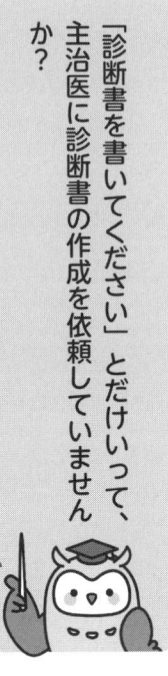

ずっと診察してくれている医師だから、何もいわなくても、きちんと書いてくれるはずだと思っている人も多いです。しかし、障害年金の請求に関しては、慎重に進めていくべきです。実際の状態よりも軽い状態が記載され、その結果、障害年金が受給できなかったケースが多々あるからです。主治医を信用してはいけないといっているのではありません。自身の症状や状況を、主治医にきちんと伝えていないことが多いのです。伝える責任は患者側にあります。

例えば、精神の診断書には、治療歴や病状の他に「日常生活能力」についての記載欄があります。適切な食事、身辺の清潔保持、金銭管理、買い物、対人関係の状況などです。適切な食事であれば、配膳などの準備も含めて適当量をバランスよく摂ることができるか否かで判断されます。しかも、診断書記載にあたっては「判断にあたっては、単身で生活するとしたら可能かどうかで判断してください」との注記があります。一人でいるときは、いつも菓子パンやインスタント食品ばかり食べているのであれば、「適切な食事ができる」とはなりません。しかし、主治医に「食事はきちんと召し上がっていますか?」と聞かれたら、食事は摂っているから「はい。大丈夫です」と答えてしまいがちです。**医師に現状を正しく記載してもらえるように、病状や生活状況をきちんと伝えることが大切**なのです。

あらかじめ診断書の内容を確認し、自身の状態を伝えましょう。メモを書いて主治医に渡してもよいと思います。診断書を取得したら、必ず内容を確認しましょう。診断書は、障害の種類ごとに決まった様式があります。年金事務所や市区町村に行けばもらえます。

病歴・就労状況等申立書の記載

病歴・就労状況等申立書には、発病から現在までの治療経過や日常生活状況等を自身で記載します。受診していた期間については、通院期間および受診回数、入院期間、治療の経過、医師から指示された事項、転医、受診中止の理由などを記入します。受診しなかった期間は、その理由、自覚症状の程度、日常生活の状況などについて具体的に記入します。病歴・就労状況等申立書は、年金事務所や市区町村に行けばもらえます。

注意しなければならないのは、診断書との整合性です。診断書の内容よりも重い症状であることを記載したとしても、整合性がないのであれば認められません。内容に食い違いがないように、診断書を確認しながら記入することが大切です。

診断書（精神の障害用）の日常生活能力の判定

2　日常生活能力の判定（該当するものにチェックしてください。）
（判断にあたっては、単身で生活するとしたら可能かどうかで判断してください。）

(1) 適切な食事ー配膳などの準備も含めて適当量とバランスよく摂ることがほぼできるなど。

- ☐ できる
- ☐ 自発的にできるが時には助言や指導を必要とする
- ☑ 自発的かつ適正に行うことはできないが助言や指導があればできる
- ☐ 助言や指導をしてもできない若しくは行わない

(2) 身辺の清潔保持ー洗面、洗髪、入浴等の身体の衛生保持や着替え等ができる。また、自室の清掃や片付けができるなど。

- ☐ できる
- ☑ 自発的にできるが時には助言や指導を必要とする
- ☐ 自発的かつ適正に行うことはできないが助言や指導があればできる
- ☐ 助言や指導をしてもできない若しくは行わない

(3) 金銭管理と買い物ー金銭を独力で適切に管理し、やりくりがほぼできる。また、一人で買い物が可能であり、計画的な買い物がほぼできるなど。

- ☐ できる
- ☑ おおむねできるが時には助言や指導を必要とする
- ☐ 助言や指導があればできる
- ☐ 助言や指導をしてもできない若しくは行わない

障害年金は書類による審査です。本人の状況が正しく記載されているかどうかを確認しましょう。

8 障害年金の年金額はどのくらい？

障害年金額がどのくらいか、ご存じですか？

障害基礎年金の年金額

障害基礎年金は定額です。１級が年間約97万円、２級が約78万円で、１級は２級の１・２５倍の金額です。年金額は毎年見直しされます。18歳年度末（高校卒業）までの子がいるときは、その間、**子の加算**も付きます。子が障害等級２級以上の状態であれば、子が20歳になるまで加算されます。

障害厚生年金の年金額

障害厚生年金の年金額は、**人によって違います。障害認定日までに受けた給与や賞与の額を元に計算されます。**

具体的には、障害認定日までに受けた給与額と賞与額を現在の物価水準に合わせた上で平均し（平均標準報酬額）、一定乗率と被保険者期間の月数を乗じて算出します（報酬比例）。障害認定日以前の被保険者期間の月数が３００（25年）に満たないときは、３００月あるものとして計算します。収入が多かった人ほどたくさんの保険料を納めていたので、年金額も多くなるしくみです。

障害厚生年金１級または２級のとき

障害厚生年金の１級または２級に該当したときは、**障害基礎年金と障害厚生年金が２階建てで支給されます。**65歳未満の配偶者（年収８５０万円未満）がいるときは、**配偶者加給年金額の加算**があります。３級には配偶者加給年金額の加算はなく、障害基礎年金も支給されませんが、**最低保障額**（約58万円）が定められています。

障害手当金の額

障害手当金は、報酬比例の年金額の２倍が一時金として支給され、**最低保障額**（約１１７万円）が定められています。

計算事例

Q 40歳の男性です。厚生年金加入中に初診日のある傷病で、障害等級2級に該当したときの年金額はいくらですか。妻と小学生の子供2人の4人暮らしです。
（障害認定日以前の会社員期間20年、その期間の平均標準報酬額が30万円のとき）

A 月あたり約16万円となります。次のような内訳です。

【障害基礎年金】約78万円、子の加算約44万円
【障害厚生年金】約49万円、配偶者加給年金額約22万円
合計約193万円（月あたり約16万円）
※49万円の計算式
30万円×5.481／1000×240月×300月÷240月=493,290円

※平成15年4月前の厚生年金期間があるときは、5.481／1000を7.125／1000として計算します。

支給される障害年金・障害手当金の額

● 障害基礎年金の額

基本額

障害等級	年額
1級	約97万円
2級	約78万円

子の加算額

子の数	年額
1人目、2人目	1人につき　約22万円
3人目以降の子	1人につき　約7.4万円

● 障害厚生年金・障害手当金の額

基本額

障害等級	年額
1級	報酬比例部分 × 1.25 + 配偶者加給年金額
2級	報酬比例部分 + 配偶者加給年金額
3級	報酬比例部分（最低保障額あり）
障害手当金	報酬比例部分 × 2（最低保障額あり・一時金）

※報酬比例部分 = 平均標準報酬額 × $\frac{5.481}{1000}$ × 被保険者期間の月数*

*300月に満たないときは300月とみなす。

配偶者加給年金額

障害等級	年額
1級・2級	約22万円
3級	なし

障害基礎年金か障害厚生年金か、そして等級によって、年金額が随分違います。2級以上に該当しないと、家族がいることに対する加算はつきません。

9 障害年金の請求方法「本来請求」

障害年金の請求方法は、いくつかのパターンがあることをご存じですか？

本来請求

ひとつ目は「本来請求」といい、**障害認定日から1年以内に請求する方法です。**障害認定日以降3カ月以内の診断書を添えて請求を行います。

例えば、令和元年5月1日が初診日のとき、障害認定日は、1年6カ月経過後の令和2年11月1日です。令和2年11月1日から3カ月以内に受診し、診断書を作成してもらいます。その内容は、令和2年11月1日から令和3年1月31日までのいずれかの日の状態が記載されている必要があります。診断書が手に入ったら、障害認定日から1年以内に請求を行います。

症状固定のとき

初診日から1年6カ月以内に**その病気やケガが治った（症状が固定した）とき**（本章Ⅰ・6参照）は、**その日が障害認定日となりますので、その日以降3カ月以内の診断書を添えて請求を行います。**

例えば、令和元年5月1日に事故に遭い、その日に手を切断したときは、「これ以上治療効果が見込めない状態」とされ、令和元年5月1日が障害認定日となります。診断書は、令和元年5月1日から3カ月以内のいずれかの日の診断書を作成してもらいます。

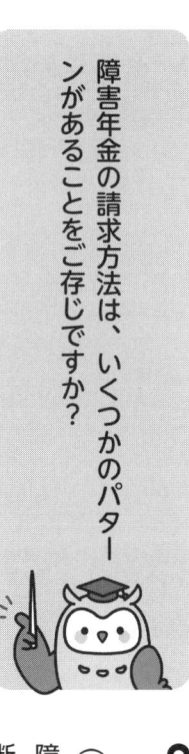

初診日が20歳前のとき

20歳前に初診日がある人の障害年金の請求方法は、少し違います。例えば、生まれつきの障害の場合は、出生日が初診日となります。このときの診断書は出生日から1年6カ月経過後のものではなく、20歳時点のものが必要になります。具体的には、**20歳の誕生日の前後3カ月以内の診断書が必要です。**9月24日が誕生日であれば、

6月24日から12月23日までに診察を受けて、診断書を記載してもらいます。

本来請求による障害年金は、障害認定日の翌月分から支給されます。

本来請求による請求方法

●本来請求

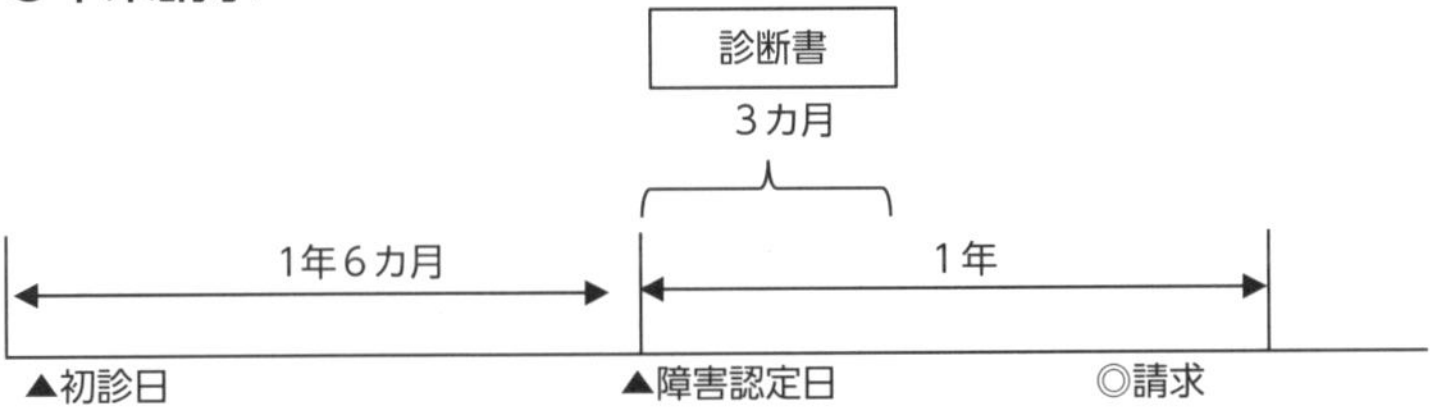

診断書
3カ月
1年6カ月
1年
▲初診日
▲障害認定日
◎請求

●症状固定による本来請求（事故による手の切断）

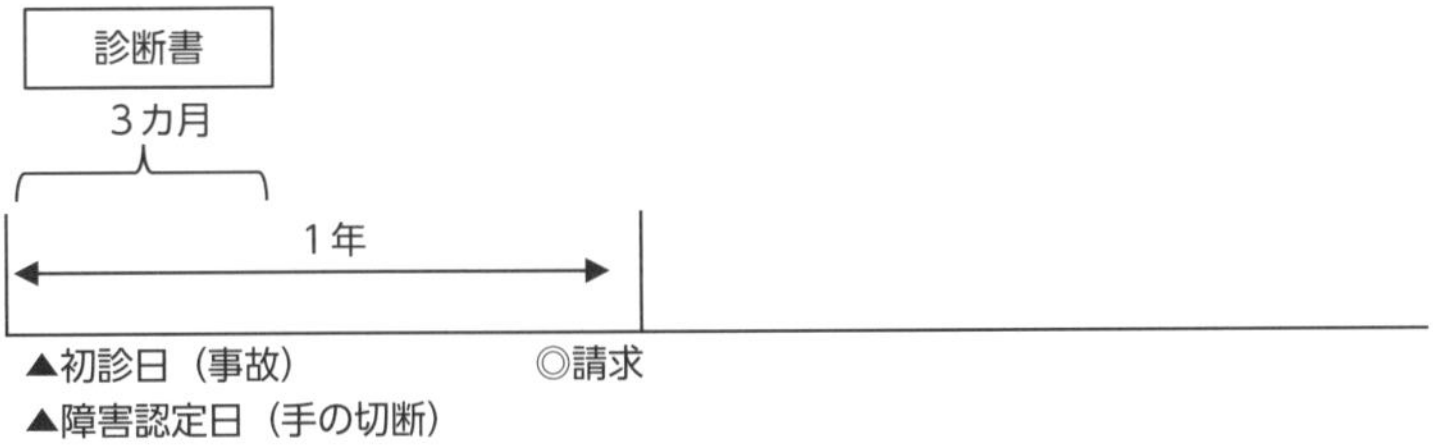

診断書
3カ月
1年
▲初診日（事故）
▲障害認定日（手の切断）
◎請求

●20歳前障害による請求

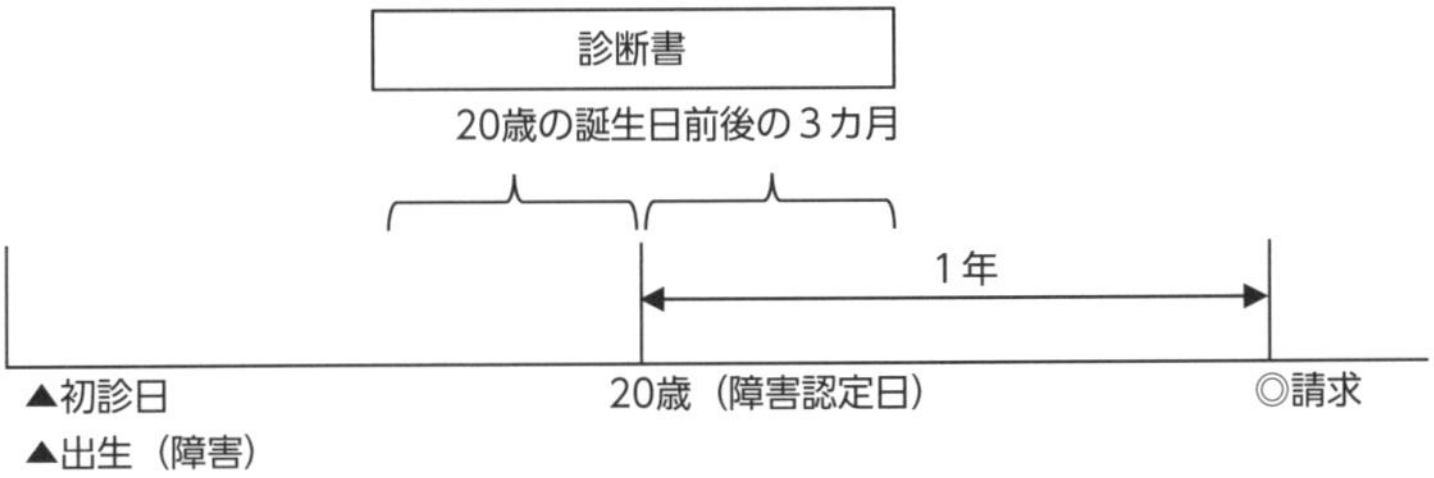

診断書
20歳の誕生日前後の3カ月
1年
▲初診日
▲出生（障害）
20歳（障害認定日）
◎請求

本来請求に必要な診断書は、1枚です。症状固定のときは、症状固定日から3カ月以内の診断書です。

Q&A

Q 今年5月に病院にかかったところ、喉頭ガンと診断され、同月に喉頭を摘出しました。年金はいつから受けることができますか？（他の要件は満たしている）

A 5月が初診日であり障害認定日となりますから、5月に年金を受ける権利が発生します。6月分から支給されます。

10 障害年金の請求方法「遡及請求」

障害年金を遡って受給する請求方法があることをご存じですか？

遡及請求

二つ目は「遡及請求」です。**障害認定日から1年以上経ってから請求する方法です。**

障害認定日において、障害の程度が障害等級に該当していた人が請求を行っていない場合は、この方法になります。**障害認定日以降3カ月以内の診断書と、請求日前3カ月以内の診断書の2枚が必要です。**

例えば、平成20年12月1日が初診日のとき、本来請求と同様に、障害認定日（平成22年6月1日）から3カ月以内のいずれかの日の状態を、当時通院していた病院で診断書に記載してもらいます。また、現在通院している病院でも診断書を書いてもらい、2枚の診断書により、請求を行います。

遡及請求が認定されれば、過去に遡って障害年金を受けることができます。ただし、遡ることができるのは時効により5年が限度で、遡及分は一時金としてまとめて受け取ります。

例えば、障害基礎年金2級に認定されれば、年金額は約78万円ですから、5年遡れば約４００万円が一時金として振り込まれます。ただし、現在の障害状態が基準以上と認められても、障害認定日時点での障害状態が認められない場合は遡らず、請求月の翌月分からの支給となります。

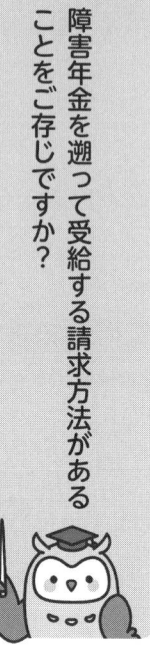

障害認定日の診断書が用意できないとき

障害認定日が随分前だと、その時点の診断書が手に入らないことがあります。例えば、障害認定日から3カ月以内に病院を受診していなかったり、受診していたとしてもカルテが破棄されていたり、当時かかった病院が廃業したりしていることもあります。障害認定日の頃の症状が非常に悪くて、病院に通うことさえできなかった場合もあります。

このようなときは、当時の状況を表す診断書がないので、**事後重症請求**（本章Ⅰ・11参照）を行います。事後重症請求では、請求月の翌月分からの支給となり、遡及請求のように、過去に遡って年金を受けることができません。つまり、障害認定日の障害の程度が障害等級に該当していた事実があったとしても、そのことを書面で証明できない限りは遡及して受給できないのです。

過去に遡って受給できるか否かの差は大きいです。先の事例では、受け取れるはずだった約４００万円が受けられなくなるのです。障害認定日から３カ月以内の診断書が手に入らず、その前後の診断書等により、遡及請求が認められた事例もありますが、容易ではありません。

相談窓口は、年金事務所です。

障害年金の制度があることを長年知らなくて、遡及請求する人は多いです。しかし、過去の診断書が手に入らずに、事後重症請求になるケースも多いです。

遡及請求による請求方法

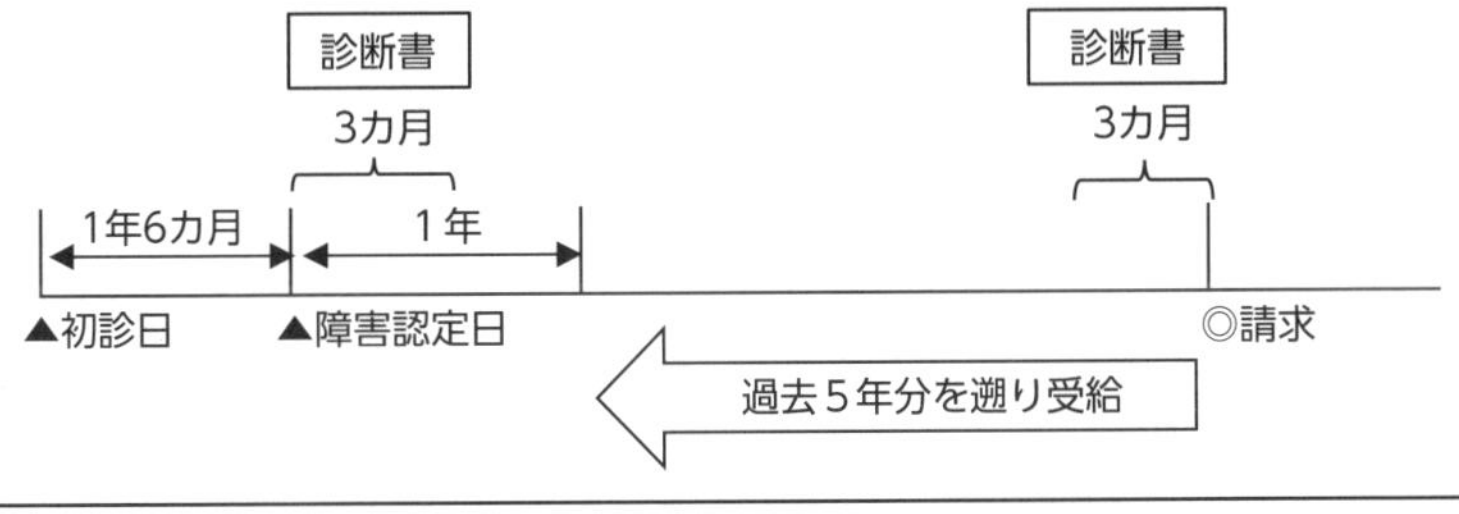
診断書
3カ月
診断書
3カ月
1年6カ月
1年
▲初診日
▲障害認定日
◎請求
過去５年分を遡り受給

Q&A

Q 40歳の夫が、ガンで死亡しました。初めて病院にかかったのは6年前の会社員だったときで、初診から1年6カ月後は、働ける状態ではなく、会社を退職していました。妻の私が今から夫の障害年金を請求することはできますか?

A 遡及請求はできます。初診日に厚生年金に加入しているので、障害認定日に1級から3級の障害状態と認められたときは、妻に未支給年金（一時金）として支給されます。また、死亡後の遡及請求により、遺族厚生年金を受ける権利を得ることもあります。遺族厚生年金の要件に「1、2級の障害厚生年金の受給権者の死亡」があるからです。

11 障害年金の請求方法「事後重症」

障害認定日より後に障害が悪化したときでも、障害年金を請求できることをご存じですか？

事後重症請求

三つ目は「事後重症請求」といわれる方法です。障害認定日の段階では症状が軽かったが、その後に症状が重くなったときに請求する方法で、65歳の誕生日の2日前までなら請求ができます。

例えば、平成20年12月1日が初診日のとき、障害認定日（平成22年6月1日）の症状が軽ければ、本来請求の障害年金は受給できません。その後、症状が悪化したときは、かかっている病院で診断書を書いてもらい、3カ月以内に請求を行います。障害認定日から3カ月以内に病院を受診していないときなども、当時の状況を表す診断書が作成できないため、原則、事後重症請求になります。

事後重症請求は、請求手続きを行う日に注意が必要です。例えば、6月30日に年金事務所で請求書が受理され、障害年金が認められると、7月分の年金から支給されますが、受理日が7月1日のときは、8月分からの支給です。**事後重症請求は、請求日の翌月分から支給されるから**です。手続きした日が1日違うだけで、受ける年金が1月分違います。2級の障害基礎年金なら約6万円の差です。請求準備が整ったら早日に手続きを行いましょう。

Q&A

Q 15年前に糖尿病だと診断され、3年前から人工透析を開始しています。これから障害年金を請求するとき、3年前の人工透析開始時に遡って、年金を受けることはできますか？（人工透析は障害等級2級相当）

A 3年前に遡って、年金を請求することはできません。障害認定日（初診日から1年6カ月）に障害状態になければ、それ以後の特定の日に障害状態になったとしても、その時点に遡ることはできません。あくまでも、事後重症請求となり、請求月の翌月分からの支給です。

12 障害年金の請求方法「基準障害による請求」

二つの別の障害を併せて支給される障害年金があることをご存じですか？

基準障害（初めて2級）による請求

四つ目は、「基準障害による障害年金の請求」です。

障害等級1級または2級に該当しない程度の障害の状態にある人が、新たな傷病（「基準傷病」といいます）が生じ、65歳の誕生日の2日前までにその二つを併せると、初めて障害等級の1級または2級に該当するときは、基準障害による障害年金を請求することができます。例えば、3級の障害厚生年金の受給権者に対して、さらに3級の障害厚生年金に該当するような傷病が生じたとき、前後の障害を併合して初めて障害等級の1級または2級に該当する程度の障害の状態となったときは、「基準障害による障害年金」が支給されることになります。

障害年金が支給されるのは、請求した翌月分からになるので、事後重症と同様に、早目の手続きが大切です。

基準障害による請求方法

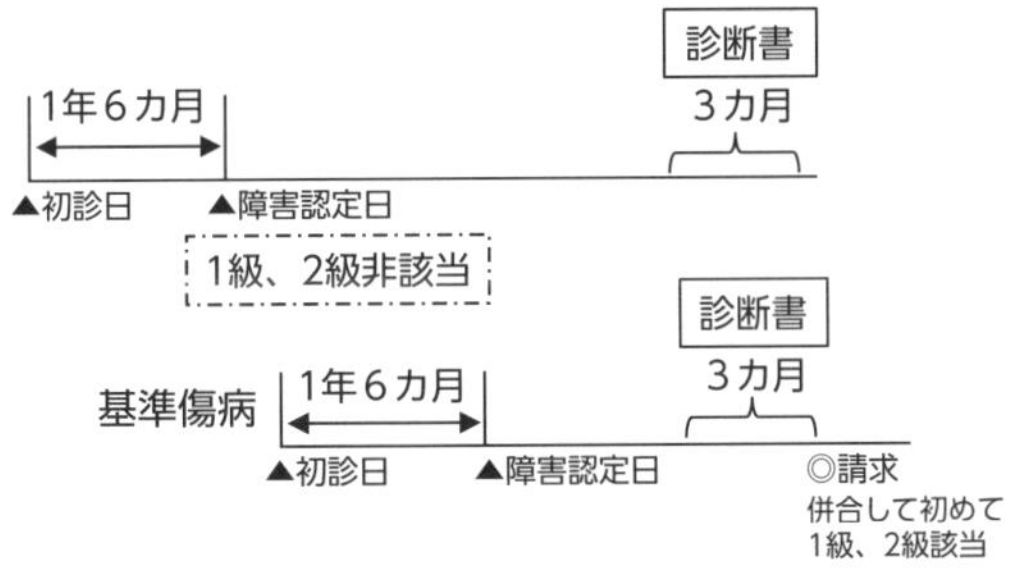
診断書
1年6カ月
3カ月
▲初診日
▲障害認定日
1級、2級非該当
診断書
基準傷病
1年6カ月
3カ月
▲初診日
▲障害認定日
◎請求
併合して初めて
1級、2級該当

事後重症による請求方法

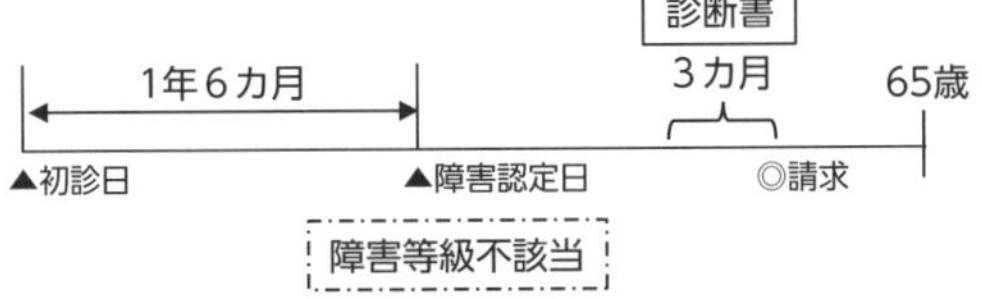
診断書
1年6カ月
3カ月
65歳
▲初診日
▲障害認定日
◎請求
障害等級不該当

13 障害年金の要件を満たさなかったときは？

「初診日の証明ができず、不支給となった」
「保険料納付要件を満たさず、請求できなかった」
こんなときでも、障害年金受給の可能性は残っていることをご存じですか？

障害年金の受給要件を満たさない

障害年金を受給するためには、前述のとおり、三つの要件があります。**初診日を証明して、保険料納付要件を満たし、一定の障害状態にあると判断されれば、障害年金を受けることができます。**この要件を満たしていないと、障害年金の受給は相当厳しいです。

「初診日の証明ができず、不支給となった」

「保険料納付要件を満たさず、請求できなかった」

このような場合は、一生障害年金が受給できないと考えるのも無理はありません。ただ、障害年金受給の可能性は残っているかもしれません。

社会的治癒による請求

初診日が証明できないこと等を理由に障害年金が不支給となるケースは多々あります。第三者証明や参考資料を添付して請求しても、認められないケースも多いです。そんなときには、将来的に**「社会的治癒」による請求の可能性**があるかもしれません。

「社会的治癒」とは、**医学的には治癒といえなくても、社会的に治癒していること**で、傷病手当金の項目（第2章Ⅰ・4参照）でも紹介しています。就労等の社会生活に支障がなく、かつ、治療が必要なかったり、経過観察だけの受診であったりした状態が一定期間継続している状態です。

同じ傷病名であっても、その間に社会的治癒が認められるときは、別傷病として取り扱われます。すなわち、その後に状態が悪化して、受診を再開したとき、その悪化後の最初の受診日を初診日として、新たに障害年金の請求手続きができます。

例えば、反復性うつ病で受診し、1年6カ月後に障害年金を請求しようと思ったところ、保険料納付要件を満たさなかったケースを考えてみます。その後、症状が回復して数年間就労していたものの、再度症状が現れて受診したとき、再受診日を初診日として、障害年金を受給できるかもしれません。就労していた期間が社会的治癒として認められ、保険料納付要件がクリアできていれば可能性はあります。

社会的治癒の状態についての法律の規定はありません。回復していた期間については、約5年以上が目安といわれていますが、3年で認められた事例もあれば、10年で認められなかった事例もあります。その期間をどのように生活していたかを証明することがポイントです。社会的治癒による請求は、簡単ではありませんが、ひとつの可能性として知っておくとよいと思います。

基準障害による請求の保険料納付要件

元々あった障害の状態が軽い人に、別の障害が生じたときは、両者を併せてひとつの障害年金を支給する「基準障害による請求」（本章Ⅰ・12参照）があります。

基準障害による障害年金の保険料納付要件は、後発の障害の初診日で確認します。前発の障害について保険料納付要件を満たさず請求ができなかった場合であっても、後発の障害時点での要件を満たしていれば、請求可能です。

このように将来的に障害年金が受給できることもあるかもしれません。保険料の納付もしくは免除申請は、必ず行いましょう。

特別障害給付金

障害年金が受給できなくても、福祉的措置として「特別障害給付金」が支給される場合があります。対象者は、国民年金に任意加入していなかった次の期間内に初診日がある人です。

- 平成3年3月以前に任意加入対象の学生であった期間
- 昭和61年3月以前にサラリーマンの妻等であった期間

原則として、65歳の誕生日の2日前までに請求手続きを行う必要があります。1月あたり給付金額は、障害等級1級相当が約5万円、2級相当が約4万円です。市区町村の窓口で請求をします。

また、重度の障害がある人は**特別障害者手当**（第5章Ⅲ・7参照）が受けられる可能性もあります。

14 障害年金の請求手続きは？

障害年金の請求手続き方法をご存じですか？

障害年金の請求窓口

障害厚生年金の請求手続きは、年金事務所で行います。公務員など共済組合加入中に初診日があるときの請求は、各共済組合で行います。

請求に必要な書類は、請求方法や家族の有無によって異なります。診断書が2枚必要であったり、子がいるときは、在学証明書が必要になったりすることもあります。年金事務所や共済組合で確認できます。

障害年金の請求手続き

請求は、本人が行うことはもちろん、家族が行うこともできます。専門家である社会保険労務士に依頼することもできます。本人または家族が請求する場合の必要経費は、初診日を証明する病院の証明書や診断書、戸籍謄本などを取得するための手数料、年金事務所までの交通費等です。専門家に依頼した場合は、業務報酬がかかってきます。

自分たちで請求手続きを行う人も多いですが、障害年金の請求手続きは、書類も多く、大変手間がかかります。なかなか前に進まないときは、病院や障害年金支援団体等の無料相談を利用する方法があります。それでも何年間も、手続きが進まない人もいます。そのような状態であれば、ぜひ専門家に相談してください。そして、障害年金を受給してください。

請求の一般的な流れ

年金事務所で説明を聞く
- 初診日特定
- 保険料納付要件の確認
- 必要書類を受け取る

↓

初診日の証明書を取得

↓

医師に診断書を書いてもらう

↓

病歴・就労状況等申立書の作成

↓

その他の必要書類（戸籍謄本等）を取得

↓

障害年金の請求

15 障害年金はずっと受給できるの？

障害年金には更新手続きがあることをご存じですか？

障害年金の更新

障害年金の受給が決定すると、2カ月ごとに年金が振り込まれます。ただ、生涯にわたり障害年金の受給が約束されたわけではありません。**更新の手続きが必要なケースがほとんどで、障害状態に変化があれば、見直されるしくみです。**

障害年金には、一定期間ごとに更新が必要な「**有期認定**」と、見直しのいらない「**永久認定**」があります。送付された年金証書に「次回診断書提出年月日」が記載されていれば「有期認定」です。永久認定の場合は記載がありません。永久認定は、切断障害のように状態に変化がないと認定されたときなどが該当します。

更新期間は、人によって異なり、1年~5年ごとのいずれかです。更新時期になると障害状態確認届（診断書）が届くので、主治医にその時点の状態を記載してもらい提出します。

診査後、等級に変更がなければ「次回の診断書提出についてのお知らせ」が届きます。障害の程度が重くなっていると判断されれば、障害年金の等級が上がることがあります。一方で、軽くなっていると判断されれば、等級が下がったり、支給されなくなったりします。自身では変化がないと思っていても、障害が軽くなったと判断されることもあります。例えば、精神の障害による障害年金を受給している人が、働くようになったなどの理由で、日常生活能力や労働能力が上がったと判断されてしまうことがあります。更新時には、現在の日常生活や就労に関する状況を主治医に詳しく伝えることが大切です。特に精神の障害があり就労している場合には、周囲の援助や配慮の状況などがわかるように書いてもらいましょう。

16 障害状態が重くなったときは？

障害状態が重くなったときには、年金額の改定を請求することができることをご存じですか？

障害状態が重くなったとき

更新時に障害の程度が重くなっていると判断されたら、自動的に改定が行われますが、障害の程度が重くなったとき**更新時期を待たずに、年金額の改定を請求することができます**。これを「額改定請求」といいます。

例えば、3級の障害厚生年金を受給中であって、3年後に更新時期があるとき、その更新時期が来る前に障害の程度が重くなったのであれば、その時点で額改定請求をして、等級の見直しを求めることができます。3年後の更新時期まで待つ必要はありません。

ただし、額改定請求は次の日が過ぎないとできません。

- 障害年金を受ける権利が発生した日から1年を経過した日
- 障害の程度の診査を受けた日から1年を経過した日

つまり、**診査を受けた日から1年を経過**していれば、いつでも額改定請求ができます。

例外もあります。障害の程度が増進したことが明らかな**一定の障害状態に該当するものについては、1年を待たずに額改定請求が可能**です。該当する障害の程度については例示されていますので、次ページの表をご参照ください。

なお、過去に一度も2級以上の障害状態に該当したことのない3級の障害厚生年金の受給権者は、65歳を過ぎると額改定請求ができません。障害の程度が重くなったと感じたら、早目の手続きが大切です。

「1年を経過しなくても額改定請求ができるケース」には精神疾患は含まれていません。ガンにより状態が悪化した場合も含まれていません。

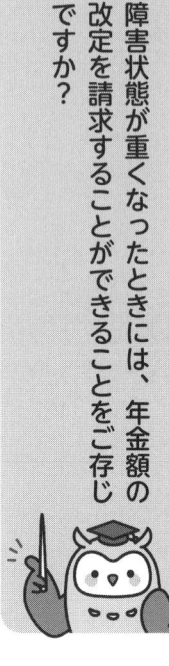

額改定請求が可能な時期

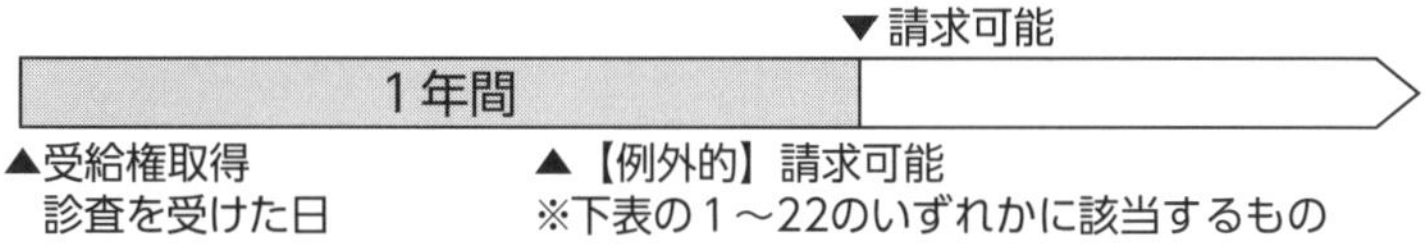
▼請求可能
1年間
▲受給権取得
診査を受けた日
▲【例外的】請求可能
※下表の1～22のいずれかに該当するもの

1年を経過しなくても額改定請求ができるケース

眼・聴覚・言語機能の障害

1	両眼の視力の和が0.04以下のもの
2	両眼の視力の和が0.05以上0.08以下のもの
3	8等分した視標のそれぞれの方向につき測定した両眼の視野がそれぞれ5度以内のもの
4	両眼の視野がそれぞれ10度以内のもの、かつ、8等分した視標のそれぞれの方向につき測定した両眼の視野の合計がそれぞれ56度以下のもの
5	両耳の聴力レベルが100デシベル以上のもの
6	両耳の聴力レベルが90デシベル以上のもの
7	喉頭をすべて摘出したもの

肢体の障害

8	両上肢のすべての指を欠くもの
9	両下肢を足関節以上で欠くもの
10	両上肢の親指および人差し指または中指を欠くもの
11	一上肢のすべての指を欠くもの
12	両下肢のすべての指を欠くもの
13	一下肢を足関節以上で欠くもの
14	四肢または手指もしくは足指が完全麻痺したもの（脳血管障害または脊髄の器質的な障害によるものについては、当該状態が6月を超えて継続している場合に限る）

内部障害

15	心臓を移植したものまたは人工心臓（補助人工心臓を含む）を装着したもの
16	心臓再同期医療機器（心不全を治療するための医療機器をいう）を装着したもの
17	人工透析を行うもの（3月を超えて継続して行っている場合に限る）

その他の障害

18	6月を超えて継続して人工肛門を使用し、かつ、人工膀胱（ストーマの処置を行わないものに限る）を使用しているもの
19	人工肛門を使用し、かつ、尿路の変更処置を行ったもの（人工肛門を使用した状態および尿路の変更を行った状態が6月を超えて継続している場合に限る）
20	人工肛門を使用し、かつ、排尿の機能に障害を残す状態（留置カテーテルの使用または自己導尿（カテーテルを用いて自ら排尿することをいう）を常に必要とする状態をいう）にあるもの（人工肛門を使用した状態および排尿の機能に障害を残す状態が6月を超えて継続している場合に限る）
21	脳死状態（脳幹を含む全脳の機能が不可逆的に停止するに至った状態をいう）または遷延性植物状態（意識障害により昏睡した状態にあることをいい、当該状態が3月を超えて継続している場合に限る）となったもの
22	人工呼吸器を装着したもの（1月を超えて常時装着している場合に限る）

Ⅱ 障害があるとき使える制度〝障害福祉サービス〟

1 障害福祉サービスとは？

障害のある人が利用できる「障害福祉サービス」があることをご存じですか？

障害福祉サービスとは

障害福祉サービスは、障害者総合支援法に基づいて障害者や難病患者を対象に行われる自立支援給付です。支援の種類は、日常生活の介護支援を行う「介護給付」と、自立生活や就労を目指す人を支援する「訓練等給付」の二つに大別されます。また、相談支援等を行う「計画相談支援給付」「地域相談支援給付」があります。

介護給付と訓練等給付

介護給付として、居宅介護、重度訪問介護、行動援護、同行援護、重度障害者等包括支援、短期入所、療養介護、生活介護、施設入所支援があります。利用できるサービスは、障害支援区分（次項2参照）によって異なります。

訓練等給付として、自立訓練、就労移行支援、就労継続支援、共同生活援助、自立生活援助、就労定着支援があり、実際に事業所で作業をしたり、企業で実習をしたりしながら、就労に必要な知識や能力の向上を図る訓練が実施されます。

その他の給付

障害福祉サービス等利用計画の作成や見直し、地域移行のための相談や同行支援、地域定着支援などが行われています。また、自立支援給付には障害福祉サービスの他にも、自立支援医療（第5章Ⅰ・2参照）、補装具の交付（本章Ⅱ・4参照）があり、医療費や補装具費の自己負担額を軽減することができます。

障害福祉サービス（自立支援給付）

自立支援給付

障害福祉サービス

介護給付
- 居宅介護（ホームヘルプサービス）
- 重度訪問介護
- 行動援護
- 同行援護
- 重度障害者等包括支援
- 短期入所（ショートステイ）
- 療養介護
- 生活介護
- 施設入所支援

訓練等給付
- 自立訓練
- 就労移行支援
- 就労継続支援（A型・B型）
- 共同生活援助（グループホーム）
- 自立生活援助
- 就労定着支援

- 計画相談支援給付
- 地域相談支援給付

自立支援医療
- 更生医療
- 育成医療
- 精神通院医療

補装具の交付

介護給付の対象と内容

	対象	障害支援区分※	内容
居宅介護（ホームヘルプサービス）	身体・知的・精神障害者	区分1以上	食事、入浴、排泄などの身体介護を、障害者の居宅に出向いて提供するサービス
重度訪問介護	日常生活全般に支援が必要な重度肢体不自由者の他、知的障害または精神障害により行動上著しい困難を有する障害者であって常時介護を要する人	区分4以上	食事、入浴、排泄などの身体介護、家事援助、外出時の異動の介護等を総合的で継続的に支援する長時間・滞在型のサービス
行動援護	行動障害を伴う知的障害者、精神障害者	区分3以上	統合失調症等を有する重度の精神障害者の行動障害を理解し、安全で安定した日中活動ができるよう支援する、身体介護も含めた外出中心サービス
同行援護	視覚障害により行動に著しい困難を要する人	区分不要（身体介護を伴わない場合） 区分2以上（身体介護を伴う場合）	外出時に同行し、移動に必要な情報の提供（代筆、代読を含む）、移動の援護等の外出支援のサービス
重度障害者等包括支援	重度訪問介護の対象者で心身の状態が最重度の障害者	区分6	利用者の心身の状況と、介護者や住居等の環境を総合的にマネジメントした1カ月単位のプランに基づいて提供される複数のサービス
短期入所（ショートステイ）	身体・知的・精神障害者	区分1以上	介護者の病気や介護疲れ、旅行等何らかの理由で介護が難しくなったときに施設や病院を短期間利用できるサービス
療養介護	長期のケア（医療・介護）が必要な障害者	①区分6+ALS等で気管切開を伴う人工呼吸器による呼吸管理を行っている人 ②区分5以上+筋ジストロフィー、重症心身障害者	長期間医療ケアが必要な重度障害者に提供する。主に日中の機能訓練や介護、日常生活上のサービス
生活介護	継続した日常生活介護を必要とする重度障害者	①区分3（施設へ入所し、夜間居住支援を利用する場合は区分4）以上 ②区分2以上で年齢50歳以上（施設へ入所し、夜間居住支援を利用する場合は区分3以上）	継続した介護が必要な障害者に提供する。主に、昼間の食事や入浴などの介護、創作活動等日中活動支援サービス
施設入所支援	身体・知的・精神障害者	①区分4以上で年齢50歳未満 ②区分3以上で年齢50歳以上	主に夜間に、入浴、排泄、食事の介護等を提供するサービス

※障害支援区分1～6については、次項2参照
※障害支援区分以外に、一次判定調査項目などの他の条件あり

2 障害福祉サービスの相談・申請窓口は？

自分の障害が、障害福祉サービスの対象となっているかをご存じですか？

障害福祉サービスの対象者

障害福祉サービスが利用できるのは、身体障害、知的障害、精神障害、難病などにより、日常生活に制限が生じ、介護や就労支援を必要とする人です。発達障害の人も含まれます。

知的障害者、精神障害者、難病患者等については、障害者手帳を持っていなくても、医師の診断書などによって障害があると判断されれば、サービスを受けることができます。身体障害者は、障害者手帳を持っていることが要件となっています。

障害福祉サービスの申請方法

サービスを受けようとするときは、市区町村へ申請書を提出します。特定相談支援事業所を通じて申請することも可能です。対象疾患に罹患していることがわかる証明書（診断書または特定疾患医療受給者証等）を持参の上、市区町村の担当窓口に支給を申請します。その後、障害程度区分の認定や支給認定等の手続きを経て、必要と認められたサービスが利用できます。

障害支援区分とは

申請があると、市区町村は支給の要否の決定をします。介護給付については、障害支援区分に関する認定も行います。「障害支援区分」とは、**必要とされる支援の度合いを総合的に示す区分**のことを指します。障害福祉サービスの必要性を明確にする目的で、障害の多様な特性やその他の心身の状態に応じて区分されます。障害支援区分には「区分1」から「区分6」までの全6区分があり、数字が大きいほど必要とされる支援の度合いが高いことを表します。区分により利用できるサービス内容や量に差があります。

区分を認定するための具体的な調査項目は、次の80項目です。

（1）移動や動作等に関連する項目（12項目）
（2）身の回りの世話や日常生活等の関連項目（16項目）
（3）意思疎通等に関連する項目（6項目）
（4）行動障害に関連する項目（34項目）
（5）特別な医療に関連する項目（12項目）

障害福祉サービスの利用方法

障害福祉サービスを利用しようとするときは、**サービスの種類ごとに、市区町村に対して申請を行います。**市区町村は、申請者の障害支援区分やサービス利用意向聴取の結果、サービス等利用計画案、介護を行う人の状況、置かれている環境などを勘案して、利用できるサービスの種類や量を決定し、受給者証が交付されます。

障害福祉サービスの申請から支給決定まで

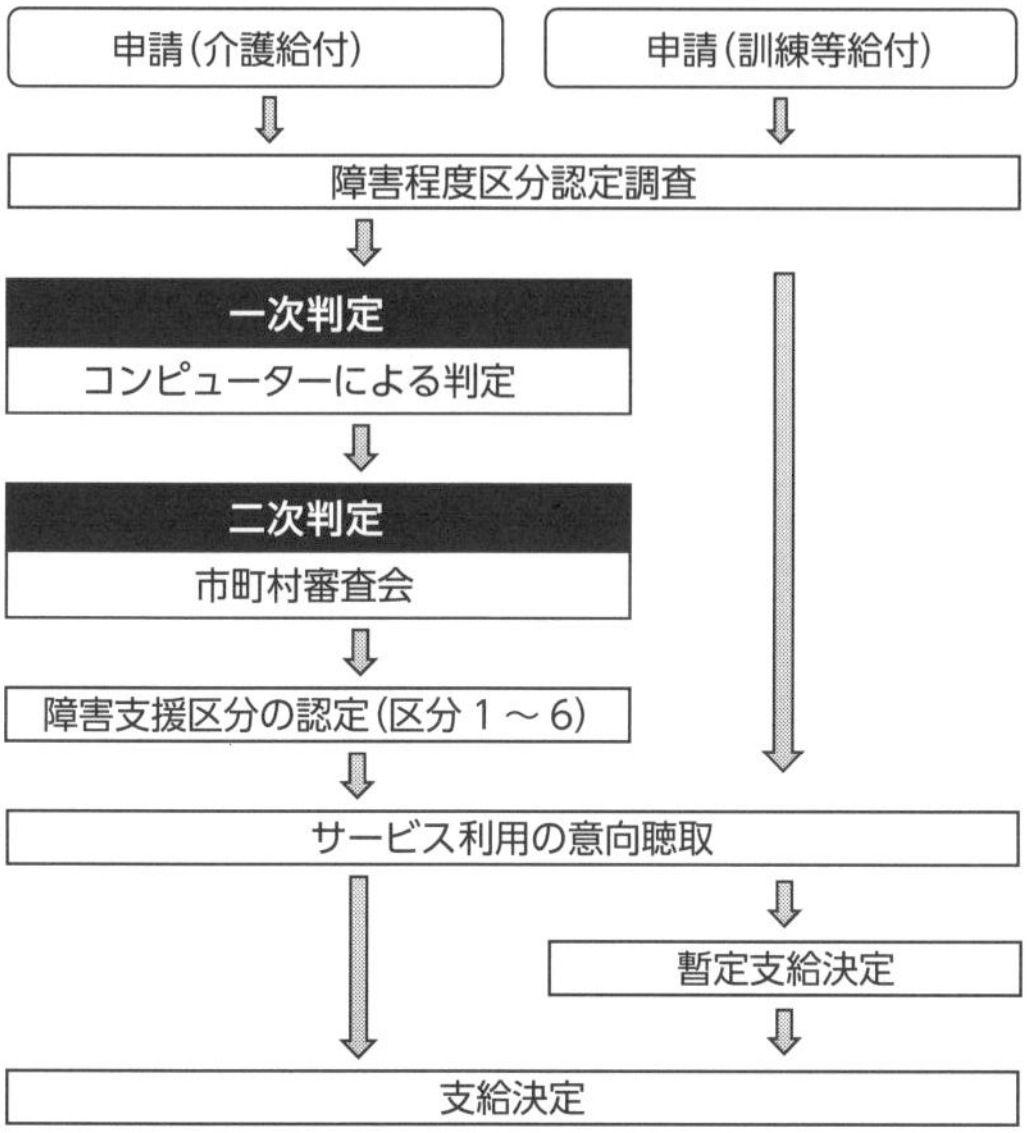
申請（介護給付）
申請（訓練等給付）
障害程度区分認定調査
一次判定
コンピューターによる判定
二次判定
市町村審査会
障害支援区分の認定（区分１～6）
サービス利用の意向聴取
暫定支給決定
支給決定

障害福祉サービスの支給決定からサービス利用まで

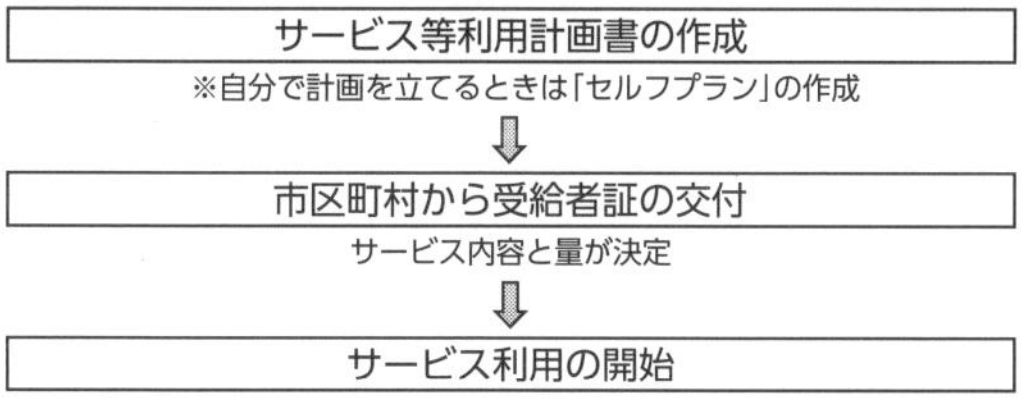
サービス等利用計画書の作成
※自分で計画を立てるときは「セルフプラン」の作成
市区町村から受給者証の交付
サービス内容と量が決定
サービス利用の開始

「難病」とは？

難病とは、原因がわからず、治療法が確立していない上に、患者数が少ない疾病の総称です。障害福祉サービスの対象となる難病等は358疾病定められています。

3 障害福祉サービスの利用者負担は？

障害福祉サービスを受けるとき、さまざまな利用料の軽減措置があることをご存じですか？

障害福祉サービスの利用者負担

障害福祉サービスの利用者負担は、**報酬額の1割が基本です**。サービスの種類ごとに、サービス提供事業者が受け取る額が決められており、それを「報酬基準」といいます。例えば、1時間で1000円の報酬基準のサービスを3時間使ったときは、報酬額は3000円となります。利用者は、報酬額の1割を負担しますので、300円が利用者負担となります。

利用者負担には、月ごとの上限があります。この上限額は、世帯の収入状況等に応じて、四つに区分され、利用したサービス量にかかわらず、1カ月単位で規定以上の負担は生じないように決められています。所得を判断する際の世帯の範囲は、利用者本人と配偶者となります。

なお、食費、光熱費は実費負担です。さらに次のような軽減措置が設けられています。

高額障害福祉サービス費

同じ世帯の複数の人が、障害福祉サービスや補装具を利用したり、介護保険サービスを利用したりした場合など、1カ月の自己負担額の合計が世帯の基準額を超えたときに、後で申請すれば、超えた金額が**高額障害福祉サービス費**として払い戻されます。

申請できるのは、利用者負担額を世帯で合算し、そこから基準額を差し引いた額です。基準額は、世帯の収入や利用しているサービスによって異なります。例えば、一般課税世帯の夫婦それぞれが、障害福祉サービスを利用し、その利用者負担が3万7200円を超えるときは、その超えた額が高額障害福祉サービス費として払い戻されます。

対象者は障害福祉サービスの支給決定を受けている障

害者ですが、平成30年4月から対象者が拡大されています。拡大されたのは、65歳までに相当の長期間にわたって障害福祉サービスを利用してきた低所得の高齢障害者です。65歳を超えると介護保険が優先されるため、障害福祉サービスの支給決定を受けることができなくなる人がいます。その結果、費用の負担が増えていたのですが、そのような人にも高額障害福祉サービス費が支給されることになりました。

食費・光熱水費の軽減措置

食費・光熱水費の実費負担についても**減免措置**が受けられる場合があります。施設に入所している20歳以上で収入が低い人のケースでは、自己負担と食費・光熱水費の実費負担をしても、少なくとも手元に2万5０００円が残るように、上限額が設定されています。

通所サービス、ショートステイを利用する人で、世帯の所得が低いケースでは、食費負担額が3分の1に減額されています。

医療型入所施設や療養介護利用の減免措置

療養介護を利用する人は、福祉部分の自己負担相当額と医療費、食事療養費等を負担しますが、これらを合算して、上限額が設定されています。施設に入所している20歳以上で収入が低い人の場合、少なくとも手元に2万5０００円が残るように、上限額が設定されています。

グループホーム等の利用者に家賃助成

グループホーム・ケアホームの利用者（生活保護または低所得の世帯）が負担する家賃を対象として、利用者一人あたり月額1万円を上限に補足給付が行われています。

利用者の負担上限月額

区分＼上限額	障害福祉サービスの上限額	入所施設、グループホーム等利用者の上限額
生活保護世帯	0円	0円
低所得（市区町村民税非課税）※1	0円	0円
一般1（市区町村民税課税）※2	9,300円	37,200円
一般2（上記以外）※3	37,200円	37,200円

※1　3人世帯で障害基礎年金1級受給の場合、おおむね300万円以下の収入の世帯が対象
※2　収入がおおむね600万円以下の世帯が対象
※3　入所施設利用者（20歳以上）、グループホーム、ケアホーム利用者は、市区町村民税課税世帯の場合、「一般2」となります

（平成31年4月現在）

4 補装具の交付・修理

補装具の交付、修理の費用の支給が行われていることをご存じですか？

補装具の交付・修理費用の支給

身体障害者手帳所持者または難病患者等に対し、失われた身体機能を補い、日常で生活する上での能率の向上を図るための**補装具の交付、修理の費用の支給**が行われています。補装具については、その種目を厚生労働大臣が定めており、一定の要件を満たしていることが必要です。

費用負担の上限

本人および配偶者が市区町村民税課税者のときは、費用負担（国の定める基準額の1割負担）があります。ただし、1月あたりの負担上限額が3万7200円と定められています。つまり、3万7200円以上支払う必要はありません。支払った額は、高額障害福祉サービス費（本章Ⅱ・3参照）として合算できます。低所得者や生活保護を受けている障害者は、原則無料になります。

手続き方法

市区町村が窓口です。補装具の種類によって、必要書類が異なります。支給決定前に購入した補装具については対象とならないので、注意が必要です。

補装具の種目

障害の種別	補装具の種目
肢体不自由	義手、義足、上肢装具、下肢装具、体幹装具、座位保持装置、車いす、電動車いす、座位保持いす、起立保持具、歩行器、歩行補助つえ、重度障害者用意思伝達装置、排便補助具（18歳未満のみ）
視覚障害	盲人安全つえ、義眼、眼鏡
聴覚障害	補聴器

補装具の負担上限月額

区分	負担上限月額
生活保護	0円
低所得（市区町村民税非課税）	0円
一般（市区町村民税課税）	37,200円

（平成31年4月現在）

5 日常生活用具の給付

日常生活用具の給付があることをご存じですか？

日常生活用具の給付

身体障害者手帳所持者または難病患者等に対し、日常で生活する上での利便性の向上を図るため、**日常生活用具の給付が、地域生活支援事業として行われています。**

対象となる日常生活用具として、原則6種類の用具がありますが、市区町村によって種類が異なります。

費用負担の上限と手続き

本人および配偶者が市区町村民税課税者のときは、費用負担（市区町村の定める基準額の1割負担）があります。また、負担上限がありますが、市区町村によって基準額が異なります。市区町村民税非課税者に負担はありませんが、市区町村の定める基準額を超える額については、個人負担となります。市区町村が窓口です。

日常生活用具の種目例

介護・訓練支援用具	自立生活支援用具
特殊寝台、特殊マット、特殊尿器、入浴担架、体位変換器、移動用リフトなど	入浴補助用具、頭部保護帽、T字状のつえ、棒状のつえ、移動・移乗支援用具、火災警報機、自動消火器、電磁調理器、歩行時間延長信号機用小型送信機、聴覚障害者用屋内信号装置など
在宅療養等支援用具	**情報・意思疎通支援用具**
透析液加温器、ネブライザー（吸入器）、電気式たん吸引器 、酸素ボンベ運搬車、盲人用体温計、盲人用体重計など	点字ディスプレイ、点字器、点字タイプライター、視覚障害者用ポータブルレコーダー、視覚障害者用活字文書読上げ装置、視覚障害者用拡大読書器、盲人用時計、聴覚障害者用通信装置、人工喉頭、福祉電話、ファックス、点字図書など
排泄管理支援用具	**住宅改修費**
ストーマ装具、紙おむつ、収尿器など	居宅生活動作補助用具

Ⅲ 介護が必要なとき使える制度〝介護保険〟

1 介護保険を利用できる人は？

「今までできたことができなくなった。でも、家族に負担をかけたくない」このような声をよく耳にします。そんなときに利用できる介護保険制度をご存じですか？

介護保険制度とは

介護保険制度は、少子高齢化の日本の現状を踏まえ、社会全体で介護を支えることを目的として平成12年4月にスタートしました。40歳以上の国民が介護保険に加入し、介護保険料を負担することが義務付けられています。加入の手続きは必要なく、65歳未満であれば医療保険と一緒に徴収され、65歳以上は原則として年金から天引きされています。

介護保険のサービスを利用できる人

日常生活への支援が必要になったときに、介護保険のサービスを利用できるのは介護保険料を支払っている40歳以上の人です。次のように区分されています。

- **第1号被保険者**：65歳以上の人
- **第2号被保険者**：40歳以上65歳未満の医療保険加入者

第1号被保険者については、要介護・要支援と認められれば、誰でも介護保険のサービスを利用できますが、第2号被保険者は、末期ガンや脳血管疾患など、対象となる病気（特定疾病）を原因とする介護に限って利用できます。

自立支援給付と同様のサービス

支援の内容や機能を比較して、**障害福祉サービス等の自立支援給付**（本章Ⅱ参照）**と同様の介護保険のサービスがあるときは、原則として介護保険のサービスを優先して受けます。**

ただし、一部併給が可能なサービスも存在します。例えば、介護保険の訪問介護で利用限度を超えるときには、障害福祉サービスの居宅介護（ホームヘルプサービス）を上乗せして利用できることがあります。

自立支援給付が優先される場合もあります。例えば、車いすは両制度に共通する種目になるので、介護保険が優先されます。しかし、介護保険で貸与される車いすは既製品が基本であるため、身体状況等から合わないこともあります。一方で、自立支援給付の補装具として支給される車いすはオーダーメイドが可能です。オーダーメイドでの車いすが必要であると判断されれば例外的に自立支援給付が優先されることがあります。

補聴器、義手、義足の支給や、手話通訳などといった障害者施策の固有のサービスで、介護保険制度からサービス給付のないものについては、引き続き自立支援給付が利用できます。

40歳以上65歳未満の被保険者に介護保険が適用される特定疾病（16疾病）

1	ガン（末期）
2	関節リウマチ
3	筋萎縮性側索硬化症
4	後縦靱帯骨化症
5	骨折を伴う骨粗鬆症
6	初老期における認知症
7	進行性核上性麻痺、大脳皮質基底核変性症およびパーキンソン病
8	脊髄小脳変性症
9	脊柱管狭窄症
10	早老症
11	多系統萎縮症
12	糖尿病性神経障害、糖尿病性腎症および糖尿病性網膜症
13	脳血管疾患
14	閉塞性動脈硬化症
15	慢性閉塞性肺疾患
16	両側の膝関節または股関節に著しい変形を伴う変形性関節症

介護保険の被保険者と利用者

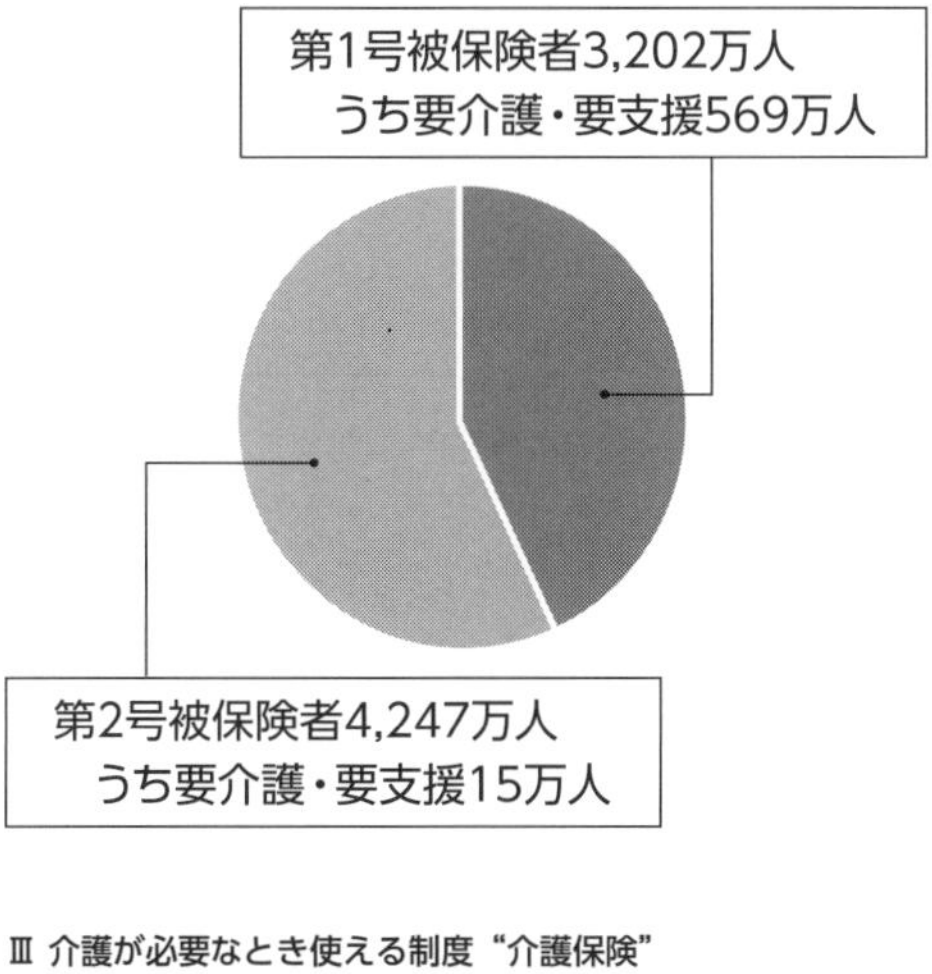
第1号被保険者3,202万人
うち要介護・要支援569万人
第2号被保険者4,247万人
うち要介護・要支援15万人

2 介護保険の相談・申請窓口は？

介護保険について相談できる窓口をご存じですか？

介護保険の相談窓口

介護保険の利用のための相談窓口は複数あります。

1．市区町村の担当課

お住まいの市区町村で相談できます。市区町村によって担当課名は色々ですが、介護保険を担当している課は必ずあります。

2．地域包括支援センター

地域包括支援センターは、高齢者が住み慣れた自宅や地域で生活できるように、必要な介護サービスや保健福祉サービス、その他、日常生活支援などの相談に応じてくれる所です。

各センターには、専門職員として社会福祉士・保健師・主任ケアマネジャーが配置され、介護保険の相談だけではなく、地域内に住む高齢者の総合相談、介護予防、サービスの連携・調整などの業務を行います。

3．居宅介護支援事業所

居宅介護支援事業所に所属する介護支援専門員（ケアマネジャー）が、居宅サービス計画（ケアプラン）を作成します。それに基づき、サービスの提供が確保されるように、各サービス事業所との連絡調整を行っています。

介護保険の申請方法

サービスの利用を希望するときは、市区町村の介護担当窓口に要介護（要支援）認定の申請を行います。地域包括支援センター、居宅介護支援事業者、介護保険施設などに申請の代行を依頼することもできます。原則として、申請から30日で結果が通知され、要介護1～5、要支援1～2の七つの区分に認定された人が、介護保険のサービスを利用することができます。要介護状態区分などの情報は、「介護保険被保険者証」に記載されます。

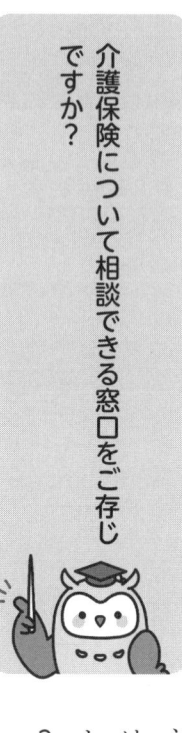

介護認定からサービス利用まで

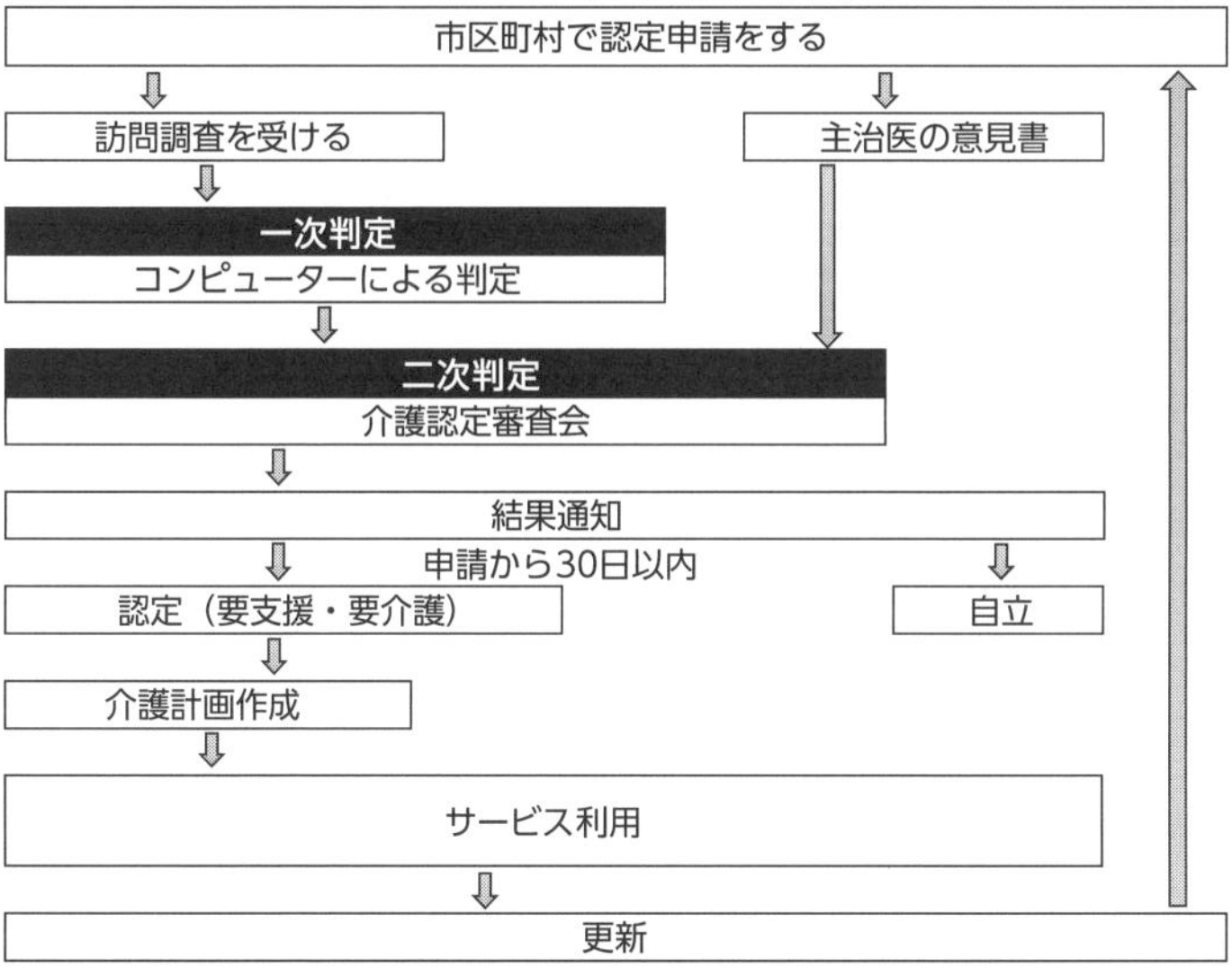
市区町村で認定申請をする
訪問調査を受ける
主治医の意見書
一次判定
コンピューターによる判定
二次判定
介護認定審査会
結果通知
申請から30日以内
認定（要支援・要介護）
自立
介護計画作成
サービス利用
更新

※新規の要介護（要支援）認定の有効期間は、原則として6カ月間です。

介護保険の要支援・要介護認定の状態

要介護度		状態	サービス利用
予防給付	要支援1	食事や排泄はほとんど自分でできるが、掃除などの身の回りの世話の一部に介助が必要な状態	在宅の介護予防サービスの利用可
	要支援2	要支援1の状態から日常生活動作の能力が低下し、何らかの支援または部分的な介護が必要となる状態	
介護給付	要介護1	食事や排泄はほとんど自分でできるが、身の回りの世話に何らかの介助が必要。立ち上がり等に支えが必要などの状態	在宅と施設の介護サービスの利用可
	要介護2	食事や排泄に介助が必要なことがあり、身の回りの世話全般に介助が必要。立ち上がりや歩行に支えが必要な状態	
	要介護3	排泄や身の回りの世話、立ち上がり等が自分でできない。歩行が自分でできないことがあるなどの状態	
	要介護4	排泄や身の回りの世話、立ち上がり等がほとんどできない。歩行が自分でできない。問題行動や全般的な理解の低下がみられることがあるなどの状態	
	要介護5	食事や排泄、身の回りの世話、立ち上がりや歩行等がほとんどできない。問題行動や全般的な理解の低下がみられることがあるなどの状態	

今までできたことができなくなったとき、まずは相談することですね。

「介護保険被保険者証」とは?

介護保険被保険者証とは、介護保険証とも呼ばれ、第1号被保険者（65歳以上）全員に交付されます。第2号被保険者（40歳以上65歳未満）には、介護認定を受けた場合に交付されます。介護保険サービスを利用するために必要な情報などが記載されていて、介護保険サービスを受けるときには提示が必要です。

3 介護保険で利用できるサービスは？

介護保険で利用できるサービスをご存じですか？

介護保険で利用できるサービス

常に介護が必要な要介護者（要介護1～5）は、介護保険の**「介護給付」**を受けることができます。要介護度の度合いによって異なりますが、訪問による介護や入浴、訪問リハビリテーションや訪問看護などの居宅サービス、介護保険施設を利用した施設サービス、市区町村が行う地域密着型サービスなどが受けられます。

要支援者（要支援1、2）は、介護保険の**「予防給付」**を受けることができます。予防給付は、施設サービス等の一部を除いて、介護給付と共通のサービスです。

また、要介護状態等の軽減または悪化の防止のための**「市町村特別給付」**があります。例えば、寝具乾燥サービス、移送サービス、配食サービスなどが各市区町村の条例により実施されています。

介護保険の利用者の負担割合

介護保険サービスの利用料の**自己負担は原則1割**でした。これが、平成27年8月から、第1号被保険者で**一定以上の所得がある人について2割負担**となりました。さらに、平成30年8月からは、**もっと所得のある人について3割負担**が導入されています。

2割負担の対象となるのは、年間の所得金額が１６０万円以上の人ですが、例外的に、年金収入とその他の合計所得金額が２８０万円未満などのケースは1割となります。

3割負担の対象となるのは、次の二つに当てはまる人です。①年間の合計所得金額が２２０万円以上であること、②年金収入とその他の合計所得金額が３４０万円（二人以上世帯は４６３万円）以上であること。

合計所得金額とは、収入から公的年金等控除や給与所得控除、必要経費を控除した後で、基礎控除や人的控除等の控除をする前の所得金額をいいます。

介護保険は、高齢者であっても所得の高い人にはたくさん負担してもらうというしくみに変化しています。

高額介護サービス費

同じ月の1日から末日までに利用した介護サービスの利用者負担額が上限額を超えたときは、申請により**高額介護サービス費**として払い戻されます。同じ世帯に複数の利用者がいるときは、世帯内の合計額が対象となります。食費や居住費は対象になりません。

高額介護サービス費（利用者の負担上限額）

生活保護世帯等	15,000円（個人）
世帯全員が市区町村民税非課税等（合計所得金額と課税年金額の合計が年額80万円以下）	15,000円（個人）
	24,600円（世帯）
世帯全員が市区町村民税非課税等（合計所得金額と課税年金額の合計が年額80万円超）	24,600円（世帯）
市区町村民税課税世帯	44,400円（世帯）※
現役並み所得世帯	44,400円（世帯）

※同じ世帯のすべての65歳以上の人の利用者負担割合が1割の世帯の年間上限額446,400円（令和2年7月まで）

（平成31年4月現在）

利用者負担の判定の流れ

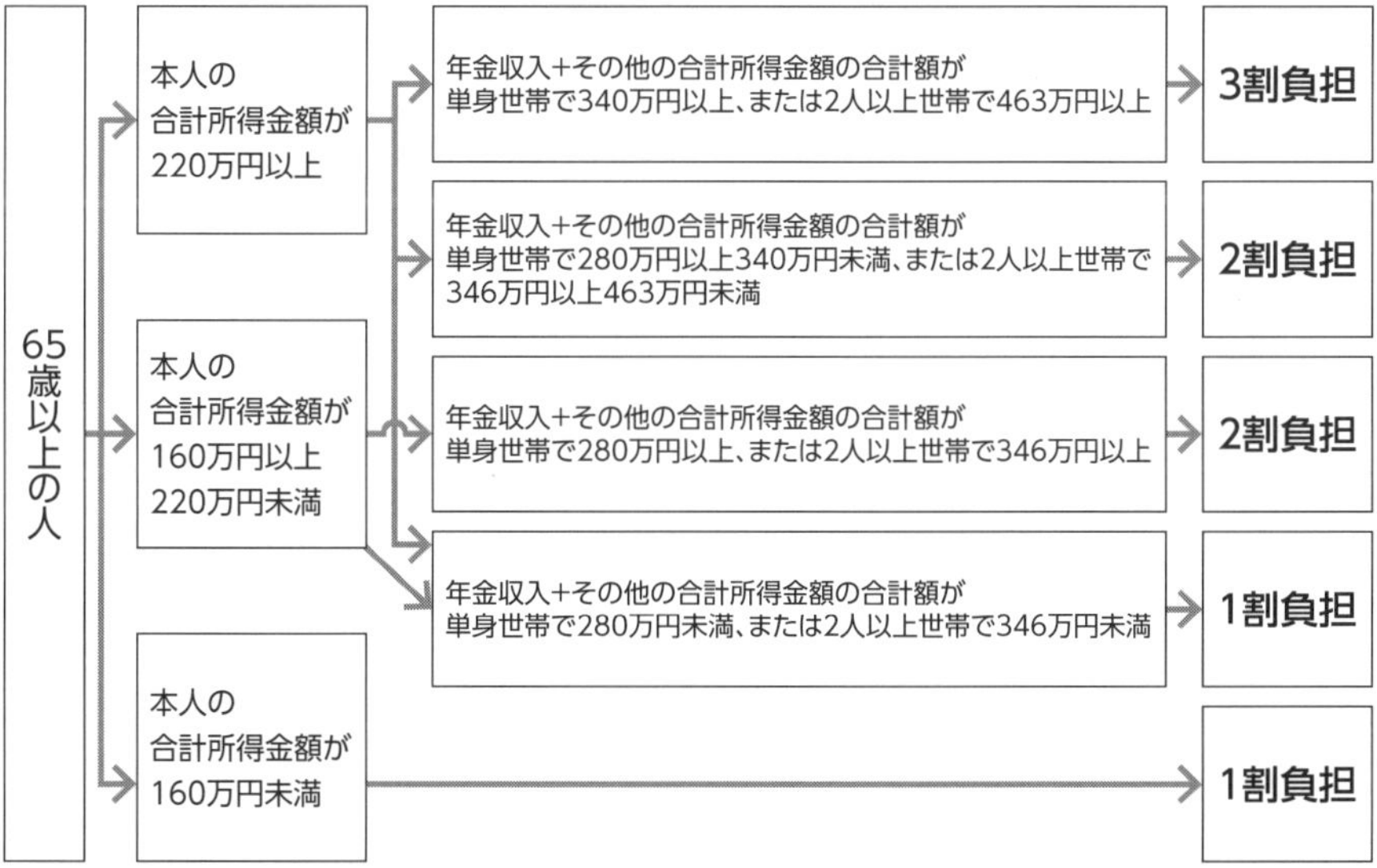

※第2号被保険者（40歳以上65歳未満の人）、市区町村民税非課税の人、生活保護受給者は上記にかかわらず1割負担

介護保険で利用できる主なサービス

	サービス	内容	費用負担の目安
1	訪問介護 （ホームヘルプ）	訪問介護員（ホームヘルパー）が利用者の自宅を訪問して、身体介護や家事などの援助や、通院等のための移動の介助を行うサービス	介護保険の自己負担
2	訪問看護	看護師等が訪問して、病状の観察、診察の補助、療養上の支援、機能訓練等を行うサービス	介護保険の自己負担
3	定期巡回・随時対応型訪問介護看護	訪問介護や訪問看護を定期巡回、または必要なときに行うサービス	介護保険の自己負担
4	訪問入浴介護	自宅に専用の簡易浴槽を持ち込んで行う入浴のサービス	介護保険の自己負担
5	訪問リハビリテーション	理学療法士・作業療法士・言語聴覚士が訪問し、リハビリテーションを行うサービス	介護保険の自己負担
6	居宅療養管理指導	医師や歯科医師、薬剤師等が訪問し、療養生活への助言や指導を行うサービス	介護保険の自己負担
7	福祉用具貸与	暮らしやすくなるよう、車椅子、ベッド等の福祉用具のレンタルを行うサービス	介護保険の自己負担
8	住宅改修費	手すりの取り付けや段差の解消等の小規模な住宅改修費用の払戻しを行うサービス	支給限度額20万円でその1～3割が利用者負担
9	通所介護 （デイサービス）	通所介護事業所に通って、入浴、食事、介護、機能訓練、レクリエーション等を行うサービス	・介護保険の自己負担 ・食費など
10	認知症対応型通所介護	認知症の人を対象とした通所介護のサービス	・介護保険の自己負担 ・食費など
11	通所リハビリテーション （デイケア）	病院等に通って、心身機能の維持・回復のためにリハビリテーションを行うサービス	・介護保険の自己負担 ・食費など
12	小規模多機能型居宅介護	ひとつの事業所で通いを中心に、泊りや訪問サービスを利用者の状態や希望に応じて組み合わせて行うサービス	・介護保険の自己負担 ・居住費 ・食費 ・日用品など
13	短期入所生活介護 （ショートステイ）	特別養護老人ホーム等に短期間入所して、入浴、排泄、食事等の生活上の世話や機能訓練を行うサービス	・介護保険の自己負担 ・食費 ・滞在費など
14	短期入所療養介護 （ショートステイ）	介護老人保健施設、病院（療養病床）等に短期間入所し、介護、機能訓練、日常生活上の世話を受けるサービス。主に医療的な依存度が高く介護や機能訓練が必要な人が対象	・介護保険の自己負担 ・食費 ・滞在費など

要介護認定を受けていないと利用できないサービスがありますので、詳しくは地域包括支援センターなどで確認しましょう。

介護保険は、少しずつサービス内容や負担割合が変わってきています。今後の変化にも注目しましょう。

第4章

会社を退職するとき

会社を退職することになったときは、たくさんの手続きが必要になります。

その手続きの時期や方法によっては、受給できるはずのお金が受給できなかったり、多くのお金を支払うことになったり、損をしてしまうケースもあります。

第4章では、退職後のさまざまな制度についてお伝えします。

Ⅰ 退職したときに利用できる制度〝失業保険〟

1 基本手当が受給できる人とは？

「会社を退職したら、とりあえず失業保険をもらおう」このように考えている人は多いです。しかし、受給できない場合があることをご存じですか？

失業保険とは

私たちが「失業保険」といっているのは、正式には「基本手当」といい、ハローワークから支給されます。基本手当の受給には、次の二つの要件があります。

（1）働く能力と意思があること
（2）一定の被保険者期間があること

働く能力と意思があること

基本手当は、失業している間に受けることができる給付です。「失業」とは、働く意思と能力がありながら、職業に就くことができない状態のことをいいます。具体的には、ハローワークへ登録し、求職活動をしていなければなりません。したがって、病気やケガなどですぐに働けない状態は、失業とはいえないのです。専業主婦になろうと思って会社を退職したときも同様です。

一定の被保険者期間があること

次に、一定の被保険者期間があることが必要です。退職前の2年間に、雇用保険被保険者期間が通算して、12カ月以上なければなりません。退職の理由が、「特定受給資格者」または「特定理由離職者」に該当するときは、退職前の1年間に、被保険者期間が通算して6カ月以上あれば要件を満たします。**特定受給資格者とは、倒産や事業所の廃業等によって離職した者、解雇等により離職した者など**です。また、**特定理由離職者とは、期間の定めのある労働契約の期間が満了し、かつ、その労働契約の更新がないことにより離職した者など**をいいます。

主な特定受給資格者と特定理由離職者

特定受給資格者とは?

1 倒産、事業所の廃止などが理由で離職した人
2 事業所の移転により、通勤することが困難となったため離職した人
3 解雇(自己の責めによる重大な理由による解雇を除く)により離職した人
4 労働契約の締結時に明示された労働条件が事実と著しく相違したことにより離職した人
5 賃金が85%未満に低下した(または低下することとなった)ため離職した人(予見し得なかった場合)
6 労働契約の更新により3年以上引き続き雇用される期間雇用者で、更新されないことにより離職した人
7 労働契約が更新されることが明示された場合において、その労働契約が更新されないこととなったことにより離職した人
8 上司、同僚等からの故意の排斥または著しい冷遇もしくは嫌がらせを受けたことによって離職した人

特定理由離職者とは?

1 労働契約の期間が満了した期間雇用者であって、契約の更新がないことにより離職した人(特定受給資格者に該当する場合を除く)。例えば、労働契約において、「契約を更新する場合がある」とされている場合などの明示はあるが、契約更新の確約まではない場合がこの基準に該当
2 以下の正当な理由のある自己都合により離職した人
   ① 体力の不足、心身の障害、疾病、負傷、視力の減退、聴力の減退、触覚の減退等により離職した人
   ② 妊娠、出産、育児等により離職し、基本手当の受給期間延長措置を受けた人
   ③ 父もしくは母の死亡、疾病、負傷等のため、父もしくは母を扶養するために離職を余儀なくされた場合または常時本人の看護を必要とする親族の疾病、負傷等のために離職を余儀なくされた場合のように、家庭の事情が急変したことにより離職した人
   ④ 配偶者または扶養すべき親族と別居生活を続けることが困難となったことにより離職した人
   ⑤ 結婚や事業所の移転等の理由により、通勤不可能または困難となったことにより離職した人

他にもあります。詳しくはハローワークで確認しましょう。

特定受給資格者および特定理由離職者は、特別な理由による離職者とされ、一般離職者と比べると、受給要件が緩和されるなど、さまざまな面での違いがあります。

なお、被保険者期間の計算は、雇用保険の被保険者であった期間のうち、離職日から1カ月ごとに区切った期間に、給与の支払いの基礎となった日数が11日以上ある月を1カ月とします。給与が支払われていなければ被保険者期間になりません。年次有給休暇は給与の支払いの基礎となった日に含まれます。

特定受給資格者の要件に該当しませんか?該当すると、基本手当の給付日数が多くなるかもしれません。

「退職」と「離職」の違いは?

「退職」とは勤めていた会社を辞めることです。「離職」とは、退職や失業によって職務を離れることです。会社を辞めるという意味では同じです。ハローワークの手続きでは「離職」という言葉が用いられています。本章Iの失業保険の項目では、「退職」と「離職」が入り混じっていますが、同じ意味だと理解してください。

2 転職後すぐに退職したときは受給できない？

転職後すぐに退職したときでも、基本手当を受けられる場合があることをご存じですか？

転職後すぐに退職したとき

前述したように、基本手当を受けるためには、退職前の2年間に、雇用保険被保険者期間が通算して12カ月以上必要です。また、退職の理由が特定受給資格者または特定理由離職者に該当するときは、退職前の1年間に被保険者期間が通算して6カ月以上必要です。

長年勤めた会社を退職し、再就職したものの、数カ月で退職したときはこの要件を満たさない可能性があります。

そんなときは、**以前に勤めていた会社の被保険者期間を通算**できる場合があります。通算することができるのは、次の三つの要件を満たす場合です。

（1）前の会社を退職したときに、基本手当や再就職手当金を受給する手続きをしていないこと
（2）再就職先で雇用保険に加入していたこと
（3）退職から再就職までの期間が1年以内であること

（1）（2）の要件を満たしているなら、雇用保険被保険者離職票（以下「離職票」といいます）が手元に2枚あるはずですから、これを提出して求職の申込み（本章Ⅰ・6）を行います。前後の離職票が単独で受給資格を満たしているか否かに関わらず、後の離職票の内容を判定した上で、離職日以前2年間（受給資格に係る離職理由が特定受給資格者または特定理由離職者に該当するときは2年間または1年間）について、遡って被保険者期間が12カ月（受給資格に係る離職理由が特定受給資格者または特定理由離職者に該当するときは12カ月または6カ月）となるまで通算し、基本手当を受けることのできる資格（受給資格）が決定されます。

転職後に退職したとき

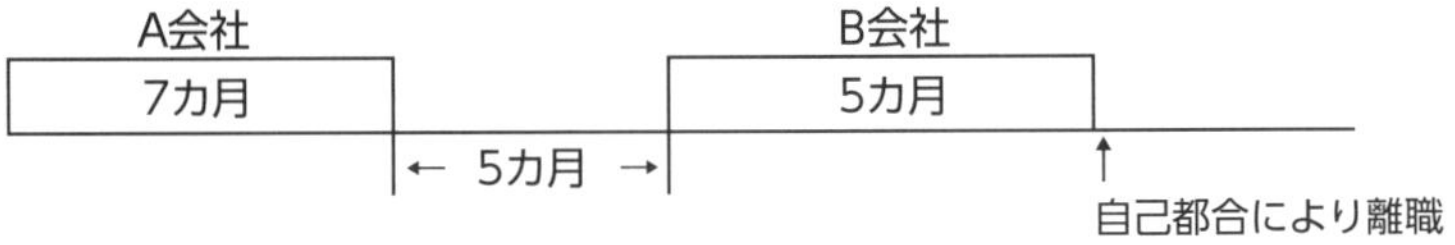

⇒　A会社とB会社を通算して被保険者期間が12カ月以上となるので要件を満たします。

「離職票」とは?

離職票は、基本手当の手続きをするときに必要な書類で、退職後に退職した会社から受け取るものです。通常、退職後10日前後で渡されます。離職票には、退職理由・過去の給料などが記入されており、この情報を元にハローワークが基本手当の受給を決定します。

前の会社を辞めたときに、基本手当を受けていたら、通算できません。

離職票

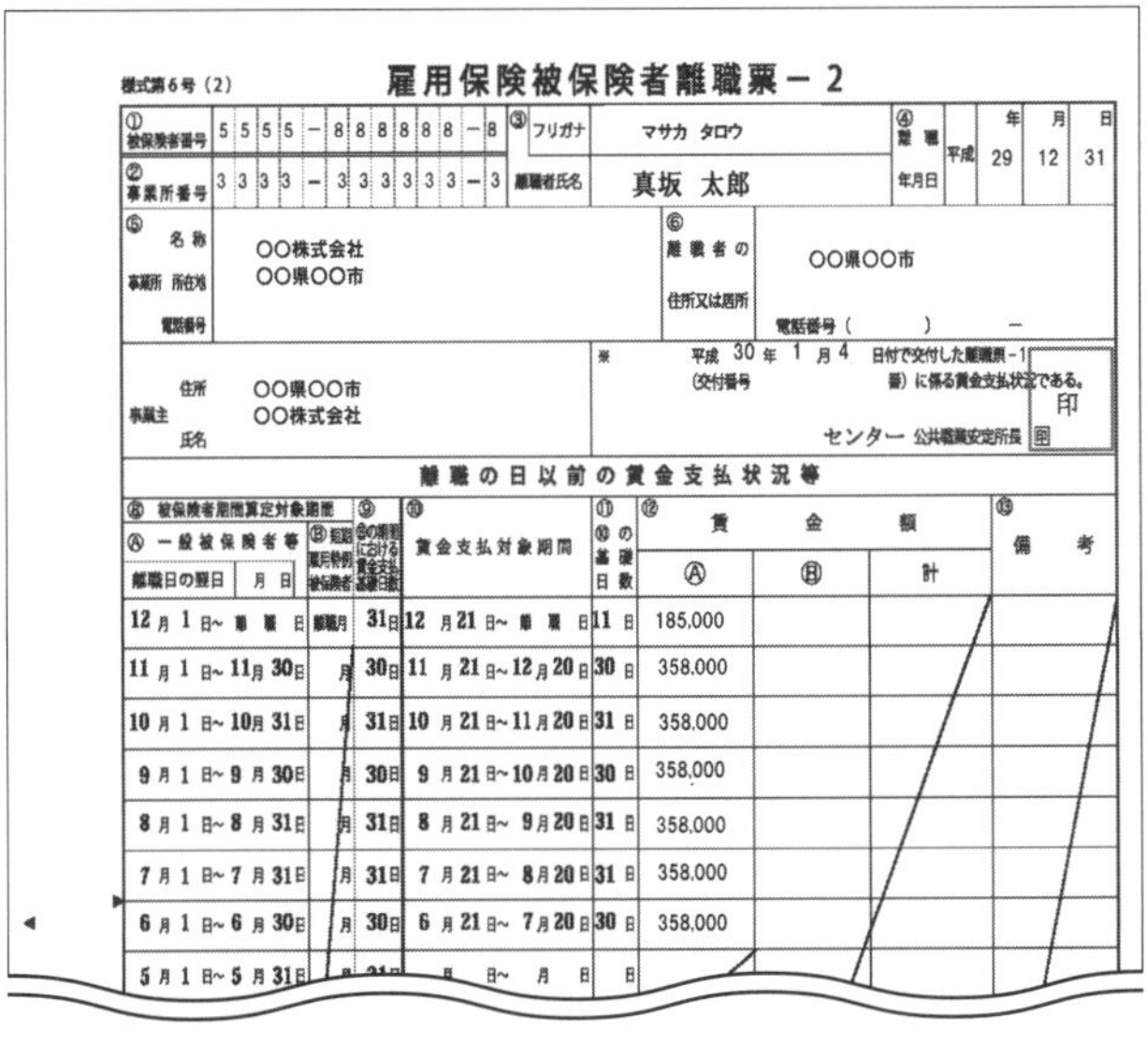

様式第6号（2）

雇用保険被保険者離職票－2

①被保険者番号　5555－888888－8
②事業所番号　3333－333333－3
③フリガナ　マサカ タロウ
離職者氏名　真坂 太郎
④離職年月日　平成 29年 12月 31日
⑤事業所　名称　〇〇株式会社　所在地　〇〇県〇〇市　電話番号
⑥離職者の住所又は居所　〇〇県〇〇市　電話番号（　　）　－
事業主　住所　〇〇県〇〇市　氏名　〇〇株式会社
※　平成 30年 1月 4日付で交付した離職票－1（交付番号　番）に係る賃金支払状況である。　センター 公共職業安定所長　印

離職の日以前の賃金支払状況等

⑧被保険者期間算定対象期間 Ⓐ一般被保険者等 離職日の翌日 月 日	Ⓑ短期雇用特例被保険者	⑨Ⓐの期間における賃金支払基礎日数	⑩賃金支払対象期間	⑪⑩の基礎日数	⑫賃金額 Ⓐ	Ⓑ	計	⑬備考
12月1日～離職日	離職月	31日	12月21日～離職日	11日	185,000			
11月1日～11月30日	月	30日	11月21日～12月20日	30日	358,000			
10月1日～10月31日	月	31日	10月21日～11月20日	31日	358,000			
9月1日～9月30日	月	30日	9月21日～10月20日	30日	358,000			
8月1日～8月31日	月	31日	8月21日～9月20日	31日	358,000			
7月1日～7月31日	月	31日	7月21日～8月20日	31日	358,000			
6月1日～6月30日	月	30日	6月21日～7月20日	30日	358,000			
5月1日～5月31日	月	[illegible]	月 日～月 日	日				

3 休職期間が長かったときは受給できない？

病気やケガのために、退職前に給与が支払われていなかったときに、基本手当の要件が緩和されることをご存じですか？

病気やケガによる休職期間が長かったとき

病気やケガによる休職中に、給与が支払われていなければ、その期間は雇用保険の被保険者期間になりません。

前述したように、雇用保険の被保険者期間とは、雇用保険の被保険者であった期間のうち、給与の支払いの基礎となった日数が11日以上ある月を1カ月とみなして計算しますので、給与の支払いがない日はカウントされません。

そうすると、給与が支給されない休職期間があるときは、「退職前の2年間または1年間に、雇用保険被保険者期間が通算して、12カ月以上または6カ月以上あること」の要件を満たさなくなることがあります。

この「2年間または1年間」のことを算定対象期間といいます。この算定対象期間には、次のような要件の緩和措置があります。

> 病気やケガなどで**引き続き30日以上給与が支払われなかったときは**、算定対象期間にその日数を加えることができる。その期間が4年を超えるときは**4年間を限度**とする。

例えば、自己都合退職した人が、退職前の1年6カ月間、病気のため欠勤していたとします。この人には、給与が支払われておらず、離職日以前2年間に12月以上の雇用保険被保険者期間がありません。しかし、受給要件の緩和により、1年6カ月を算定対象期間に加えることができます。2年＋1年6カ月＝3年6カ月です。つまり、離職日以前の3年6カ月の間に、12カ月以上の雇用保険被保険者期間があれば、基本手当を受ける資格を満たします。

算定対象期間に加えることができるのは、引き続き30日以上給与が支払われなかったときであり、30日未満は、加算することはできません。

病気やケガで休業していたとき

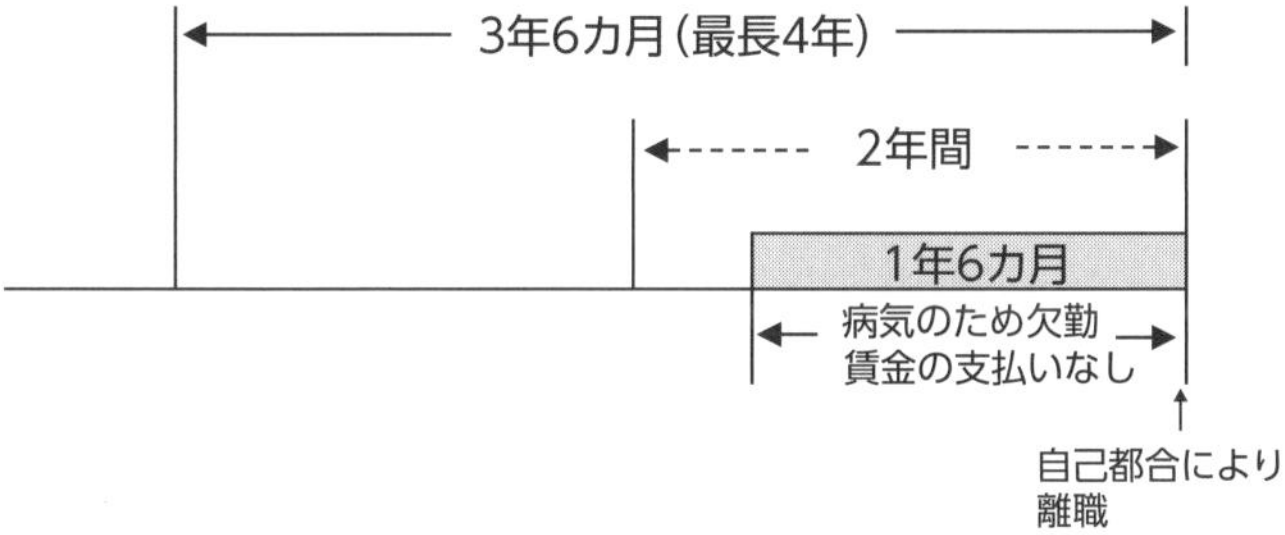

3年6カ月(最長4年)
2年間
1年6カ月
病気のため欠勤
賃金の支払いなし
自己都合により
離職

⇒ 1年6カ月を加算できるため、
3年6カ月間に要件を満たせばよい

「被保険者期間」とは?

●被保険者であった期間
被保険者として雇用されていた期間

●算定対象期間
被保険者期間の算定の対象となる被保険者であった期間

●被保険者期間
離職日から遡って、1カ月ごとに区切っていった期間のうち、給与の支払基礎日数が11日以上ある期間

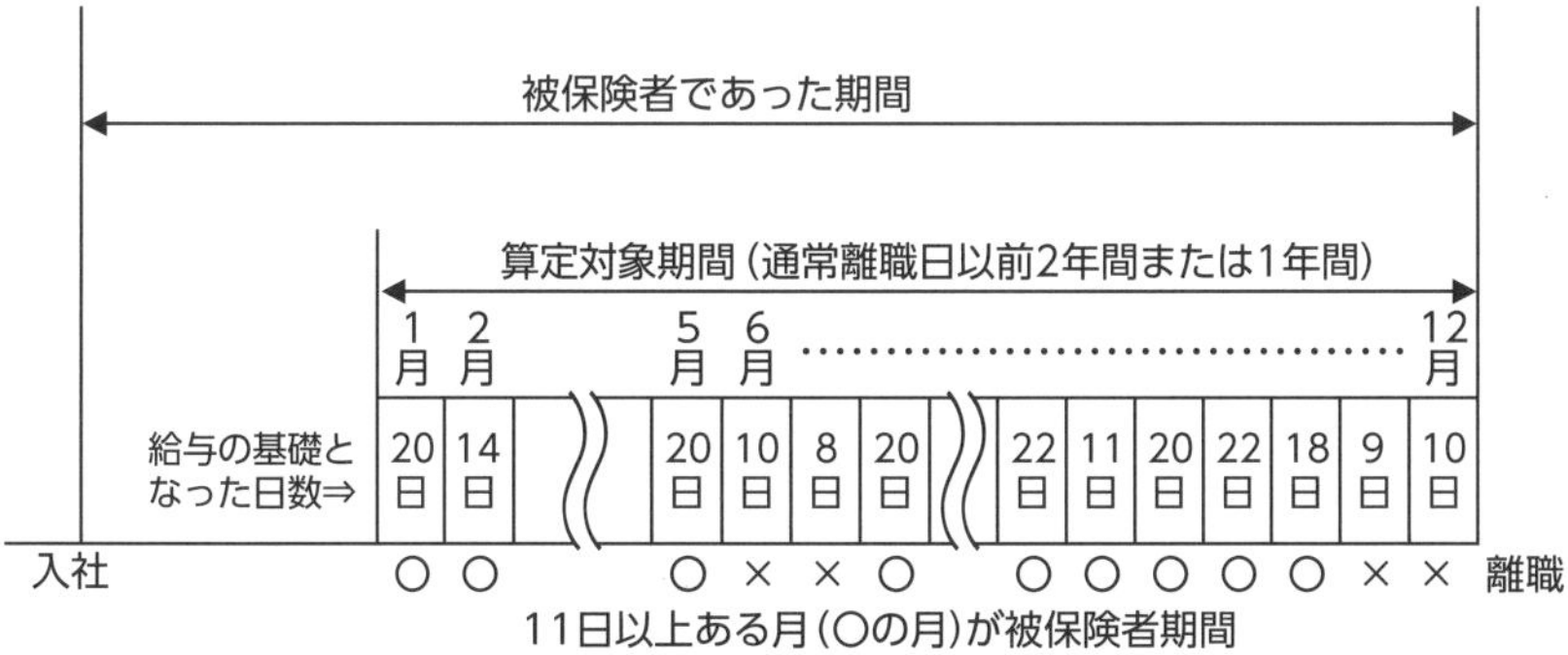

被保険者であった期間
算定対象期間(通常離職日以前2年間または1年間)
1月 2月 5月 6月 …… 12月
給与の基礎となった日数⇒
20日 14日 20日 10日 8日 20日 22日 11日 20日 22日 18日 9日 10日
入社
○ ○ ○ × × ○ ○ ○ ○ ○ ○ × ×
離職
11日以上ある月(○の月)が被保険者期間

4 退職理由によって受給できる金額が違う？

退職理由によって、受給できる基本手当額が違うことをご存じですか？

基本手当の所定給付日数

基本手当の受給資格を満たし、失業していることの認定を受けたときは、**所定給付日数分の基本手当が、４週間分ずつ、後払いで支給されます。**

基本手当の１日あたりの額は、退職日直前の６カ月間の給与額（１日平均）の50％～80％（60歳から64歳のときは45％～80％）です。この計算には賞与は含みません。また、上限があります。

所定給付日数は、退職理由、年齢、被保険者であった期間および就職困難者かどうかによって、90日～３６０日の間で決定します。ここで気をつけたいのは、退職理由です。

退職理由の違い

離職者を大きく分けると、一般離職者と、特定受給資格者があります。一般離職者は一身上の都合、いわゆる自己都合退職で退職した人や定年退職した人のことをいい、特定受給資格者は、前述したとおり、倒産、解雇などの会社都合によって退職した人のことをいいます。**特定受給資格者（一部の特定理由離職者を含む）と一般離職者では、所定給付日数が大きく異なる場合があります。**

例えば、45歳で退職、雇用保険の被保険者期間であった期間が20年あったとします。特定受給資格者に該当すれば、所定給付日数が３３０日、一般離職者であれば１５０日となります。特定受給資格者になると、そうでないときと比べて受給できる日数が2倍以上です。退職前の月収が平均で30万円だったとすると、受給額は約１００万円多くなります。

会社都合退職にもかかわらず、「自己都合退職」と離職票に記載されていないか、自身できちんと確認を行うことが大切です。離職理由が違う場合については後述（次項5参照）します。

就職困難者であるとき

離職理由とは別に、就職が困難な状況にある「**就職困難者**」であることが認められれば、所定給付日数が多くなります。就職困難者とは、①身体障害者、②知的障害者、③精神障害者、④刑法等の規定により保護観察に付された人、⑤社会的事情により就職が著しく阻害されている人などが該当します。障害者手帳等を持っている人は、手続きをする際には必ず手帳があることを伝えましょう。

1月あたりの基本手当額のめやす

退職前の税込月収 / 退職年齢	15万円	20万円	25万円	30万円	35万円	40万円	45万円
30歳未満	11.9万円	14.5万円	16.5万円	17.7万円	18.3万円	19.9万円	20.2万円
30歳以上45歳未満	11.9万円	14.5万円	16.5万円	17.7万円	18.3万円	19.9万円	22.5万円
45歳以上60歳未満	11.9万円	14.5万円	16.5万円	17.7万円	18.3万円	19.9万円	22.5万円
60歳以上65歳未満	11.9万円	14.0万円	14.4万円	14.6万円	15.7万円	17.9万円	20.2万円

（平成31年4月現在）

基本手当の所定給付日数

(1)特定受給資格者以外の受給資格者の所定給付日数（(2)を除く）

被保険者期間であった期間 / 退職年齢	10年未満	10年以上20年未満	20年以上
全年齢（65歳未満）	90日	120日	150日

(2)就職が困難な者である受給資格者の所定給付日数

被保険者期間であった期間 / 退職年齢	1年未満	1年以上
45歳未満	150日	300日
45歳以上65歳未満		360日

(3)特定受給資格者の所定給付日数※（(2)を除く）

被保険者期間であった期間 / 退職年齢	1年未満	1年以上5年未満	5年以上10年未満	10年以上20年未満	20年以上
30歳未満	90日	90日	120日	180日	—
30歳以上35歳未満		120日	180日	210日	240日
35歳以上45歳未満		150日		240日	270日
45歳以上60歳未満		180日	240日	270日	330日
60歳以上65歳未満		150日	180日	210日	240日

(4)65歳以上の被保険者が退職した場合の高年齢求職者給付金

被保険者期間であった期間 / 退職年齢	1年未満	1年以上
65歳以上	30日分	50日分

※退職日が平成21年3月31日から令和4年3月31日までの間にある特定理由離職者の一部（厚生労働省令で定める者）については、特定受給資格者の所定給付日数と同様になる場合があります。

（平成31年4月現在）

5 離職票に書いてある離職理由が違うときは？

離職票に間違った離職理由が記載されているときに、反論する方法があることをご存じですか？

離職票の記載の離職理由

勤めていた会社から離職票を受け取ったら、まずは**離職理由が合っているかを確認しましょう**。たくさんの離職理由のうち、どれかひとつにチェックが入っているはずです。問題がなければ、事業主が記載した内容に異議がないことを離職票に記入します。

「離職票に記載されている「離職理由」が違う……」

離職理由について、事業主と退職者本人の主張が異なることもあります。例えば、事業主によるいじめがあったことによって退職したときなど、事業主は「自己都合退職」だと主張することが考えられます。また、事業主に悪気がなくても書き間違いをしていることもあります。離職理由が違うと、受給する基本手当額や給付制限の有無に影響することがあるので、対応が必要です。

離職理由が違っているときは、離職票に次のことを記入します。

●異議があること
●離職理由（具体的事情）

離職票には、離職者自身が離職理由等を記載する欄がありますので、具体的な理由を記入しましょう。心身の障害、疾病、負傷など正当な理由のある自己都合により離職をしたときは、そのことを伝えましょう。そして、客観的に証明する書類等があれば持参して、ハローワークの窓口で事情を説明しましょう。

どちらの主張が認められるかは、ハローワークが判定します。それぞれの主張が確認できる客観的な資料により判断されます。

離職票（離職理由の記載欄）

☐ ☐ …… ② その他（理由を具体的に　）

5 労働者の判断によるもの

（1）職場における事情による離職 2D

☐ ☐ …… ① 労働条件に係る問題（賃金低下、賃金遅配、時間外労働、採用条件との相違等）があったと労働者が判断したため 2E

☐ ☐ …… ② 事業主又は他の労働者から就業環境が著しく害されるような言動（故意の排斥、嫌がらせ等）を受けたと労働者が判断したため

☐ ☐ …… ③ 妊娠、出産、育児休業、介護休業等に係る問題（休業等の申出拒否、妊娠、出産、休業等を理由とする不利益取扱い）があったと労働者が判断したため 3A

☐ ☐ …… ④ 事業所での大規模な人員整理があったことを考慮した離職

☐ ☐ …… ⑤ 職種転換等に適応することが困難であったため（教育訓練の 有・無）

☐ ☐ …… ⑥ 事業所移転により通勤困難となった（なる）ため（旧（新）所在地：　）

☐ ☐ …… ⑦ その他（理由を具体的に　） 3B

☑ …… （2）労働者の個人的な事情による離職（一身上の都合、転職希望等）

☐ …… ① 職務に耐えられない体調不良、けが等があったため 3C

☐ …… ② 妊娠、出産、育児等のため

☐ …… ③ 家庭の事情と急変（父母の扶養、親族の介護等）があったため 3D

☐ …… ④ 配偶者等との別居生活が継続困難となったため

☐ …… ⑤ 転居等により通勤困難となったため（新住所：　）

☑ …… ⑥ その他（理由を具体的に　一身上の都合による自己都合退職　） 4D

☐ ☐ …6 その他（1－5のいずれにも該当しない場合）

（理由を具体的に　） 5E

具体的事情記載欄（事業主用）

自己都合による退職

具体的事情記載欄（離職者用）事業主が記載した内容に異議がない場合は「同上」と記載してください。

会社側からの解雇通告による退職

⑯離職者本人の判断（○で囲むこと）
事業主が○を付けた離職理由に異議　（有り）　無し

⑰ ⑦欄の自ら記載した事項に間違いがないことを認めます。
記名押印又は自筆による署名（離職者氏名）　真坂　太郎　（真坂）

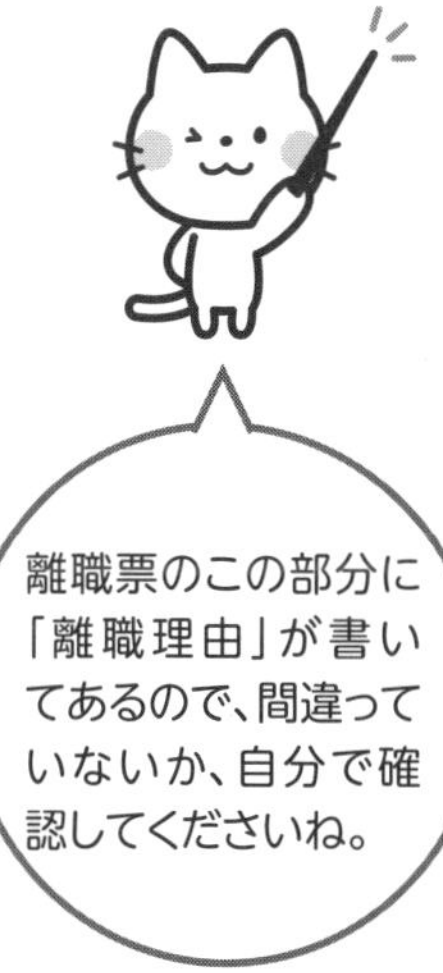
離職票のこの部分に「離職理由」が書いてあるので、間違っていないか、自分で確認してくださいね。

受給資格の決定の流れ

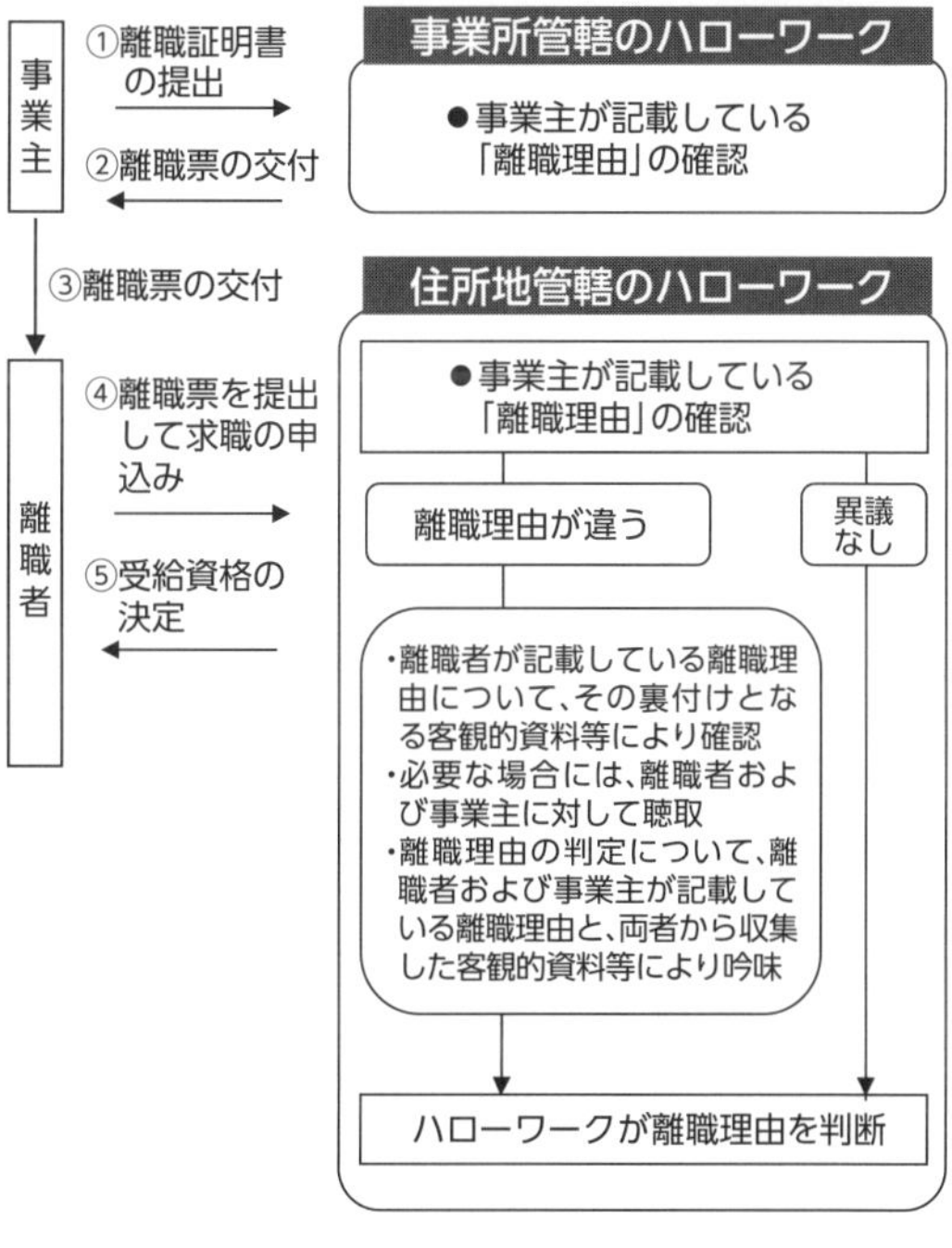
事業主
①離職証明書の提出
②離職票の交付
事業所管轄のハローワーク
●事業主が記載している「離職理由」の確認
③離職票の交付
離職者
④離職票を提出して求職の申込み
⑤受給資格の決定
住所地管轄のハローワーク
●事業主が記載している「離職理由」の確認
離職理由が違う
異議なし
・離職者が記載している離職理由について、その裏付けとなる客観的資料等により確認
・必要な場合には、離職者および事業主に対して聴取
・離職理由の判定について、離職者および事業主が記載している離職理由と、両者から収集した客観的資料等により吟味
ハローワークが離職理由を判断

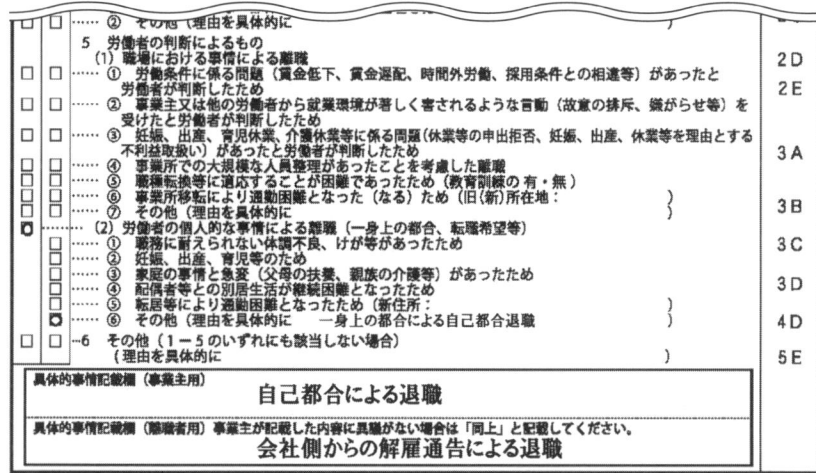

6 基本手当の受給手続きは？

基本手当を受給するためには、手続きが必要であることをご存じですか？

基本手当の受給手続き

基本手当を受給するには、退職時に事業主から交付された離職票をハローワークに提出するとともに、求職の申込みをします。基本手当を受ける資格があるか否かが決定され、資格があると認められれば、この日が「受給資格決定日」となります。

受給資格決定日から**7日間の待期期間**後に、ハローワークで開催される説明会に出席します。その説明会で、「雇用保険受給資格者証」と「失業認定申告書」が交付されます。その後、求職活動をしても仕事が決まらないときは、4週間ごとに失業の認定を受けて、基本手当が後払いで振り込まれるサイクルとなります。

これが一般的な流れですが、自己都合退職などは、7日間の待期期間に加えて、3カ月間給付が行われない期間（**給付制限**）があります。つまり、基本手当を受給できるのは、求職の申込みから3カ月と7日後です。

失業の認定を受けて基本手当を受給するためには、求職活動の実績が必要です。ハローワーク主催のセミナーに参加したり、職業相談を受けたりなど、さまざまな活動方法があります。詳しくは、ハローワークで確認するとよいでしょう。

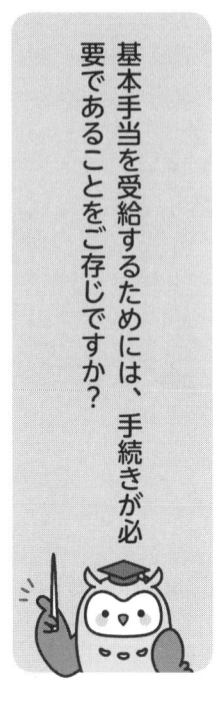

基本手当の受給期間

基本手当が受給できるのは、離職日の翌日から原則1年間です。これを「**受給期間**」といい、受給期間を過ぎると、所定給付日数が残っていても、原則として基本手当を受けることができません。

例えば、退職後にゆっくりと療養して、1年後にそろそろ活動しよう思い、ハローワークに手続きに行ったとしても、基本手当を受給することはできません。受給期間の1年を過ぎているからです。

離職票の発行が遅いときは、早く送ってもらうように会社に連絡しましょう。

傷病手当

基本手当の受給手続きをした後に、**受給期間内で15日以上引き続き傷病のために仕事に就くことができない日については、**「傷病手当」が基本手当に代えて支給されます。傷病手当の日額は、基本手当の日額と同額であり、支給日数は所定給付日数から既に基本手当を受給した日数を差し引いた日数が限度です。傷病手当は、仕事に就くことができない状態が、求職の申込み前から継続しているときは対象となりません。

就職を希望する障害者向けの相談

ハローワークでは、就職を希望する障害者向けの専門的な支援が行われています。専門の職員・相談員を配置し、ケースワーク方式により、求職申込みから就職後のアフターケアまで、一貫した職業紹介、就業指導等を行っています。生活面を含む支援を希望するときは支援機関の紹介など、さまざまな相談に対応しています。相談先は、お近くのハローワークです。

給付制限の有無と受給期間

●自己都合による退職のとき（給付制限あり）

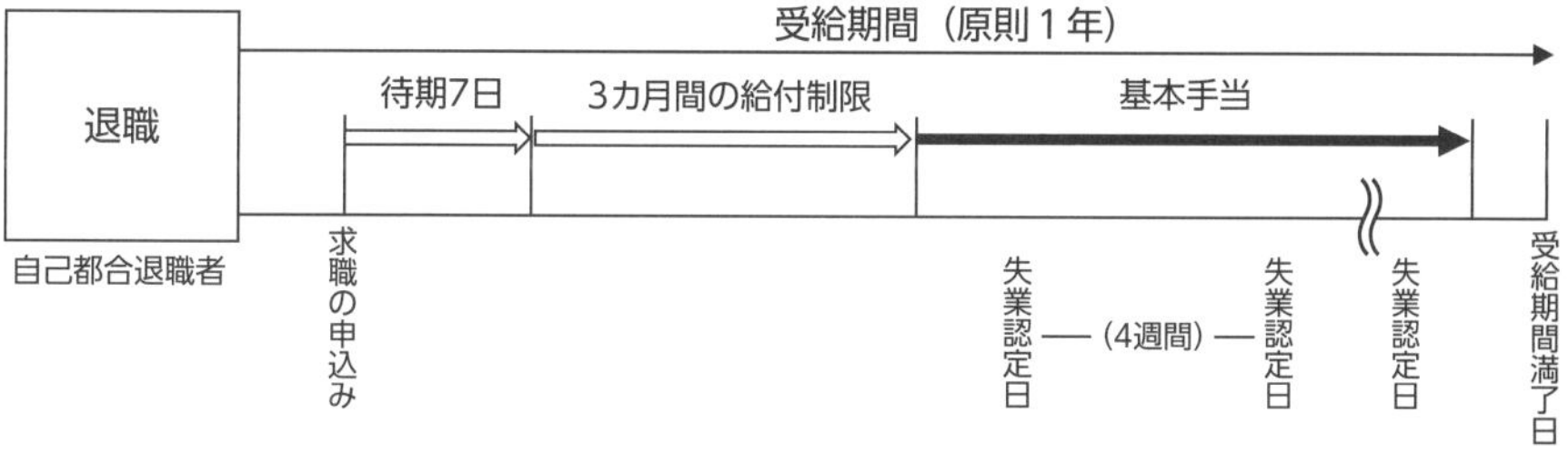

●会社都合による退職等のとき（給付制限なし）

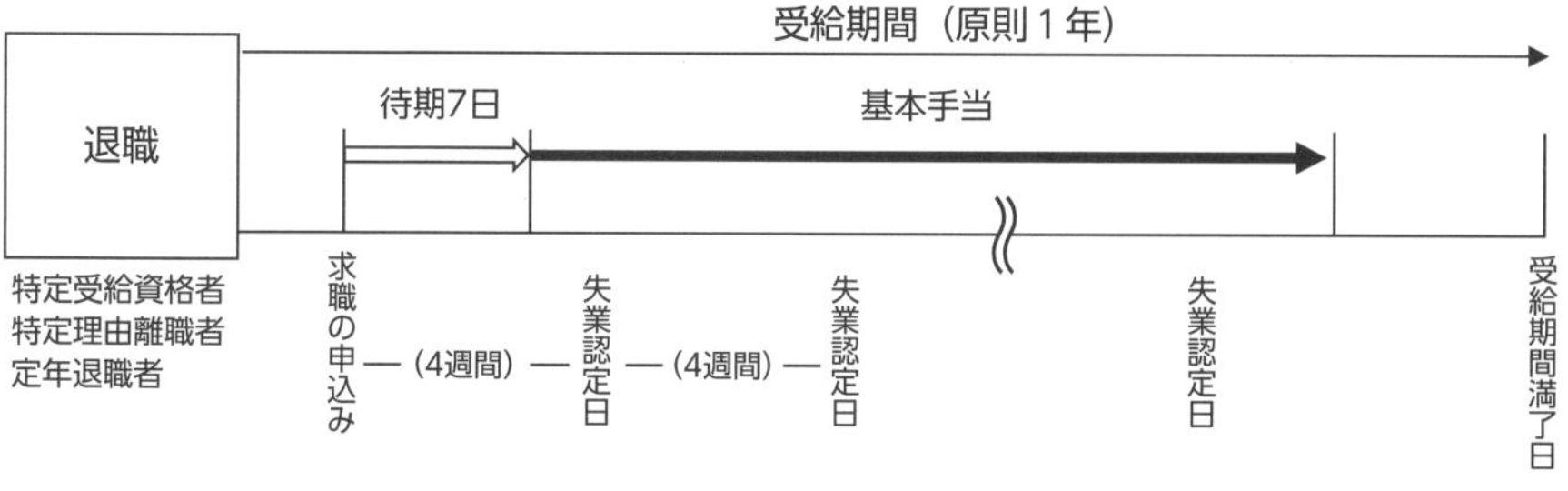

7 退職後すぐに働けないときは？

病気やケガなどの理由ですぐに働けないときは、基本手当が受給できないことをご存じですか？

療養中は基本手当を受給できない

基本手当を受給するには、前述したように、次の二つの要件が必要です。

(1) 働く能力と意思があること

(2) 一定の被保険者期間があること

病気やケガによりすぐに働けない状態であれば、(1)の要件を満たさないため、基本手当を受けることができません。

一方で、基本手当を受けることのできる期間（受給期間）には制限があります。原則として退職してから1年を超えると、受給できなくなります。

例えば、退職後に入院をしているなどして、働けない状態であれば、基本手当を受けることはできません。退職から1年後に病状が回復し、再就職を考えるためにハローワークに手続きに行ったとしても、すでに受給期間が過ぎているため、基本手当を受けることはできません。

受給期間の延長申請

そんなときに知っておいてほしいのが、**受給期間の延長申請**です。働ける状態になるまで、基本手当を受給する権利を保留しておくことができます。受給期間を延長すると通常1年の受給期間を**最大3年（合計4年）まで延長することができます**。

体調が回復し働ける状態になるまで、基本手当を受ける権利を確保しておきましょう。

申請は、**働くことができない期間が30日経過した日から延長後の受給期間の最後の日まで**に行います。退職時に働くことができない状態であれば、退職日から30日が経過したら、早目に申請手続きを行いましょう。申請期間内であっても申請が遅いときは、基本手当の所定給付日数の全部を受給できないことがありますので注意してください。

申請に必要なのは、受給期間延長申請書、離職票に加えて、医師の証明書、その他受給期間延長の理由に該当することの事実を証明することができる書類です。受給期間延長申請書はハローワークにあります。入院をしているなどしてハローワークに行くことが難しいようなら、郵送による手続きや代理人による手続きも可能です。住所地を管轄するハローワークにお問い合わせください。

「受給期間」とは？

基本手当を受けることができる期間のことです。通常は退職してから1年です。所定給付日数が330日の人は1年30日、所定給付日数が360日の人は1年60日です。基本手当は、受給期間内の失業している日について、所定給付日数分が限度とされています。所定給付日数分の基本手当を受けていない場合であっても、受給期間が経過すると、基本手当は受けられなくなります。

受給期間の延長申請

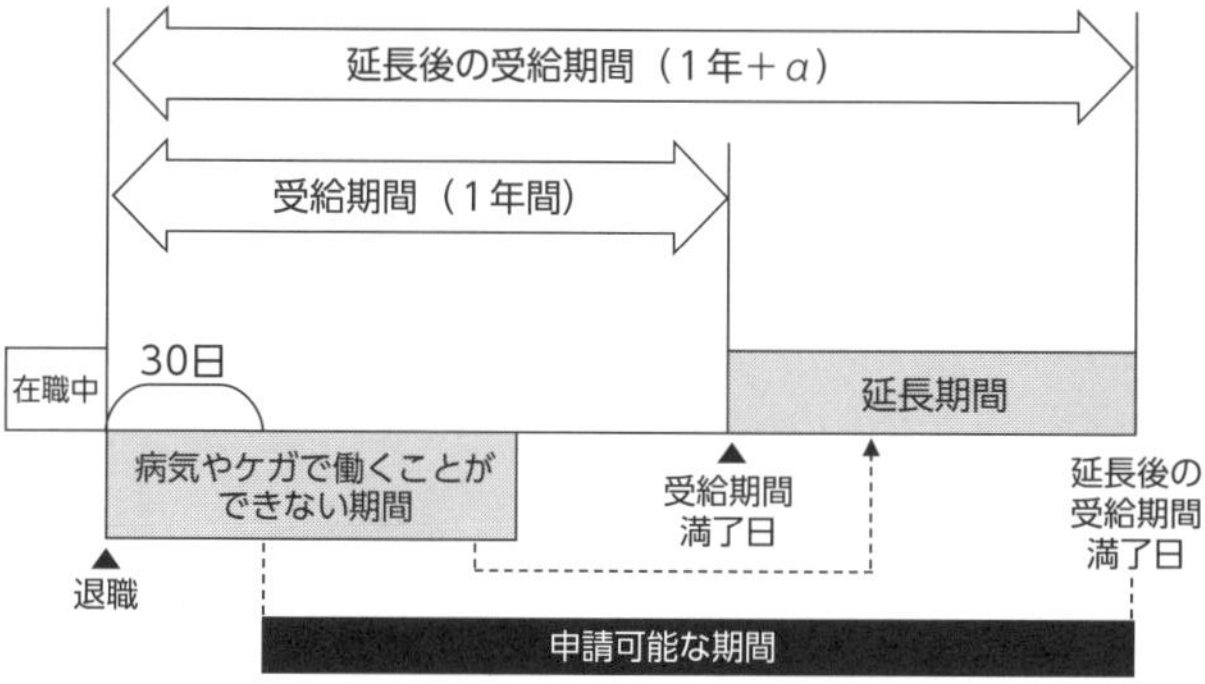
延長後の受給期間（1年＋α）
受給期間（1年間）
在職中
30日
延長期間
病気やケガで働くことができない期間
受給期間満了日
延長後の受給期間満了日
退職
申請可能な期間

退職後にしばらく働けない状態なら、必ず、受給期間の延長申請を行ってください。代理人が手続きを行うときは、委任状を持っていくとスムーズです。

8 障害があったら基本手当は受給できない？

障害年金と基本手当

Q 障害年金を受給していると、基本手当をもらうことができないのでしょうか？

障害年金を受給している人やこれから手続きをする人からよくある質問です。傷病や環境にもよりますが障害年金を受給していても、働くことのできる状態の人はいます。障害年金を受けていることを理由に、基本手当を受給できないわけではありません。あくまでも、働くことができる状態にあるか、働く意思と能力があるかです。

厚生労働省が定める国民年金・厚生年金保険障害認定基準によれば、3級の障害の状態とは「労働が著しい制限を受けるかまたは労働に著しい制限を加えることを必要とする程度のものとする」と規定されており、「労働できないこと」が要件ではありません。実際に1級や2級の障害年金を受けながら、正社員として働いている人はいます。

また、障害者雇用枠で働くという選択肢もあります。なお、場合によっては、基本手当を受給するために、就労（就職）可否証明書や主治医の意見書により、就労が可能であることを証明する必要があります。

傷病手当金と基本手当

Q 健康保険の傷病手当金を受けている間は、基本手当をもらうことができないのでしょうか？

傷病手当金の受給要件のひとつに「仕事に就くことができないこと」があります。その申請書には、労務不能であることを示す医師の医学的所見が記載されています。この状態は基本手当を受ける要件「働くことのできる状態」とは相反します。つまり、傷病手当金を受けている間は原則として基本手当を受給することはできません。働くことのできる状態になれば、傷病手当金は支給されず、基本手当は受けることができます。

老齢厚生年金と基本手当

Q 老齢厚生年金と基本手当は両方もらえるのでしょうか?

既に老齢年金を受給している人からよくある質問です。65歳未満の**老齢厚生年金**（特別支給の老齢厚生年金）を受給している人が、基本手当を受け取ると、その間の老齢厚生年金は全額支給停止されます。したがって、あらかじめ特別支給の老齢厚生年金と基本手当の額を比較した上で、基本手当を受給する手続きをするほうがよいでしょう。ただし、65歳以降の老齢厚生年金との調整はありません。

退職後の老齢厚生年金の額は、年金事務所に行けば確認できます。基本手当の額はハローワークで確認できます。金額のおおよその目安については、本章Ⅰ・4の表（111ページ）をご参照ください。

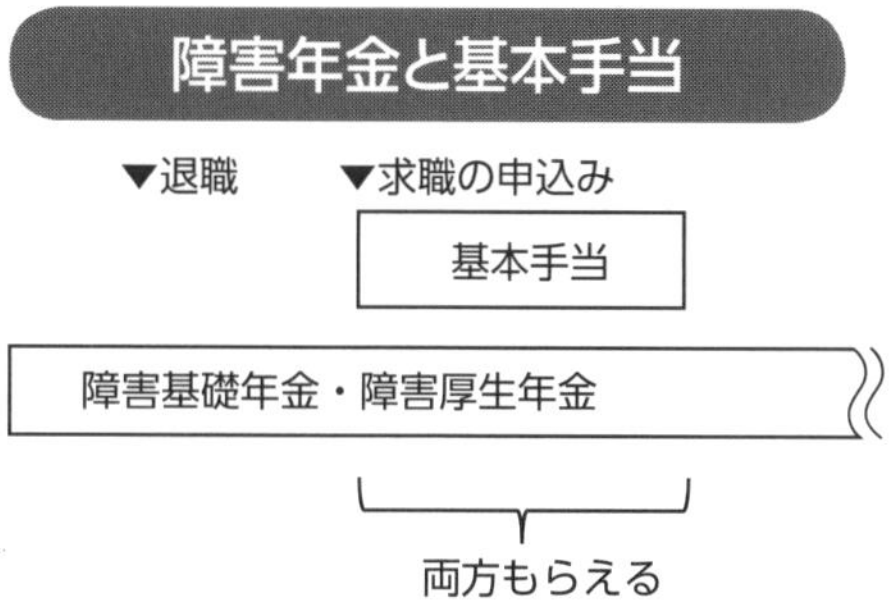
障害年金と基本手当
▼退職
▼求職の申込み
基本手当
障害基礎年金・障害厚生年金
両方もらえる

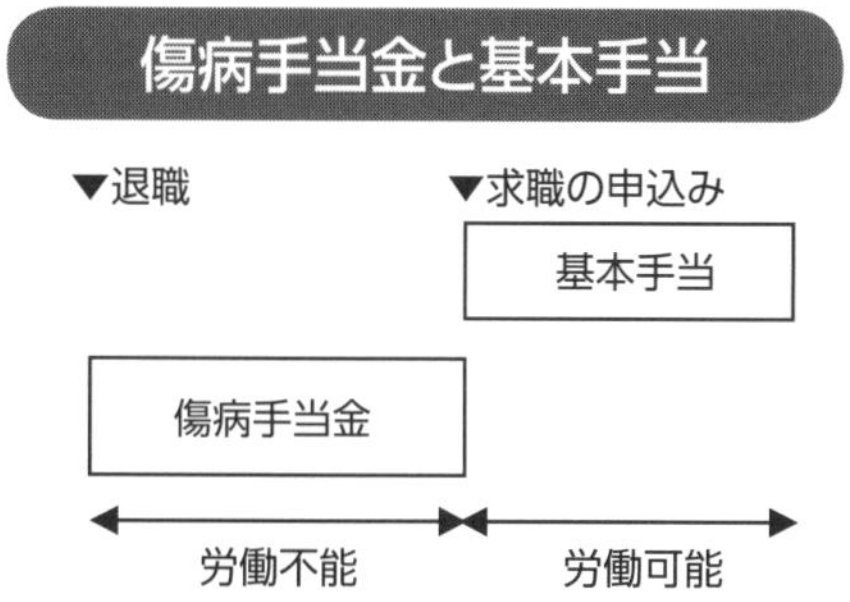
傷病手当金と基本手当
▼退職
▼求職の申込み
基本手当
傷病手当金
労働不能
労働可能

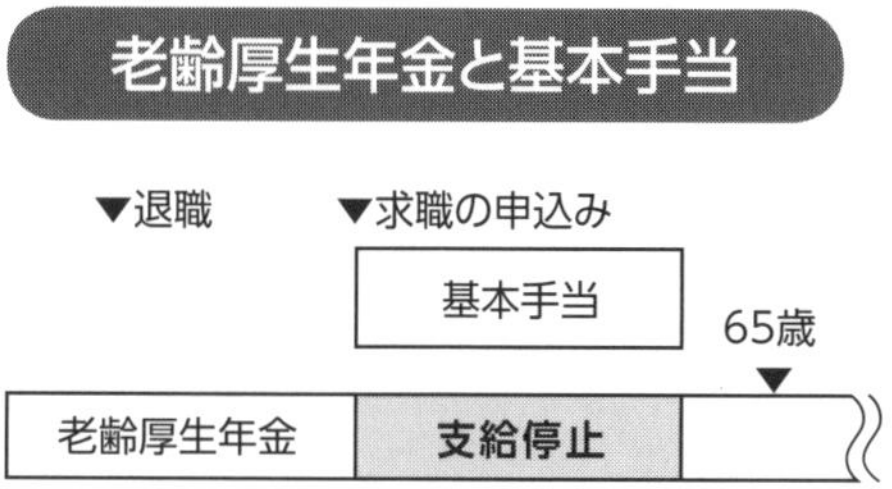
老齢厚生年金と基本手当
▼退職
▼求職の申込み
基本手当
65歳
老齢厚生年金
支給停止

お金が受けられる権利が2つ以上あっても、両方とも受給できるとは限りません。受け取れるのは、どれかひとつの給付だけ、ということは多いです。

Ⅱ 退職したときに利用できる制度〝退職後の健康保険〟

1 退職後の健康保険「任意継続被保険者」

退職後の健康保険の手続きは、自分でしなければならないことをご存じですか？

三つの選択肢がある

社会保険に加入していた人が退職すると、退職後の健康保険に関する手続きを、自身で行わなければなりません。加入する健康保険も自身で選択します。退職せずに、勤務時間・日数の減少により健康保険の資格を喪失したときも同様です。私たちは生きている間、必ず何かしらの公的医療保険に加入する必要があるのです。

退職後、大半の人は、次の三つのうち、どれかひとつに加入することになります。

> ① 退職前の健康保険に引き続き加入する「任意継続被保険者」
> ② 家族が加入する社会保険の「被扶養者」
> ③ 市区町村が運営する「国民健康保険」

任意継続被保険者になるための要件

会社に勤めている人が加入する健康保険に、例外的に、退職後も引き続き加入できる制度があります。それが「任意継続被保険者制度」です。

任意継続被保険者になったときは、原則として、在職中と同様の保険給付が受けられます。ただし、一部の例外を除き、退職後に傷病手当金や出産手当金を受けることはできません（傷病手当金の例外については第2章Ⅰ・6参照）。

任意継続被保険者になるためには、次の二つの要件を満たす必要があります。

> ① 退職日までに継続して2カ月以上の被保険者期間があること
> ② 退職日の翌日から20日以内に加入すること

扶養している家族がいれば、在職中と同じように、家族を被扶養者にすることができます。ただし、在職中とは異なる点もあります。

まず、届出や保険料の納付などの手続きは、加入者が自ら行います。在職中は、すべての手続きを会社が行ってくれていました。でき上がった健康保険証を手渡されて、それを利用して病院にかかっていたでしょう。退職後はすべての手続きを自身で行います。

次に、負担する健康保険料が変わります。在職中は保険料の半額を会社が負担してくれていました。退職すると、会社は負担してくれません。例えば、在職中に1万6000円の健康保険料を支払っていたときは、退職後は2倍の3万2000円となります。ただし、すべての人が2倍になるわけではありません。退職時の標準報酬月額と加入していた健康保険の標準報酬月額の平均額（健康保険組合が規約に定めた額の場合もある）を比較して、いずれか低いほうの額を基準に保険料が決定されます。つまり、上限があります。

健康保険料は、加入する健康保険や都道府県によっても異なりますので、詳しくは、健康保険組合または協会けんぽ支部にお問い合わせください。

なお、任意継続被保険者でいることができるのは、原則2年間です。2年後は、一般に国民健康保険に加入することになります。

加入手続きは、健康保険組合または協会けんぽ支部に、「任意継続被保険者資格取得申出書」を提出します。公務員などの共済組合に加入していた人は、任意継続組合員になることを組合に申し出てください。家族を被扶養者として手続きをするときは、扶養の事実が確認できる書類の添付が必要となることがあります。例えば、被扶養者に収入がないときは、直近の所得証明書または非課税証明書、給与収入があるときは、給与証明、源泉徴収票の写しなどが必要です。

2 退職後の健康保険「家族の扶養」

家族の扶養に入るための要件をご存じですか？

健康保険の被扶養者になるための要件

家族が会社員であって社会保険に加入しているとき、**その被扶養者として認められると、健康保険料の負担はありません。**家族が支払う健康保険料が増えることもありません。家族が公務員のときも同様です。

被扶養者となる要件は、被保険者（会社員）と同居しているか否かによって異なります。本項での説明は、妻が勤めていた会社を退職後に、会社員である夫の扶養に入るための要件としてみていきます。実際は、夫婦の立場が逆転していても同様です。

① 夫と妻が同一世帯のとき

将来に向かっての妻の年間収入が130万円未満（60歳以上の人、障害のある人は年間収入が180万円未満）であること、かつ、夫の年収の2分の1未満であることが要件です。

夫の年収より低いものの2分の1以上である場合は、世帯全体を総合的に判断して、夫の収入が生計の中心だと認められれば、妻は被扶養者となれることもあります。

② 夫と妻が別居しているとき

将来に向かっての年間収入が130万円未満（60歳以上の人、障害のある人は年間収入が180万円未満）で、かつ夫からの仕送り額よりも少ないことが要件です。

税制上と社会保険の被扶養者の違い

「**将来に向かっての年間収入が130万円未満であること**」については、勘違いしている人が多いようです。例えば、6月末で退職して専業主婦になった妻の収入（在職中の1月から6月までの給与と賞与）が250万円あったとします。その年は、税制上の配偶者控除の対象にはなれませんが、協会けんぽ等では、健康保険の被扶養者になることができます。「将来に向かって」の収入を基準としているので、7月以降の収入がないのであれば、被扶養者になることができるのです。ただし、夫が加入しているのが健康保険組合や共済組合のときは、妻の退職前の収入などを含めて判断されるケースもあります。

注意が必要なのは、妻が退職後に失業給付の基本手当（本章Ⅰ参照）を受けるときです。基本手当の1日あたりの金額が3611円以上（60歳以上の人、障害のある人は5000円以上）であれば、基本手当受給中は被扶養者として認められません。

自己都合退職のときは、3カ月の給付制限があるので、原則として、その間は夫の扶養に入ることができます。ただし、健康保険組合や共済組合では、組合ごとの規約により、基準が異なることがあります。あらかじめ組合に確認しておきましょう。

「被扶養者」とは？

被扶養者とは、扶養されている人のことをいいます。健康保険に加入している人に扶養されている人です。扶養者とは、健康保険に加入している人のことをいいます。同一世帯等の要件を満たせば、三親等以内の親族も被扶養者になれます。

「同一世帯」とは？

同一世帯とは、住居と家計を同じにしていることであり、戸籍が同じである必要はありません。夫が世帯主である必要もありません。病院等へ入院しているなどの一時期的な別居の場合は、同一世帯として取り扱われます。

被扶養者になるための年収要件

●同一世帯の場合

2分の1
▼
夫の年収
妻の年収　130万円未満
⇒ 妻を被扶養者に認定

●別居の場合

夫からの仕送り額
妻の年収　130万円未満
⇒ 妻を被扶養者に認定

夫の扶養に入るのであれば、その手続きは、夫が勤務する会社にしてもらいます。

3 退職後の健康保険「国民健康保険」

すべての人が加入できる国民健康保険をご存じですか？

国民健康保険に加入する

国民健康保険には、個人事業主や無職の人など、他の健康保険制度に属さないすべての人が加入することができます。保険料は世帯単位であり、加入者の数、年齢、前年所得などにより算出されます。前年所得が基準となるので、退職前の所得が高ければ、保険料も高くなる傾向にあります。ただし、会社の倒産や解雇などにより退職したケースでは、保険料が軽減される措置があり、前年の給与所得を30％とみなして算出されます。

具体的な保険料の計算方法は各都道府県・市区町村によって異なりますので、詳しくはお住まいの市区町村に確認するのが確実です。身分証明書と前年の源泉徴収票等を持っていけば計算してくれます。ホームページに計算方法が掲載されている市区町村もありますので、それを利用して概算額を算出してみるのもよいでしょう。

三つのうち、どの健康保険に入るのがよいか

会社を退職したときに、家族の扶養に入ることができるのなら、それが一番よいです。保険料の負担がなく、他の健康保険とほぼ同じ保険給付を受けることができるのですから、他の制度を考える必要はないでしょう。

扶養に入ることができないときは、任意継続被保険者か国民健康保険かの比較になります。保険給付内容はほとんど同じなので、比較するのは保険料です。在職中に扶養していた家族がいれば、家族を含めた全体としての保険料を考えましょう。国民健康保険には「扶養」はありません。国民健康保険に加入する家族が多ければ、保険料も増えます。一方、任意継続被保険者は扶養家族が増えても、追加の保険料はかかりません。

このような個人の事情も含めて、どちらが安いかの比

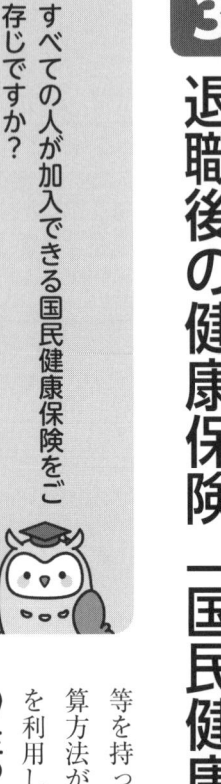

退職後の健康保険　3つの比較

	国民健康保険	任意継続被保険者	健康保険の被扶養者
加入条件	日本国内在住 社会保険に未加入	退職日まで続けて2カ月以上被保険者期間がある	年収130万円未満（60歳以上、障害者は180万円未満）他
期間	期限なし	2年間	被扶養者の認定期間
保険料	前年所得が基準	退職前の標準報酬月額が基準	保険料なし
自己負担	病院にかかったときに自己負担 70歳未満：3割負担（義務教育就学前の子は2割負担）		
手続き期限	退職日の翌日から14日以内	退職日の翌日から20日以内	退職日の翌日から5日以内
手続き先	住所地管轄の市区町村	協会けんぽ支部・所属の健康保険組合等	被保険者の勤務先

較になります。それぞれの人の状況によって結果が違ってきますので、在職中に加入していた健康保険と、市区町村にそれぞれ問い合わせて、保険料を比較し検討するのが一番確実でよい方法だといえます。国民健康保険の減額措置などには有効期限がありますから、その点も視野に入れて判断してください。

その他の注意点

病院にかかっていて、高額療養費に該当している人は、加入する健康保険が変わると、**多数回該当**（第2章Ⅱ・2参照）における支給回数の通算ができなくなるので注意が必要です。

ここで気をつけたいのは、早目の手続きです。例えば、任意継続被保険者は「退職日の翌日から20日」を過ぎると加入することができなくなります。退職する前に、退職したらどの健康保険に入るのかを検討し、退職後は速やかに手続きを済ませましょう。

国民健康保険は前年所得で保険料が決まるので、年が変われば、保険料も変わります。その時点で、加入する健康保険を見直しする人もいます。

III 退職後の国民年金保険料

1 退職したら国民年金保険料は支払うの?

病気やケガで退職したときでも、国民年金保険料を払う義務があることをご存じですか?

国民年金制度のしくみ

退職したときに60歳未満であれば、国民年金保険料を支払わなくてはいけません。ただし、免除制度や猶予制度などが利用できる場合もあります。まずは、制度の概要についてみていきましょう。

国民年金制度は、日本国内に住所を有する20歳以上60歳未満のすべての人が加入するものです。第1号被保険者、第2号被保険者、第3号被保険者と3種類の被保険者種別があり、どの制度に加入するかによって保険料の納め方が異なります。

国民年金の被保険者

第1号被保険者は、20歳以上60歳未満の自営業者、学生、無職者などが該当します。**国民年金保険料は自分で支払います。**後述する保険料の免除制度や猶予制度を利用することができます。

第2号被保険者は、会社員や公務員が該当します。**給与から引かれている厚生年金保険料の中に、国民年金保険料が含まれています。**国民年金保険料を別途、納める必要はありませんし、保険料の免除制度や猶予制度を利用することはできません。

第3号被保険者は、会社員や公務員の配偶者です。**自ら国民年金保険料を納める必要はありません。**これは、配偶者が加入している厚生年金保険や共済組合が基礎年金拠出金として負担しているからです。保険料を払っていないので、免除制度や猶予制度は利用できません。

60歳前に退職したとき

60歳前に会社を退職したとき、再就職しなければ、第1号被保険者または第3号被保険者となります。

例えば、55歳で退職した女性に65歳未満の会社員の夫がいて、その被扶養者になれるときは、その女性は第3号被保険者となり、国民年金保険料を納付する必要はありません。前述した健康保険の被扶養者（本章Ⅱ・2参照）になる手続きと同時に行うことができます。

一方で、独身であったり、夫が自営業やリタイア後であったり、夫が65歳以上の会社員であったりしたときは、第1号被保険者となります。そのため、60歳になるまで国民年金保険料を支払うことになります。また、退職した女性が扶養していた60歳未満の夫がいるとき、その夫は第3号被保険者から第1号被保険者になります。このケースでは、夫婦ともに国民年金保険料を支払うことになります。

国民年金保険料の支払いが必要なのは、60歳の誕生日の前日の属する月の前月分までです。例えば、4月20日が誕生日の人は、60歳になる前月の3月分まで支払います。60歳を過ぎて退職したときは、国民年金保険料を支払う必要はありません。

「国民年金の被保険者」とは?

第1号被保険者

自営業、学生、フリーター、無職の人などが対象。国民年金保険料は、納付書による納付や口座振替などにより、自分で納めます。納められないときは、免除や納付猶予のしくみが利用できます。

第2号被保険者

厚生年金保険の適用を受けている事業所に勤務する者。自動的に国民年金制度にも加入しています。ただし、65歳以上で老後の年金を受けることができるときは第2号被保険者となりません。国民年金保険料は、給与から引かれる厚生年金保険料に含まれています。

第3号被保険者

第2号被保険者の配偶者で20歳以上60歳未満の者。ただし、年間収入が130万円（障害がある人は180万円）以上のときは第3号被保険者とはならず、第1号被保険者となります。国民年金保険料は、配偶者が加入する年金制度が一括負担するため不要です。

2 国民年金保険料の支払いが難しいときは？

国民年金保険料が免除される制度があることをご存じですか？

免除制度と猶予制度

国民年金保険料は毎年見直しされますが、**おおむね1月あたり約1万7000円、1年あたり約20万円**となります。収入がない状態であれば、かなりの負担となるでしょう。

そんなときは免除・猶予制度を利用しましょう。これは、第1号被保険者だけに認められている制度です。基準を満たせば、保険料が免除・猶予されます。

免除制度には、法定免除、申請免除があります。**法定免除**は、1級または2級の障害年金を受給するようになったときや、生活保護法の生活扶助を受給するようになったときに、国民年金保険料が全額免除されるものです。

申請免除は、本人と配偶者と世帯主の前年所得が一定額以下であるときに、全額免除、4分の3免除、半額免除、4分の1免除のいずれかを利用することができます。

免除基準に該当しなくても、20歳から50歳未満の人であって、本人・配偶者の前年所得が一定額以下であれば、保険料の納付が猶予される**「納付猶予制度」**が利用できる場合があります。学生であって、本人の前年所得が一定額以下であれば、申請により保険料納付が猶予されます（**学生納付特例制度**）。

免除・猶予された期間は、年金受給資格期間となりますので、期間が足りなくて老後の年金が受けられないということは避けられます。法定免除、申請免除の期間は、将来の老齢基礎年金の年金額にも反映します。

失業等の特例免除

申請免除や納付猶予は、前年（1月から6月までに申請するときは前々年）の所得が免除の所得基準の範囲内であれば利用できます。例えば、夫婦二人の世帯で申請免除を利用するとき、二人の前年所得の合計が92万円までなら国民年金保険料が全額免除されます。あくまでも、基準となるのは前年の所得です。そうなると、今は退職して収入がないが、前年はバリバリ働いていたから所得が高かったという人は、基準に合いません。

そのようなときは、「**失業等の特例免除**」を利用しましょう。この特例は、本人の所得を0円として基準を適用します。申請時は失業等の証明書類（雇用保険被保険者離職票等の写しなど）が必要です。

申請は、年金事務所または市区町村の国民年金課で行います。申請時点から2年1カ月前まで遡って免除申請が可能です。

免除が受けられるにもかかわらず、申請手続きをせずに保険料を支払わなければ、「**未納**」となります。未納は、年金受給資格期間にも年金額にも反映しません。障害年金の保険料納付要件を満たさなくなる可能性もあります。

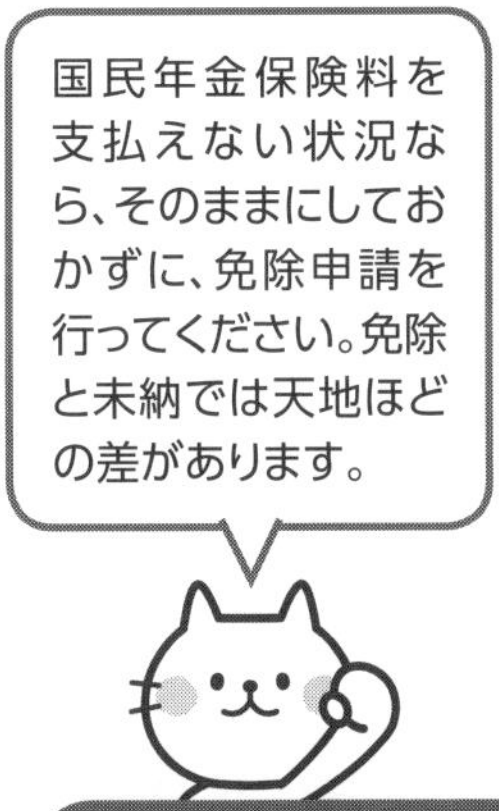
国民年金保険料を支払えない状況なら、そのままにしておかずに、免除申請を行ってください。免除と未納では天地ほどの差があります。

国民年金保険料免除・猶予の所得基準

免除・猶予		対象者	前年所得基準
法定免除		・2級以上の障害年金を受けている人 ・生活保護法の生活扶助を受けている人	
申請免除	全額免除	本人、配偶者、世帯主の前年所得が一定額以下	(扶養親族等の数+1)×35万円+22万円
	4分の3免除		78万円+扶養親族等控除額+社会保険料控除額等
	半額免除		118万円+扶養親族等控除額+社会保険料控除額等
	4分の1免除		158万円+扶養親族等控除額+社会保険料控除額等
学生納付特例制度		学生である本人の前年所得が一定額以下	118万円+扶養親族等の数×38万円+社会保険料控除等
納付猶予制度		50歳未満である本人と配偶者の前年所得が一定額以下	(扶養親族等の数+1)×35万円+22万円

3 国民年金保険料が安くなる方法は？

国民年金保険料が安くなる方法があることをご存じですか？

前納制度とは

国民年金保険料には、前もってまとめて納めれば（「前納」といいます）、保険料が割引される「**前納制度**」があります。割引額が一番大きいのは、2年分をまとめて、金融機関の口座引落しにより納める方法です。

2年分をまとめると、一度に約38万円を支払うことになるのでその負担は大きいですが、年利4％の複利現価法で前納にかかる期間分を割引することになるので、約1万5000円の割引となり、かなりおトクです。60歳到達までの期間が2年以上あるのであれば、2年前納はおススメです。

そうはいっても、一度に約38万円の保険料を支払うのは負担が大きいと思います。そこで、ひとつ提案があります。それは、2年前納のための積立てをすることです。例えば、銀行等で月1万6000円の2年満期積立てを行い、その満期額を国民年金保険料に充てる方法です。毎月支払うより、随分おトクになります。

前納制度は、**2年前納**の他にも、**1年前納、半年前納、1月前納**があります。1月前納とは、例えば、4月分の国民年金保険料を4月末に金融機関の口座引落しで支払うことをいいます。4月分の保険料の納付期限は通常5月末ですが、1カ月早く支払うだけで1カ月分の保険料が50円安くなる制度で「**早割**」と呼ばれています。

前納制度の手続きは、年金事務所か市区町村の国民年金課で行います。申出時期が決まっている前納方法がありますので、あらかじめご確認ください。

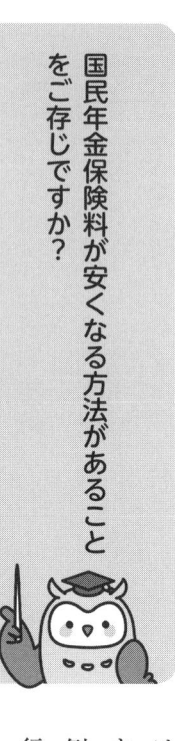

将来の老後の年金のために

将来に備えるために、65歳からの老後の年金額を少しでも増やしたいと思うのであれば、国民年金保険料にプラスして、「**付加保険料**」を納めることをおススメします。これは国民年金保険料に上乗せして納めるもので、国民年金の第1号被保険者と任意加入をしている人しか利用できません。

付加保険料は月額400円です。付加保険料を納めることにより、65歳からの老齢基礎年金額に付加年金額(200円×付加保険料納付月数)が上乗せされます。例えば、付加保険料を10年間納めたときは、200円×120月=2万4000円が上乗せされます。「たった200円?」と思われるかもしれませんが、1月あたり400円を支払って、200円の年金が加算されるのですから、2年間でモトが取れる計算になります。金額は少ないですが、将来受け取る年金額を増やす方法としては有効です。前納制度も利用できます。なお、国民年金基金に加入している人は利用できません。

もっと将来の老後の年金のために

国民年金保険料の支払いが必要なのは、60歳までですが、老後の年金額を増やすために、引き続き支払うことができます。これを「**任意加入**」といいます。

任意加入ができるのは、60歳から65歳までの5年間で、老齢基礎年金額が満額受給予定になっていない人が加入できます。厚生年金に加入している間は、任意加入することはできません。付加保険料も上乗せできますし、前納制度も利用できます。手続きは、年金事務所か市区町村の国民年金課で行います。

なお、65歳時点で老齢基礎年金の要件を満たしていない昭和40年4月1日以前生まれの人は、70歳まで任意加入することができますが、付加保険料は納められません。

付加保険料は2年でモトが取れる有利な制度ですが、知らない人が多いようです。
加入したいときは自ら、年金事務所や市区町村の窓口へ申し出てください。

4 免除制度は利用するべきか？

家計をやりくりして、国民年金保険料を納付しても、将来的にその分の年金は受け取れない。こんな人がいることをご存じですか？

2級以上の障害年金の受給者

免除制度を利用できる状況にありながら、それを利用せずに、家計をやりくりして国民年金保険料を納付している人もいます。しかし、一生懸命納付しても、将来受け取ることができないケースがあります。それは、1級または2級の障害年金を受給している場合です。

1級または2級の障害年金を受給しているときは、法定免除が認められていますが、国民年金保険料を納めることもできます。納めた国民年金保険料は、65歳から受給する老齢基礎年金額に反映されます。しかし、65歳のときに障害基礎年金を受けることができる状態であれば、**老齢基礎年金と障害基礎年金は両方受給することができず、どちらかを選択して受給**することになります。

2級の障害基礎年金額は、老齢基礎年金の満額と同額です。1級の障害基礎年金はその1.25倍の金額です。しかも、**障害年金は非課税**ですから、通常は障害基礎年金を選択し受給します。障害基礎年金を受給できる場合は、老齢基礎年金を受ける権利はあっても、付加年金や振替加算などの加算がない限りは、受給しないケースがほとんどです。つまり、納めた国民年金保険料が無駄になってしまうことがあるのです。

65歳のときに1級または2級の障害年金を受給しているか否かは、退職時点ではわからないことが多いでしょう。しかし、退職時に既に障害状態にあったり、障害年金を受給していたりしたときは、これまでの年金加入期間、60歳までの期間、病気やケガの回復の見込み、障害年金が支給されなくなる見込みなどを踏まえて、免除制度の利用も視野に入れて考えることも大切です。お金が無駄にならない方法を考えましょう。

場合によっては、国民年金保険料の免除を受けながら、私的に積立てをしたり、民間の保険を利用したりする方法もあります。ただ、気をつけたいのは、原則的に公的年金は生きている間はずっと支払われるものですが、私的保険はそうでないものもあるということです。また、公的年金は物価等の変動に対応しますが、私的保険は対応していないものが多いのです。さまざまな可能性を考えて、慎重に決めなくてはいけません。

保険料を納めたときや免除を受けたときなど、パターン別の老齢基礎年金額を比較して考えるのもひとつの方法です。障害状態や回復の見込み、年齢などによって、それぞれが出す結論が違ってくると思います。将来の老齢基礎年金がどのくらいになるかは、年金事務所の窓口で試算できます。端末での見込額試算は50歳以上の人に限られますが、50歳未満であっても相談はできます。

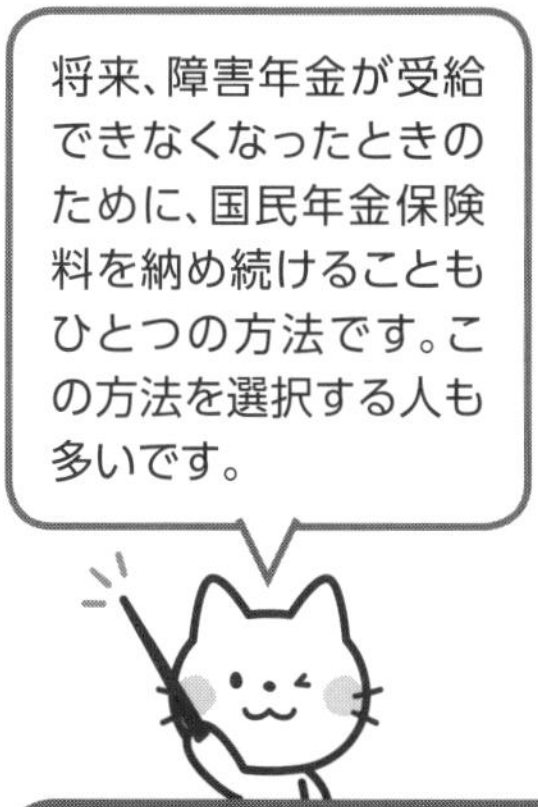
将来、障害年金が受給できなくなったときのために、国民年金保険料を納め続けることもひとつの方法です。この方法を選択する人も多いです。

65歳時点で2級の障害基礎年金が受給できるとき

●40年間国民年金保険料を「納付」した場合

▼20歳　▼60歳

国民年金40年納付　……納付した額は約800万円

▼65歳

老齢基礎年金　約 78 万円（課税扱い）

2 級障害基礎年金　約 78 万円（非課税扱い）

いずれか一方を受給
⇒非課税の障害基礎年金を受給

●40年間国民年金保険料を「全額免除」していた場合

▼20歳　▼60歳

国民年金40年全額免除　……納付した額は0円

▼65歳

老齢基礎年金　約 39 万円（課税扱い）

2 級障害基礎年金　約 78 万円（非課税扱い）

いずれか一方を受給
⇒高額な障害基礎年金を受給

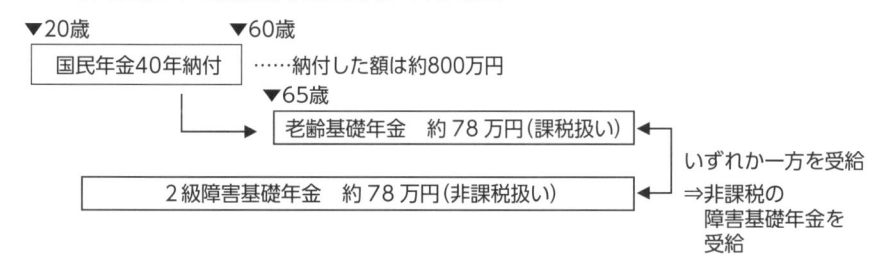

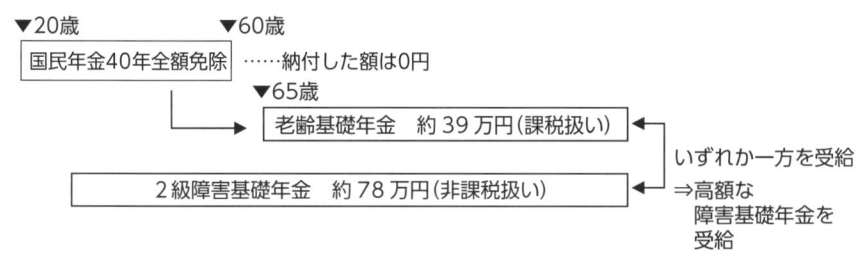

Ⅳ 住宅ローンなど

1 借入金が残っているときは？

退職時にローンが残るとき、どのように対応しますか？

退職後の借入金

病気やケガで急に仕事ができなくなったときや退職することとなったときに、住宅ローンなどの借入金が残っているのであれば、色々と考えることも多いでしょう。

- 退職しても支払うことのできる返済額か
- ボーナス払いはないか
- 借入金の残額はいくらあるのか
- 完済までの期間はどのくらいか

これらを踏まえて、今後のことを考える必要があります。

団体信用生命保険

住宅ローンを借入れする際は、その条件として、団体信用生命保険（団信）の加入を必要としているところがほとんどです。団体信用生命保険は、住宅ローン専用の生命保険のことで、返済中にローンの契約者が死亡または高度障害になったときに、その時点の住宅ローン残高に相当する保険金を、本人に代わって生命保険会社が金融機関に支払い、ローンが完済となる制度です。

現在では、通常の団体信用生命保険に加え、三大疾病保障付団信、七大疾病保障付団信などがあります。まずは、自身が加入している保険の内容を確認しましょう。

返済期限の延長

高度障害等によるローン完済の対象とならないのであれば、今後の返済について考えていく必要があります。退職金などで全額返済ができればよいですが、収入がないのにローンを支払い続けていくことは、短期間ならともかく、長期間になると難しいと思います。

今後返済を継続していくことが難しいのであれば、「返済期限の延長」を検討してみましょう。返済期限を延ばして、毎月の返済額を減らす方法です。

例えば、ローンを毎月10万円返済していたとします。残額は600万円で、返済期限は5年後です。返済期限を10年後に延ばせば、毎月の返済額を5万円ずつにすることができます。実際は、返済期限が長くなることにより、支払う利息が増え、返済総額も増えることになるのですが、毎月の負担は軽減されます。ローン返済について何も対処せず、返済が滞り、結果的に自宅を手放すことになったケースは多々あります。返済期限の延長については、借入れをしている金融機関に相談しましょう。

社内融資制度を利用しているなら

社内融資制度を利用しているときは、退職と同時に全額返済となることが多いようです。退職後に金融機関での借換えを希望する人もいるのですが、ローンの新規申込みや借換えは、定期的な収入のある人しか利用できません。退職前に対応方法を考えておきましょう。

団体信用生命保険の保障内容

	団体信用生命保険	三大疾病保障付団信	七大疾病保障付団信
保障内容	死亡・高度障害	死亡・高度障害 ＋ ガン、脳卒中、急性心筋梗塞	死亡・高度障害 ＋ ガン、脳卒中、急性心筋梗塞、高血圧性疾患、糖尿病、慢性腎不全、肝硬変

団体信用生命保険の「高度障害」とは

<高度障害状態>とは、保障の開始日以後の障害または疾病により、保障期間中に次の(1) ～ (8)のいずれかの状態になった場合をいいます。

(1)	両眼の視力を全く永久に失ったもの
(2)	言語またはそしゃくの機能を全く永久に失ったもの
(3)	中枢神経系または精神に著しい障害を残し、終身常に介護を要するもの
(4)	胸腹部臓器に著しい障害を残し、終身常に介護を要するもの
(5)	両上肢とも、手関節以上で失ったかまたはその用を全く永久に失ったもの
(6)	両下肢とも、足関節以上で失ったかまたはその用を全く永久に失ったもの
(7)	1上肢を手関節以上で失い、かつ、1下肢を足関節以上で失ったかまたはその用を全く永久に失ったもの
(8)	1上肢の用を全く永久に失い、かつ、1下肢を足関節以上で失ったもの

2 退職後にやってくる住民税の負担

退職しても、在職中に係る住民税を納付しなくてはいけないことをご存じですか？

住民税は、1月から12月までの1年間の所得に対して、納税額が計算されます。そして、**翌年の6月から翌々年の5月にかけて毎月支払うしくみです。**

6月から12月に退職したとき

6月から12月は、前年の所得に対する住民税を支払っています。この分については、退職時の所得から一括払いとするか、退職後に分割納付するか、選択することが可能です。一括払いは、納付手続きを会社側が行うので、手続きは必要ありません。分割納付は、住民税の支払通知書が送付されます。

1月から5月に退職したとき

1月から5月は、前々年度の住民税を支払っている時期です。この分については、退職時に一括で支払います。例えば、1月末付退職であれば、1月から5月までの5カ月分の住民税が給与から引かれますので、給与額がいつもより少なくなることが多いです。加えて、**退職後に、前年度の住民税を支払う必要があります。**再就職をしていないのであれば、市区町村から6月末頃に住民税の支払通知書が送付されます。

例えば、令和2年2月に退職したとき、令和元年の所得をベースに令和2年6月から住民税を納付する必要があります。このように、収入がなく、あるいは減ってしまった状態であっても、それなりの金額の住民税を納付しなければなりません。特に前年の給与所得が大きかったときは住民税も多くなりますから、注意が必要です。

第5章

該当すれば利用できる制度

高額療養費などを利用しても、病気やケガの療養中は出費が多く、家計への負担が重くなります。

傷病などによっては、医療費助成が受けられます。

手帳を取得することで利用できるサービスもあります。

第5章では、「こんな制度もあります」、というさまざまな制度をお伝えします。

1 指定難病の人に「特定医療費助成制度」

特定医療費（指定難病）受給者証があれば、医療費の自己負担が軽くなることをご存じですか？

健康保険以外の医療費助成制度

指定難病の人が指定医療機関を受診したときに、医療費の自己負担額が軽減される**特定医療費（指定難病）助成制度**があります。対象となるのは、病状の程度が一定程度以上の人です。これは、個々の指定難病の特性に応じ、日常生活または社会生活に支障があると医学的に判断される程度とされています。

「指定難病」とは、難病のうち国が定めた基準に該当するもので、平成30年4月時点で３３１疾患（巻末資料１７９ページ参照）が指定されており、その対象は年々拡大しています。「指定医療機関」とは、指定難病の治療を行う医療機関等として都道府県に指定されている医療機関等をいいます。

医療費の自己負担額の軽減方法

通常、患者は医療費の３割を自己負担しますが、**特定医療費の支給認定を受けたときは**、指定医療機関での窓口負担が、**原則2割負担**となり、所得に応じて**自己負担上限額**が設けられています。

自己負担上限額は、次ページの表のとおりです。同月内に受診した複数の医療機関、薬局での保険調剤、訪問看護ステーションが行う訪問看護の自己負担額を合算した上で適用されます。ただし、自己負担上限額と医療費の２割を比較して、自己負担上限額のほうが上回るときは、医療費の２割を負担します。

利用方法は、診断書などの必要書類を添えて住所地の保健所へ申請します。後日発行される「**特定医療費（指定難病）受給者証**」を、指定医療機関受診時に窓口に提示して助成を受けます。

特定医療費（指定難病）助成のしくみ

【事例1】医療費が10万円かかったとき（一般所得Iの人）

●「自己負担上限額1万円<医療費の2割（2万円）」のため、自己負担額は1万円

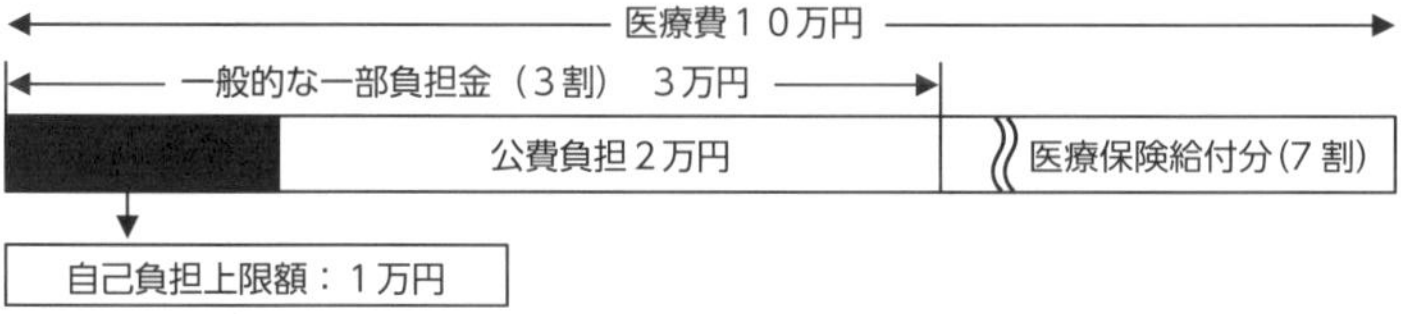

【事例2】医療費が4万円かかったとき（一般所得Iの人）

●「自己負担上限額1万円>医療費の2割（0.8万円）」のため、自己負担額は0.8万円

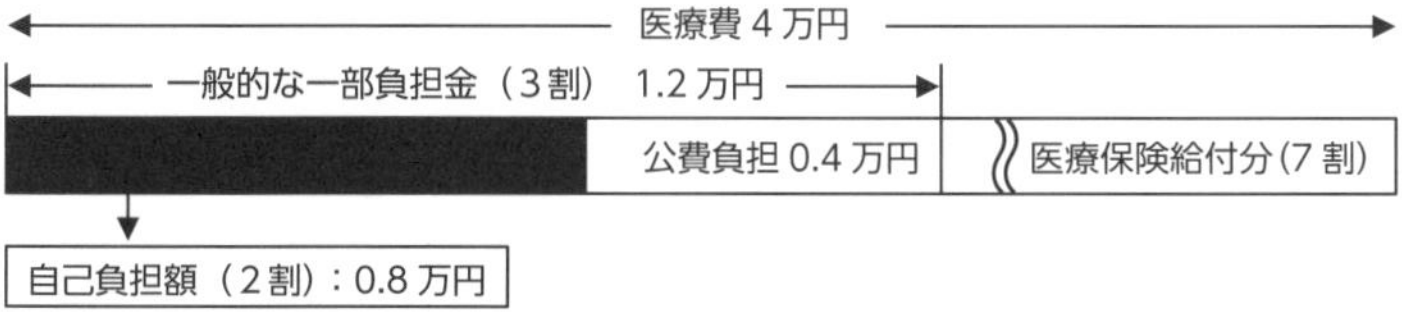

特定医療費（指定難病）助成における自己負担上限額（月額）

階層区分	階層区分の基準		患者負担割合：2割 自己負担上限額（外来+入院） 原則 一般	高額かつ長期	人工呼吸器等装着者
生活保護	―		0円	0円	0円
低所得Ⅰ	市区町村民税非課税（世帯）	本人年収80万円以下	2,500円	2,500円	1,000円
低所得Ⅱ		本人年収80万円超	5,000円	5,000円	
一般所得Ⅰ	市区町村民税課税 7.1万円未満		10,000円	5,000円	
一般所得Ⅱ	市区町村民税課税 7.1万円以上25.1万円未満		20,000円	10,000円	
上位所得	市区町村民税課税 25.1万円以上		30,000円	20,000円	
入院時の食費			全額自己負担		

※「高額かつ長期」とは、月ごとの医療費総額が5万円を超える月が年間6回以上ある者

【参考】公益財団法人難病医学研究財団難病情報センター

（平成31年4月現在）

2 障害のある人の自己負担額軽減「自立支援医療」

自立支援医療受給者証があれば、医療費の自己負担額が軽くなることをご存じですか?

自立支援医療の対象者

心身の障害を軽減するための医療について、**医療費の自己負担額を軽減する公費負担医療制度**があり、「**自立支援医療**」といいます。利用できるのは次の人です。

精神通院医療：統合失調症、うつ病、躁うつ病、不安障害、薬物依存症、知的障害、強迫性人格障害、てんかん、認知症などを有する人。または精神医療に3年以上の経験を有する医師が必要と判断した人。

更生医療：18歳以上の身体障害者手帳の交付を受けた人で、治療による改善が見込まれる人。

育成医療：18歳未満の身体に障害を有する人で、治療による改善が見込まれる人。

医療費の自己負担額の軽減方法

医療費の自己負担額の軽減方法は、次のとおりです。

① 通常であれば医療費の3割を負担するところ、**1割に軽減**されます。例えば、医療費が1万円、自己負担額が3000円だった場合、この制度を利用すれば1000円の自己負担で済みます。

② 1割に軽減されても、病院にかかる回数が多いときなど、自己負担額が大きくなることがあります。そのため、**自己負担限度額**を設けています。上限額は世帯の所得に応じて異なります。

③ 統合失調症などで、高額な治療を長期にわたって受け続けなければならない人（「重度かつ継続」といいます）は、別枠で自己負担限度額が設定されています（次ページの表参照）。

世帯の範囲

利用者負担の基準となる世帯の範囲は、住民票上の世帯に関わらず、同じ医療保険制度に加入している家族です。例えば、同一世帯でAさんとBさんが同じ健康保険組合に加入していて、Cさんが国民健康保険に加入しているときは、AさんBさんの世帯と、Cさんの世帯に分かれます。同じ世帯内の誰もが、税制上も医療保険上も障害者本人を扶養しないとした場合は、障害者本人とその配偶者の所得によって判断することを選択できます。

申請方法

精神通院医療は市区町村を経由して、都道府県に申請します。育成医療は、直接各都道府県に申請し、更生医療は市区町村に対して申請します。そうすると、**自立支援医療受給者証**が交付されますので、指定自立支援医療機関で診察等を受ける際は、その受給者証を提示すれば負担が軽減されます。

重度心身障害者医療費助成

都道府県および市区町村が実施する制度に、**重度心身障害者の医療費の助成**があります。助成の名称や内容は各自治体により異なりますが、身体障害者手帳1・2級所持者や知的障害者等を対象とすることが多いようです。精神障害者等を対象とする自治体もありますので、市区町村の障害福祉課などにお問い合わせください。

自立支援医療における自己負担限度額

	世帯の所得	精神通院医療 更生医療	育成医療	重度かつ継続
生活保護	生活保護受給	0円		
市区町村民税非課税世帯	本人収入が80万円以下	2,500円		
	本人収入が80万円超	5,000円		
中間所得層	市区町村民税課税 33,000円未満	高額療養費と同様	5,000円	
	市区町村民税課税 33,000円以上 235,000円未満		10,000円	
一定所得以上	市区町村民税課税 235,000円以上	対象外		20,000円

(平成31年4月現在)

※「重度かつ継続」の範囲
- ●疾病等から対象になる人
  - ・精神通院医療：①統合失調症、うつ病、躁うつ病、てんかん、認知症等の脳機能障害、薬物関連障害の人
    ②3年以上の精神医療の経験を有する医師が継続的な通院医療が必要だと判断した人
  - ・更生医療・育成医療：腎機能障害、小腸機能障害、免疫機能障害などの人
- ●疾病に関わらず、高額な費用負担が継続することから対象となる人
  - ・精神通院医療・更生・育成医療：医療保険の多数該当の人

※自立支援医療の「重度かつ継続の一定所得以上」および「育成医療の中間所得層」の区分については、令和3年3月31日までの経過的特例とされています。

3 結核などの感染症の人に「感染症医療費助成」

感染症にかかったとき、診察などの医療を公費で受けることができることをご存じですか？

医療費助成される感染症

法律で定められた感染症にかかり、まん延防止のための入院の勧告・措置により入院したときは、医療機関での治療を公費で受けることができます。

感染症法は、症状の重さや病原体の感染力などから感染症を分類しています。1類〜5類の5種の感染症と、新型インフルエンザ等感染症、指定感染症、新感染症の8種類です。感染症の種類により医療機関の対処法も異なります。

そのうち、医療費助成の対象となるのは、次の感染症と診断され入院の勧告または入院の措置を受けた人です。

- 新感染症
- 1類感染症（エボラ出血熱、クリミア・コンゴ出血熱、痘そう、南米出血熱、ペスト、マールブルグ病、ラッサ熱）
- 2類感染症（急性灰白髄炎、結核、ジフテリア、重症急性呼吸器症候群〈病原体がコロナウイルス属SARSコロナウイルスに限る〉、鳥インフルエンザ〈H5N1・H7N9〉、中東呼吸器症候群〈病原体がコロナウイルス属MERSコロナウイルスに限る〉）

医療費助成

感染防止のための勧告・措置入院の患者については、医療保険を適用した上で、自己負担部分の全額が公費負担となります。ただし、患者、扶養義務者の所得税に応じて自己負担が発生するときがあります。

対象となる主な医療は、診察、薬剤または治療材料の支給、医学的処置、手術その他の治療、看護、移送、食事代などです。

結核にかかる医療費助成

2類感染症のうちの「結核」については、一般の結核患者（通院）は、医療保険の自己負担分の95％が公費負担されます。つまり、医療費の5％が自己負担となります。対象となるのは、結核医療の基準によって行う化学療養、検査（エックス線検査、結核菌検査）、外科的療法などです。申請に必要なものは、病院で準備してくれます。

その他の医療費助成

B型・C型肝炎のインターフェロン治療（3剤併用療法を含む）、B型肝炎の核酸アナログ製剤治療およびC型肝炎のインターフェロンフリー治療にかかる医療費の助成があります。各都道府県が行っています。

また、予防接種による健康被害を生じたことを厚生労働大臣が認定した人には、救済給付があります。治療に要した医療費と医療を受けるために要した諸費用が支給されます。障害が残った場合には障害年金等の支給もあります。相談窓口は市区町村です。

自治体独自の助成制度があったり、新たな助成制度が設けられたりすることもあります。市区町村等で使える助成制度がないか確認してください。

感染症の分類と公費負担

分類	感染症名	負担
新感染症	現在対象となる感染症なし	入院医療をすべて公費にて負担（所得によっては自己負担あり）
1類感染症	エボラ出血熱、クリミア・コンゴ出血熱、痘そう、南米出血熱、ペスト、マールブルグ病、ラッサ熱	・入院医療を医療保険で適用した上で、自己負担部分を公費にて負担（所得によっては自己負担あり） ・結核患者（通院治療）は95％の公費負担
2類感染症	急性灰白髄炎、結核、ジフテリア、重症急性呼吸器症候群（病原体がコロナウイルス属SARSコロナウイルスに限る）、鳥インフルエンザ（H5N1・H7N9）、中東呼吸器症候群（病原体がコロナウイルス属MERSコロナウイルスに限る）	
指定感染症	政令によって、1類または2類感染症に準じた対応を行うことが定められた感染症	
3類感染症	腸管出血性大腸菌感染症など	公費負担なし
4類感染症	レジオネラ症など	
5類感染症	後天性免疫不全症候群など	
新型インフルエンザ等感染症	新型インフルエンザなど	

1 身体に障害がある人に「身体障害者手帳」

身体障害者手帳があると、色々なサービスが利用できることをご存じですか？

障害に応じて、「身体障害者手帳」、「療育手帳」、「精神障害者保健福祉手帳」があります。手帳を持っていると、税の優遇措置や割引などを利用できることがあります。

身体障害者手帳の対象者

身体障害者手帳の対象となるのは、次の九つの障害です。

- 視覚障害
- 聴覚または平衡機能の障害
- 音声機能、言語機能またはそしゃく機能の障害
- 肢体不自由
- 心臓、腎臓または呼吸器の機能の障害
- 膀胱または直腸の機能の障害
- 小腸の機能の障害
- ヒト免疫不全ウイルスによる免疫の機能の障害
- 肝臓の機能の障害

障害の程度や日常生活にどれほどの支障をきたしているかにより、七つの障害等級に分けられています。6級以上のときは手帳が交付され、さまざまなサービスを受けることができます。7級の障害が二つ以上重複するときは、6級の手帳が交付されます。いずれも永続することが要件とされています。

手帳所持者が利用できるサービス

身体障害者手帳を取得することによって、盲導犬等の貸与、国税・地方税の諸控除および減免、公共施設利用

料の減免、各種交通機関の運賃割引、公営住宅の優先入居等のサービスを受けることができます。

自立支援医療の更生医療（本章Ⅰ・2参照）を利用すると、医療の自己負担額が原則1割で済みますが、申請には身体障害者手帳が必須です。

各自治体の医療費助成もあります。障害内容によっては、視覚障害者用の眼鏡や盲人安全づえ、補聴器、義肢、車いす、歩行器などの補装具の交付や、購入・修理にかかる費用の助成も受けられます。自己負担は原則1割で、9割を市区町村が助成してくれます（第3章Ⅱ・4参照）。

なお、サービス内容は市区町村により異なりますので、詳しくは市区町村にお問い合わせください。

申請手続き

身体障害者手帳の申請手続きは、市区町村の障害福祉の窓口です。身体障害者診断書・意見書の書類をもらい、医師に診断書を作成してもらいます。この診断書は、指定された医師のみが作成できます。指定医については、市区町村で確認してください。市区町村によっては、診断書の作成料金を助成しているところもありますので、市区町村の障害福祉の窓口にお問い合わせください。

障害再認定制度

障害の種類によっては、将来的に障害の程度が変わることが予想されるため、障害再認定制度が設けられています。「障害再認定制度」とは、障害の程度の再確認が必要だと判断されたときに、診査時期（身体障害者手帳交付時から1年以上5年以内）を指定して、改めて障害の程度を診査することです。重大な変化があると判断されるときは、持っている手帳と引換えに新しい障害等級の手帳が交付されます。障害者再認定制度に該当しない人でも、障害の程度が変化したり新たに障害が加わったりしたときは、等級変更を行う必要があります。障害がなくなったときは手帳の返還手続きをします。

身体障害者手帳の一例

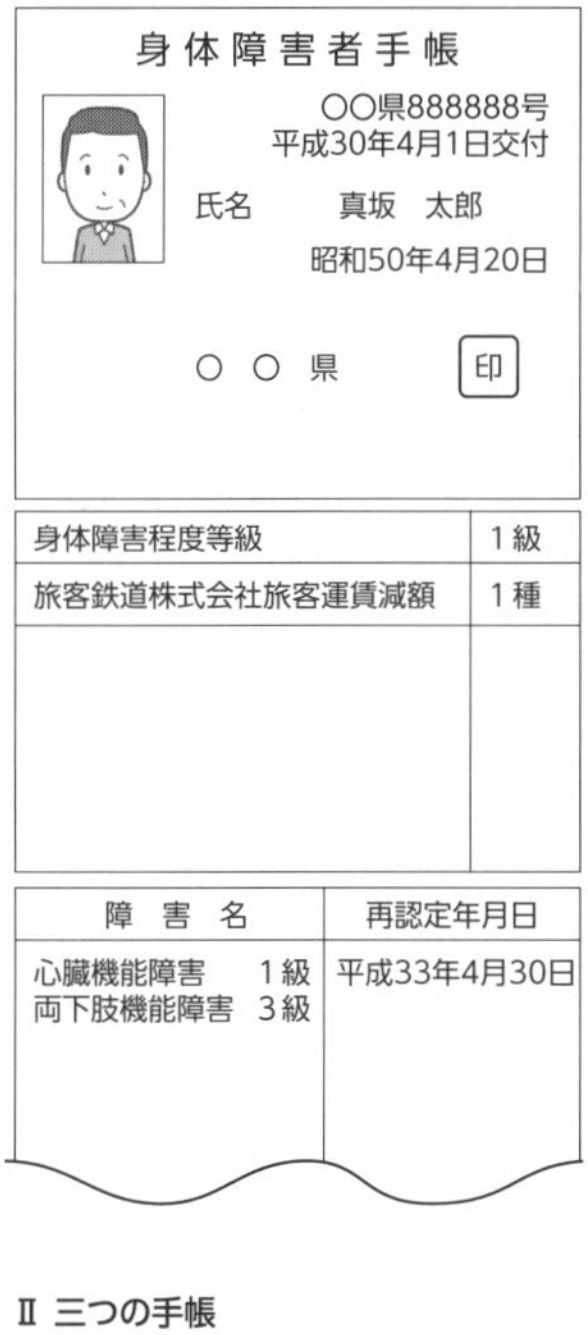
身体障害者手帳

〇〇県888888号
平成30年4月1日交付

氏名　真坂　太郎
昭和50年4月20日

〇 〇 県　印

身体障害程度等級	1級
旅客鉄道株式会社旅客運賃減額	1種

障害名	再認定年月日
心臓機能障害　1級 両下肢機能障害　3級	平成33年4月30日

2 知的障害のある人に「療育手帳」

療育手帳があると、色々なサービスが利用できることをご存じですか？

療育手帳の対象者

知的障害であると判定された場合に、療育手帳が交付されます。判定は、児童相談所または知的障害者更生相談所が行います。

「知的障害」とは、発達期までに生じた知的機能障害により、認知能力の発達が全般的に遅れている状態を指します。成人して働いている場合は関係のないように思うかもしれませんが、50代や60代の人が精神的な症状が出て働けなくなり、病院にかかったところ知的障害を指摘され、療育手帳が交付されたケースもあります。

療育手帳の呼び方は自治体によって異なります。多くの自治体は「療育手帳」としていますが、東京都や横浜市では「愛の手帳」、埼玉県やさいたま市では「みどりの手帳」といいます。障害の程度は、知能指数（IQ）や日常生活動作などを総合的に判断して認定されます。

障害の程度

国が定める障害の程度は、次のように重度（A）と、それ以外（B）に区分されています。

●重度（A）の基準

① 知能指数がおおむね35以下であって、次のいずれかに該当する者

・食事、着脱衣、排便および洗面などの日常生活の介助を必要とする

・異食、興奮などの問題行動を有する

② 知能指数がおおむね50以下であって、盲、ろうあ、肢体不自由等を有する者

●それ以外（B）の基準

重度（A）のもの以外

国の基準では、このように2段階に区分していますが、

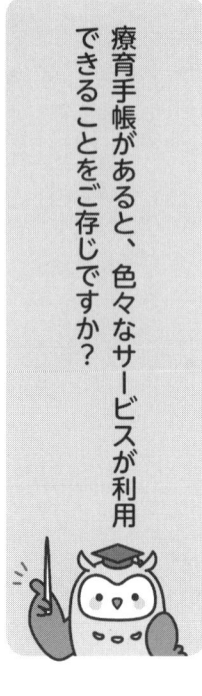

各都道府県等の判断により、4段階に分けているところがほとんどです。

例えば、東京都は、1度（最重度）、2度（重度）、3度（中度）、4度（軽度）の4区分に分けています。横浜市は、A1（最重度）、A2（重度）、B1（中度）、B2（軽度）の4区分に分けています。

受けることのできるサービス

療育手帳を取得することによって、国税・地方税の諸控除および減免、公共施設利用料の減免、各種交通機関の運賃割引、公営住宅の優先入居などのサービスを受けることができます。障害福祉サービス（第3章Ⅱ参照）が利用できたり、障害者雇用枠の仕事に応募できたりもします。自治体によって受けられるサービスが違いますので、市区町村にお問い合わせください。

知的障害による障害年金の請求

大人になってから知的障害であることを指摘され、障害年金を受給できるようになった人もいます。知的障害による障害年金を請求するときは、基本的には出生日が初診日となり、保険料納付要件（第3章Ⅰ・5）は問われません。初診日の証明（第3章Ⅰ・2）も必要ありません。知的障害があれば障害年金が受けられるというわけではありませんが、受給に繋がるケースもあります。

療育手帳の申請の相談は、市区町村の障害福祉の窓口で対応しています。手続きは、18歳未満は児童相談所で、18歳以上は知的障害者更生相談所（東京都は東京都心身障害者福祉センターまたは多摩支所）となります。

東京都の療養手帳（愛の手帳）の区分と状態

程度	状　態
1度（最重度）	知能指数（IQ）がおおむね19以下で、生活全般にわたり常時個別的な援助が必要。 例えば、言葉でのやり取りやごく身近なことについての理解も難しく、意思表示はごく簡単なものに限られる。
2度（重度）	知能指数（IQ）がおおむね20から34で、社会生活をするには、個別的な援助が必要。 例えば、読み書きや計算は不得手であるが、単純な会話は可能。生活習慣になっていることであれば、言葉での指示を理解し、ごく身近なことについては、身振りや2語文程度の短い言葉で自ら表現することができる。日常生活では、個別的援助を必要とすることが多い。
3度（中度）	知能指数（IQ）がおおむね35から49で、何らかの援助の元に社会生活が可能。 例えば、ごく簡単な読み書きや計算ができるが、それを生活場面で実際に使うのは困難。具体的な事柄についての理解や簡単な日常会話はできるが、日常生活では声かけなどの配慮が必要。
4度（軽度）	知能指数（IQ）がおおむね50から75で、簡単な社会生活の決まりに従って行動することが可能。 例えば、日常生活に差し支えない程度に身辺の事柄を理解できるが、新しい事態や時や場所に応じた対応は不十分。 また、日常会話はできるが、抽象的な思考が不得手で、込み入った話は難しい。

※上記は判定基準の一部分について例示したものであり、最終的には総合判定により障害の程度が決められる。
※児童については同じ度数でも年齢により異なった状態となる。

3 精神障害のある人に「精神障害者保健福祉手帳」

精神障害者保健福祉手帳があると、色々なサービスが利用できることをご存じですか？

精神障害者保健福祉手帳

精神疾患（てんかん、発達障害を含む）により、日常生活または社会生活への制約が長期間ある人に**精神障害者保健福祉手帳**が交付されます。一例として次の精神疾患があります。

・統合失調症
・うつ病、躁うつ病などの気分障害
・てんかん
・薬物やアルコールによる急性中毒またはその依存症
・高次脳機能障害
・発達障害（自閉症、学習障害、注意欠陥多動性障害など）
・その他の精神疾患（ストレス関連障害など）

これらの精神疾患がなく、かつ知的障害のある人については、療育手帳制度があるため、精神障害者保健福祉手帳の対象とはなりません。知的障害と精神疾患の両方を有するときは、両方の手帳の交付を受けることができます。

障害の程度

精神障害者保健福祉手帳には三つの等級があり、障害の程度の重いものから順に1級、2級、3級となります。精神疾患の状態と能力障害の状態の両面から総合的に判断されます。

受けることのできるサービスと申請

精神障害者保健福祉手帳を取得することによって、次のようなサービスを受けることができます。

●公共交通機関の運賃の割引・減免
●国税・地方税の諸控除・減免
●公共施設利用料の減免など

なお、受けられるサービスは、自治体により異なりますので、市区町村にお問い合わせください。
申請についての相談と手続きは、市区町村の障害福祉の窓口が対応しています。精神障害者保健福祉手帳は病院で初めて診察を受けてから6カ月を経過して、初めて申請することができます。

自立支援医療費（精神通院医療）の申請

自立支援医療費（本章Ⅰ・2参照）と、精神障害者保健福祉手帳の申請を同時に行うときは、精神障害者保健福祉手帳用の診断書1枚で申請することができます。自立支援医療制度により、自己負担額が医療費の1割で済みます。

精神障害者保健福祉手帳は、身体障害者手帳、療育手帳と異なり、2年の有効期限があるため、定期的な更新が必要です。有効期限の3カ月前から更新手続きが可能であり、新規申請のときと同様の必要書類と、現在交付されている手帳の写しが必要となります。

有効期限内に精神障害の状態が悪化したり、障害年金の等級が変更となったりしたときは、障害等級の変更を申請することができます。

精神障害者保健福祉手帳の一例

氏　名	真坂　太郎		
住　所	○○市		
生年月日	昭和52年4月20日	性別	男
障害等級	3級	手帳番号	888888
自立支援医療費受給者番号	3333333		

交付日	平成26年5月18日
有効期限	平成32年5月31日

○　○　県　印

精神保健及び精神障害者福祉に関する法律第45条の保健福祉手帳

精神障害者保健福祉手帳の障害の程度

- **1級**　精神障害であって、日常生活の用を弁ずることを不能ならしめる程度のもの
- **2級**　精神障害であって、日常生活が著しく制限を受けるか、または日常生活に著しい制限を加えることを必要とする程度のもの
- **3級**　精神障害であって、日常生活もしくは社会生活が制限を受けるか、または日常生活もしくは社会生活に制限を加えることを必要とする程度のもの

Ⅲ その他の支援と制度

1 無利子で貸付「生活福祉資金貸付制度」

無利子でお金を借りることができる「生活福祉資金貸付制度」をご存じですか？

生活福祉資金貸付制度

生活福祉資金貸付制度は、低所得者や高齢者、障害者の生活を経済的に支えるための貸付制度です。

（1）貸付の対象者は次のとおりです。

①低所得世帯…必要な資金を他から借り受けることが困難な世帯（市区町村民税非課税程度）

②障害者世帯…身体障害者手帳、療育手帳、精神障害者保健福祉手帳の交付を受けた者等の属する世帯

③高齢者世帯…65歳以上の高齢者の属する世帯

世帯の状況に合わせた資金の借入れをすることができます。実施主体は各市区町村社会福祉協議会です。原則として連帯保証人が必要ですが、連帯保証人がいない場合も借入申込みをすることができます。

（2）資金の種類・貸付条件

貸付資金は、**総合支援資金**、**福祉資金**、**教育支援資金**、**不動産担保型生活資金**の4種類です。各資金の概要や貸付条件は、次ページの表のとおりです。貸付利子の利率は、連帯保証人を立てる場合は原則無利子、連帯保証人を立てない場合は年1・5％となります。実際にお金が支払われるまでには、通常1カ月くらいかかります。返済方法は、原則として借入後（教育支援資金は学校を卒業後）6カ月は据置期間になり、その翌月から金融機関の口座引落しによる返済が始まります。

利用するには審査や手続きが必要です。居住地の市区町村社会福祉協議会に相談してください。

生活福祉資金貸付制度一覧

資金の種類			貸付条件 貸付限度額
総合支援資金	生活支援費	・生活再建までの間に必要な生活費用	(2人以上) 月20万円以内 (単身) 月15万円以内
	住宅入居費	・敷金、礼金等住宅の賃貸契約を結ぶために必要な費用	40万円以内
	一時生活再建費	・生活を再建するために一時的に必要かつ日常生活費で賄うことが困難である費用	60万円以内
		・就職・転職を前提とした技能習得に要する経費	
		・滞納している公共料金等の立替え費用	
		・債務整理をするために必要な経費　等	
福祉資金	福祉費	・生業を営むために必要な経費	580万円以内 ※資金の用途に応じて上限目安額を設定
		・技能習得に必要な経費およびその期間中の生計を維持するために必要な経費	
		・住宅の増改築、補修等および公営住宅の譲受けに必要な経費	
		・福祉用具等の購入に必要な経費	
		・障害者用の自動車の購入に必要な経費	
		・中国残留邦人等に係る国民年金保険料の追納に必要な経費	
		・負傷または疾病の療養に必要な経費およびその療養期間中の生計を維持するために必要な経費	
		・介護サービス、障害者サービス等を受けるのに必要な経費およびその療養期間中の生計を維持するために必要な経費	
		・災害を受けたことにより臨時に必要となる経費	
		・冠婚葬祭に必要な経費	
		・住居の移転等、給排水設備等の設置に必要な経費	
		・就職、技能習得等の支度に必要な経費	
		・その他日常生活上一時的に必要な経費	
	緊急小口資金	・緊急かつ一時的に生計の維持が困難となった場合に貸し付ける少額の費用	10万円以内
教育支援資金	教育支援費	・低所得世帯に属する者が高等学校、大学または高等専門学校に就学するために必要な経費	<高校>月3.5万円以内 <高専>月6万円以内 <短大>月6万円以内 <大学>月6.5万円以内 ※特に必要と認める場合は、上記各上限額の1.5倍まで貸付可能
	就学支度費	・低所得世帯に属する者が高等学校、大学または高等専門学校への入学に際し必要な経費	50万円以内
不動産担保型生活資金	不動産担保型生活資金	・低所得の高齢者世帯に対し、一定の居住用不動産を担保として生活資金を貸し付ける資金	・土地の評価額の70%程度 ・月30万円以内
	要保護世帯向け不動産担保型生活資金	・要保護の高齢者世帯に対し、一定の居住用不動産を担保として生活資金を貸し付ける資金	・土地および建物の評価額の70%程度(集合住宅の場合は50%) ・生活扶助額の1.5倍以内

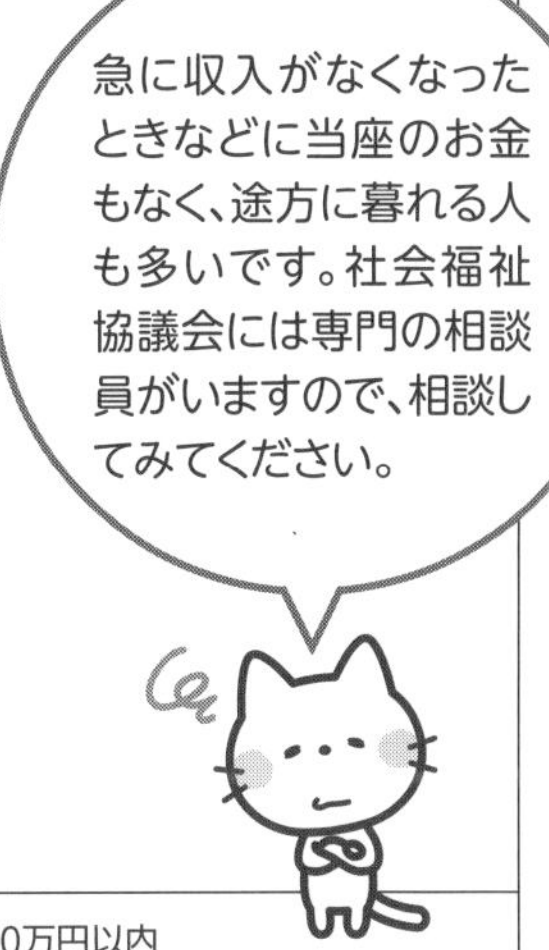
急に収入がなくなったときなどに当座のお金もなく、途方に暮れる人も多いです。社会福祉協議会には専門の相談員がいますので、相談してみてください。

※詳細については市区町村社会福祉協議会で確認してください。

2 医療費の一部を税金から控除「医療費控除」

薬局で購入した薬代や、病院に通う交通費についても、医療費控除の対象になることをご存じですか？

医療費控除のしくみ

1月1日から12月31日までの間に医療費を支払った場合に、一定の金額の所得控除を受けることができます。これを医療費控除といいます。

医療費控除は、マッサージなどの保険適用外の医療費や通院時の交通費なども対象になることがあります。納税者本人以外に、生計を同じくする配偶者やその他の親族のために支払った医療費も対象です。

医療費控除の対象となるもの（支払った医療費等の実質負担額）が、1年間に10万円（所得金額が200万円未満の場合は所得金額×5％）を超えたとき、その超えた金額をその年の所得から差し引くことができます。ただし、保険金等で補てんされた場合はその金額を除きます。なお、医療費控除には、最高限度額が定められており、200万円を超える医療費の控除はできません。

医療費控除の計算方法

10万円を超えた医療費全額が戻るわけではありません。自身の所得税率を掛けて算出された金額が医療費控除後の税額となり、納め過ぎの所得税が還付されます。

例えば、課税所得が200万円以上で医療費控除の対象となるものが20万円あり、保険金等の補てんがないときは、10万円を差し引いた10万円が医療費控除額になります。この人の課税所得が300万円であれば10万円×10％＝1万円、500万円であれば、10万円×20％＝2万円、2000万円なら、10万円×4％＝4万円が払い戻されます。同じ医療費控除額でも税金をたくさん払っている人は還付金も多くなります。医療費控除は暦年で計算されますので、医療費の支払いがその年に終わっていないものについては、翌年に持ち越されます。

また、住民税にも医療費控除があります。お金は戻ってきませんが、住民税が安くなります。

申告方法

医療費控除を受けるためには、確定申告をしなければなりません。確定申告の時期は、2月16日から3月15日ですが、還付申告であれば1月から可能です。申告の際は、医療費の領収書に基づいて記載した「医療費控除の明細書」を作成し、確定申告書に添付する必要があります。この場合、医療費の領収書を自宅で5年間保管することになります。また、健康保険組合等が発行する「医療費のお知らせ」を明細書代わりに利用することもできます。この場合は医療費の領収書の自宅保管は不要です。申告方法がわからなければ、全国各地の税務署などにお問い合わせください。

医療費控除の対象となるもの

- 医師に支払った診療または治療の費用
- 医師の指示による差額ベッド代
- 治療または療養に必要な医薬品の購入の費用
- 通院や入院のための交通費
- 治療のためのマッサージ・はり・灸など
- 医師等の診療を受けるために必要な松葉づえやコルセット・義歯等の費用
- 疾病が発見された場合の人間ドックの費用
- 入院時に提供される食事代
- 療養上必要な差額ベッド代
- 視力回復レーザー手術(レーシック手術)費用

※美容整形等の費用、自家用車で通院した場合のガソリン代、親族の付添料などは対象になりません。

医療費控除額の計算式

1年間に支払った医療費の合計額	−	保険金等で補てんされる金額	−	10万円または所得の5%(所得の低い人)	＝	医療費控除額(最高200万円)

保険金等で補てんされる金額として差し引かなければならないもの
- 出産育児一時金や配偶者出産育児一時金など健康保険から支給されたもの
- 高額療養費など健康保険から支給されたもの
- 損害賠償金など補てんを目的として支払われたもの
- 傷害費用保険金や医療保険金、入院給付金など生命保険会社等から支払われたもの
- 給付金、医療費の補てんを目的として支払われたもの

医療費が10万円を超えない場合は、「セルフメディケーション税制」が利用できるかもしれません。定期健康診断受診などさまざま要件がありますが、12,000円を超えた金額(88,000円が上限)が所得控除される制度で、確定申告が必要です。

3 老齢年金を受給できる人に「障害者特例」

65歳前の老齢厚生年金を受けている人が、障害状態にあれば、年金が増額となる特例が使えることをご存じですか？

障害者特例の老齢厚生年金

障害者特例の老齢厚生年金は、昭和16年4月2日（民間企業に勤めた女性は昭和21年4月2日）から昭和36年4月1日（民間企業に勤めた女性は昭和41年4月1日）までに生まれ、65歳前に老齢厚生年金が受給できる人のみが利用できる制度です。

65歳前に支給される、いわゆる特別支給の老齢厚生年金は、定額部分および報酬比例部分が段階的に65歳へと引き上げられています。例えば、昭和32年4月1日生まれの男性であれば、62歳から報酬比例部分の年金を受給できますが、定額部分や加給年金額は支給されません。

このように、65歳前に報酬比例部分が支給される人が、一定の障害状態になるなどの要件を満たすときに、特例の年金を受給することができます。これを「障害者特例の老齢厚生年金」といいます。

障害者特例の老齢厚生年金のしくみ

障害者特例の老齢厚生年金を受けるためには、次の要件をすべて満たす必要があります。

① 厚生年金保険の被保険者でないこと
② 傷病により3級以上の障害状態にあること
③ 請求すること

①の要件については、働いていたとしても、厚生年金保険の被保険者でなければ問題ありません。例えば、パートとして時間短縮で働いたり、自営業として働いていたりした場合も要件を満たします。②の要件については、厚生労働省の基準における3級ですから、障害者手帳などの等級とは異なります。そして、請求手続きが必要なことが③の要件です。

障害者特例の老齢厚生年金の金額

障害者特例の老齢厚生年金は、報酬比例部分のみ支給される期間について、定額部分と条件を満たせば加給年金が加算されます。加算される時期は、原則請求月の翌月分からです。例えば、昭和32年4月1日生まれの男性（65歳未満の配偶者あり）で、厚生年金に40年加入した人であれば、定額部分の年約78万円と、加給年金の年約38万円が、報酬比例部分に加算されて支給されます。

障害年金と障害者特例の老齢厚生年金の両方の受給権がある人は、どちらか一方を選択して受給します。障害年金は非課税であり、老齢厚生年金は課税対象であることも加味して、どちらを選択すべきかを考えましょう。

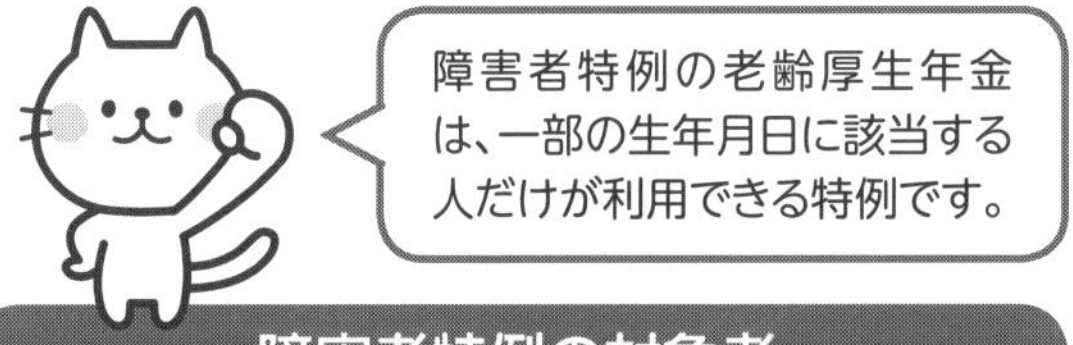
障害者特例の老齢厚生年金は、一部の生年月日に該当する人だけが利用できる特例です。

障害者特例の対象者

生年月日	受けられる年金					
	60歳	61歳	62歳	63歳	64歳	65歳
男 昭和16年4月1日以前 女 昭和21年4月1日以前	報酬比例部分					老齢厚生年金
	定額部分					老齢基礎年金
男 昭和16年4月2日～18年4月1日 女 昭和21年4月2日～23年4月1日	報酬比例部分					老齢厚生年金
		定額部分				老齢基礎年金
男 昭和18年4月2日～20年4月1日 女 昭和23年4月2日～25年4月1日	報酬比例部分					老齢厚生年金
			定額部分			老齢基礎年金
男 昭和20年4月2日～22年4月1日 女 昭和25年4月2日～27年4月1日	報酬比例部分					老齢厚生年金
				定額部分		老齢基礎年金
男 昭和22年4月2日～24年4月1日 女 昭和27年4月2日～29年4月1日	報酬比例部分					老齢厚生年金
					定額部分	老齢基礎年金
男 昭和24年4月2日～28年4月1日 女 昭和29年4月2日～33年4月1日	報酬比例部分					老齢厚生年金
						老齢基礎年金
男 昭和28年4月2日～30年4月1日 女 昭和33年4月2日～35年4月1日		報酬比例部分				老齢厚生年金
						老齢基礎年金
男 昭和30年4月2日～32年4月1日 女 昭和35年4月2日～37年4月1日			報酬比例部分			老齢厚生年金
						老齢基礎年金
男 昭和32年4月2日～34年4月1日 女 昭和37年4月2日～39年4月1日				報酬比例部分		老齢厚生年金
						老齢基礎年金
男 昭和34年4月2日～36年4月1日 女 昭和39年4月2日～41年4月1日					報酬比例部分	老齢厚生年金
						老齢基礎年金
男 昭和36年4月2日以降 女 昭和41年4月2日以降						老齢厚生年金
						老齢基礎年金

障害者特例の対象者（男 昭和16年4月2日～36年4月1日、女 昭和21年4月2日～41年4月1日の各行）

※女性の公務員共済期間・私学共済期間は、男性の支給開始年齢と同じ

障害者特例の効果

▼62歳	▼65歳
	加給年金
報酬比例部分	老齢厚生年金
	老齢基礎年金

⇩

▼62歳	
特例による加給年金	加給年金
報酬比例部分	老齢厚生年金
特例による定額部分	老齢基礎年金

4 生活を維持することが難しいとき「生活保護」

色々な制度を利用しても、最低限の生活を維持することが難しいときに利用できる「生活保護制度」をご存じですか？

生活保護の対象

公的制度や年金などの「あらゆる手段」を尽くしても最低限の生活を維持することが難しい場合は、生活保護を受けることができます。生活保護の対象となるのは世帯単位で、収入や資産なども世帯全員の合計額で判断されます。ただし、状況によって個人単位で判断される場合（世帯分離）もあります。

生活保護の要件

生活保護を受ける要件となっている「あらゆる手段」とは次のものをいいます。

1. 資産を活用すること
土地不動産・預貯金・生命保険など、利用できる資産があれば売却するなどの方法で生活費に充てることが優先されます。

2. 能力を活用すること
働くことが可能である人は、その能力に応じて働くことに努める必要があります。

3. 扶養義務者からの扶養を活用すること
親族等にできる限りの援助を頼むことが求められます。

4. 他の制度を活用すること
他の制度による給付がある人は、それを優先して受給し生活費に充てることが求められます。

例えば、自動車は資産となりますので、原則として処分することになりますが、障害がある人の通勤や通院等に必要な場合などには自動車の保有を認められることがあります。また、実際に居住している土地や家屋については原則として保有が認められています。

生活保護の扶助の種類

生活保護の支給額は、厚生労働大臣が定めた基準により算出された最低生活費と、各世帯の収入との差額です。

基準となる最低生活費は、住んでいる地域、家族の年齢、人数などによって定められています。生活保護が認められると、**生活、住宅、教育、医療、介護、出産、生業、葬祭の各種の扶助**が受けられます。

そのうち、医療扶助の対象となるのは、病院での診察と治療にかかる費用、病院に通う交通費、治療に要する材料（眼鏡やコルセットなど）の費用です。保険適用となる医療では自己負担額がゼロになります。病院にかかるときは、福祉事務所で医療券を発行してもらい、その医療券を病院の窓口に提出して受診します。受診する病院は指定の病院に限定されます。

生活保護の相談・申請窓口は、福祉事務所（設置していない町村では町村役場）の生活保護担当です。

生活保護を利用するに至っていないが、さまざまな理由で経済的な問題等があり生活に困っている場合には、相談支援員が自立に向けた支援を行う「**生活困窮者自立支援制度**」を利用できます。市区町村または社会福祉協議会にお問い合わせください。

生活保護の扶助の種類と支給内容

扶助の種類	生活を営む上で生じる費用	支給内容
生活扶助	日常生活に必要な費用 (食費・被服費・光熱費等)	基準額は下記を合算して算出 (1)食費等の個人的費用 (2)光熱水費等の世帯共通費用 特定の世帯には加算があります(母子加算等)
住宅扶助	アパート等の家賃	定められた範囲内で実費を支給
教育扶助	義務教育を受けるために必要な学用品費	定められた基準額を支給
医療扶助	医療サービスの費用	費用は直接医療機関へ支払う(本人負担なし)
介護扶助	介護サービスの費用	費用は直接介護事業者へ支払う(本人負担なし)
出産扶助	出産費用	定められた範囲内で実費を支給
生業扶助	就労に必要な技能の修得等にかかる費用	定められた範囲内で実費を支給
葬祭扶助	葬祭費用	定められた範囲内で実費を支給

※住んでいる地域により支給額や上限額が異なる扶助があります。

5 発達障害者支援センター

発達障害のある人とその家族をサポートしてくれる場所が、全国各地にあることをご存じですか？

発達障害について

発達障害は、自閉症スペクトラム、アスペルガー症候群、ＡＤＨＤ（注意欠陥多動性障害）、ＬＤ（学習障害）などの総称であり、状態は多様です。発達期である18歳までに発症するとされていますが、障害に気づくタイミングは人それぞれです。

子供の頃から診断結果が出ている人や、大人になってから気づく人もいます。大人になって発達障害に気づくきっかけになるのは、例えば、仕事上のミスや、社会人として生活する上で人間関係がうまく築けないなどの悩みです。これらのストレスから、うつ病などの二次障害を発症し、精神科などを受診して発達障害に気づくケースも少なくありません。

発達障害者支援センターとは

発達障害者支援センターは、発達障害がある人への支援を総合的に行うことを目的とした専門的機関です。社会福祉法人、特定非営利活動法人等が運営しています。

センターでは、地域の中で関係機関と連携しながら、働くこと、暮らすこと、生きることに必要な支援をしています。役割は、大きく分けて四つあります。

（1）相談支援
（2）発達支援
（3）就労支援
（4）普及啓発・研修

利用方法は、市区町村の担当窓口、地域の発達障害者支援センターなど相談窓口にお問い合わせください。

初めて訪問する際には、事前に電話予約をしておくとよいでしょう。訪問が難しい場合には、まずは電話で相談してみるとよいかもしれません。

全国の発達障害者支援センター一覧

北海道発達障害者支援センター「あおいそら」	0138-46-0851	滋賀県発達障害者支援センター「南部センター」	077-561-2522
北海道発達障害者支援道東地域センター「きら星」	0155-38-8751	滋賀県発達障害者支援センター「北部センター」	0749-28-7055
北海道発達障害者支援道北地域センター「きたのまち」	0166-38-1001	京都府発達障害者支援センター「はばたき」	075-644-6565
札幌市自閉症・発達障がい支援センター「おがる」	011-790-1616	京都市発達障害者支援センター「かがやき」	075-841-0375
青森県発達障害者支援センター「ステップ」	017-777-8201	大阪府発達障がい者支援センター「アクトおおさか」	06-6966-1313
青森県発達障害者支援センター「わかば」	0173-26-5254	大阪市発達障がい者支援センター「エルムおおさか」	06-6797-6931
青森県発達障害者支援センター「Doors」	0178-51-6181	堺市発達障害者支援センター「アプリコット堺」	072-275-8506
岩手県発達障がい者支援センター「ウィズ」	019-601-2115	ひょうご発達障害者支援センター「クローバー」	079-254-3601
宮城県発達障害者支援センター「えくぼ」	022-376-5306	ひょうご発達障害者支援センター「クローバー」（加西ブランチ）	0790-43-3860
仙台市北部発達相談支援センター「北部アーチル」	022-375-0110	ひょうご発達障害者支援センター「クローバー」（芦屋ブランチ）	0797-22-5025
仙台市南部発達相談支援センター「南部アーチル」	022-247-3801	ひょうご発達障害者支援センター「クローバー」（豊岡ブランチ）	0796-37-8006
秋田県発達障害者支援センター「ふきのとう秋田」	018-826-8030	ひょうご発達障害者支援センター「クローバー」（宝塚ブランチ）	0797-71-4300
山形県発達障がい者支援センター	023-673-3314	ひょうご発達障害者支援センター「クローバー」（上郡ブランチ）	0791-56-6380
福島県発達障がい者支援センター	024-951-0352	神戸市保健福祉局発達障害者支援センター	078-382-2760
茨城県発達障害者支援センター「あい」	029-219-1222	奈良県発達障害支援センター「でぃあー」	0744-32-8760
茨城県発達障害者支援センター「COLORSつくば」	029-875-3485	和歌山県発達障害者支援センター「ポラリス」	073-413-3200
栃木県発達障害者支援センター「ふぉーゆう」	028-623-6111	「エール」鳥取県発達障がい者支援センター	0858-22-7208
群馬県発達障害者支援センター	027-254-5380	島根県東部発達障害者支援センター「ウィッシュ」	050-3387-8699
埼玉県発達障害者支援センター「まほろば」	049-239-3553	島根県西部発達障害者支援センター「ウィンド」	0855-28-0208
埼玉県発達障害総合支援センター	048-601-5551	おかやま発達障害者支援センター（本所）	086-275-9277
さいたま市発達障害者支援センター	048-859-7422	おかやま発達障害者支援センター（県北支所）	0868-22-1717
千葉県発達障害者支援センター「CAS（きゃす）」	043-227-8557	岡山市発達障害者支援センター	086-236-0051
千葉県発達障害者支援センター「CAS（きゃす）東葛飾」	04-7165-2515	広島県発達障害者支援センター	082-490-3455
千葉市発達障害者支援センター	043-303-6088	広島市発達障害者支援センター	082-568-7328
東京都発達障害者支援センター「TOSCA（トスカ）」	03-3426-2318	山口県発達障害者支援センター「まっぷ」	083-929-5012
神奈川県発達障害支援センター「かながわA（エース）」	0465-81-3717	徳島県発達障がい者総合支援センター「ハナミズキ」	0885-34-9001
横浜市発達障害者支援センター	045-334-8611	徳島県発達障がい者総合支援センター「アイリス」	0883-63-5211
横浜市学齢後期発達相談室「くらす」	045-349-4531	香川県発達障害者支援センター「アルプスかがわ」	087-866-6001
川崎市発達相談支援センター	044-246-0939	愛媛県発達障害者支援センター「あい・ゆう」	089-955-5532
相模原市発達障害支援センター	042-756-8411	高知県立療育福祉センター発達障害者支援センター	088-844-1247
山梨県立こころの発達総合支援センター	055-254-8631	福岡県発達障害者支援センター「ゆう・もあ」	0947-46-9505
長野県発達障がい者支援センター	026-227-1810	福岡県筑後地域発達障がい者支援センター「あおぞら」	0942-52-3455
岐阜県発達障害者支援センター「のぞみ」	058-233-5106	福岡県発達障がい者（児）支援センター（福岡地域）「Life」	092-558-1741
静岡県発達障害者支援センター「あいら」	054-286-9038	北九州市発達障害者支援センター「つばさ」	093-922-5523
静岡市発達障害者支援センター「きらり」	054-285-1124	福岡市発達障がい者支援センター「ゆうゆうセンター」	092-845-0040
浜松市発達相談支援センター「ルピロ」	053-459-2721	佐賀県東部発達障害者支援センター「結」	0942-81-5728
あいち発達障害者支援センター	0568-88-0811	佐賀県西部発達障害者支援センター「蒼空」～SORA～	0952-37-1251
名古屋市発達障害者支援センター「りんくす名古屋」	052-757-6140	長崎県発達障害者支援センター「しおさい（潮彩）」	0957-22-1802
三重県自閉症・発達障害支援センター「あさけ」	059-394-3412	熊本県北部発達障がい者支援センター「わっふる」	096-293-8189
三重県自閉症・発達障害支援センター「れんげ」	0598-86-3911	熊本県南部発達障がい者支援センター「わるつ」	0965-62-8839
新潟県発達障がい者支援センター「RISE（ライズ）」	025-266-7033	熊本市発達障がい者支援センター「みなわ」	096-366-1919
新潟市発達障がい支援センター「JOIN（ジョイン）」	025-234-5340	大分県発達障がい者支援センター「ECOAL（イコール）」	097-513-1880
富山県発達障害者支援センター「ほっぷ」	076-438-8415	宮崎県中央発達障害者支援センター	0985-85-7660
石川県発達障害支援センター	076-238-5557	宮崎県延岡発達障害者支援センター	0982-23-8560
発達障害者支援センター「パース」（石川県）	076-257-5551	宮崎県都城発達障害者支援センター	0986-22-2633
福井県発達障害児者支援センター「スクラム福井」嶺南（敦賀）	0770-21-2346	鹿児島県発達障害者支援センター	099-264-3720
福井県発達障害児者支援センター「スクラム福井」福井	0776-22-0370	沖縄県発達障害者支援センター「がじゅま～る」	098-982-2113
福井県発達障害児者支援センター「スクラム福井」奥越（大野）	0779-66-1133		

参考資料：厚生労働省発達障害情報・支援センター（平成31年2月現在）

6 高次脳機能障害者支援センター

高次脳機能障害の人をサポートしてくれる場所が、全国各地にあることをご存じですか?

高次脳機能障害とは

高次脳機能障害は、脳出血、脳梗塞などの病気や、事故による頭部外傷などによって、脳に損傷を受けたときの後遺症のひとつです。主な症状として注意障害、記憶障害、情報処理速度の低下、自己意識性の低下、遂行機能障害、易疲労性、社会的行動障害があり、いくつかの症状が影響し合うことがあります。これまでできていた仕事や日常生活動作ができなくなることがあり、自信をなくしてしまったり、周囲とのトラブルが起こりやすくなったりします。医療だけではなく、その他の支援が必要な状態となります。

高次脳機能障害者支援センター

高次脳機能障害者支援センターでは、医療や福祉、行政機関などと連携しながら、本人やその家族を支える活動を行っています。次のようなことが相談できます。

- 高次脳機能障害かどうか診断を受けたい
- 仕事がうまくいかない
- どのようなサービスか知りたい
- 対処方法が知りたい
- リハビリテーションを受けたい
- 復職や復学を支援してほしい
- 福祉サービスを知りたい

高次脳機能障害に関わることなら、さまざまな相談に対応してくれます。本人とその家族のニーズに合わせて、利用できる医療・福祉・就労等の関係機関の紹介やアドバイスなども行っています。

各都道府県のセンターへ直接お問い合わせください。

全国の高次脳機能障害者支援センター一覧

都道府県	支援拠点機関	電話番号
北海道	北海道大学医学部附属病院	011-716-1161
	NPO法人コロポックルさっぽろ	011-858-5600
	NPO法人Re～らぶ	011-868-7844
	こころのリカバリー総合支援センター	011-861-6353
	北海道渡島保健所	0138-47-9547
	北海道江差保健所	0139-52-1053
	北海道八雲保健所	0137-63-2168
	北海道江別保健所	011-383-2111
	北海道千歳保健所	0123-23-3175
	北海道倶知安保健所	0136-23-1957
	北海道岩内保健所	0135-62-1537
	北海道岩見沢保健所	0126-20-0100
	北海道滝川保健所	0125-24-6201
	北海道深川保健所	0164-22-1421
	北海道室蘭保健所	0143-24-9847
	北海道苫小牧保健所	0144-34-4168
	北海道浦河保健所	0146-22-3071
	北海道静内保健所	0146-42-0251
	北海道上川保健所	0166-46-5992
	北海道名寄保健所	01654-3-3121
	北海道富良野保健所	0167-23-3161
	北海道留萌保健所	0164-64-8327
	北海道稚内保健所	0162-33-3703
	北海道北見保健所	0157-24-4171
	北海道網走保健所	0152-41-0698
	北海道紋別保健所	0158-23-3108
	北海道帯広保健所	0155-26-9084
	北海道釧路保健所	0154-22-1233
	北海道根室保健所	0153-23-5161
	北海道中標津保健所	0153-72-2168
青森県	財団法人黎明郷弘前脳卒中・リハビリテーションセンター	0172-28-8220
岩手県	いわてリハビリテーションセンター	019-692-5800
宮城県	宮城県リハビリテーション支援センター	022-784-3592
	東北医科薬科大学病院	022-259-1221
秋田県	秋田県立病院機構リハ・精神医療センター	018-892-3751
山形県	国立病院機構山形病院	023-681-3394
	山形県庄内高次脳機能障がい者支援センター	0235-57-5877
福島県	一般財団法人脳神経疾患研究所附属総合南東北病院	024-934-5680
	社会医療法人秀公会あづま脳神経外科病院	024-544-3650
	公益財団法人会田病院	0248-42-2370
	一般財団法人竹田健康財団竹田綜合病院	0242-29-9898
	公益財団法人ときわ会常磐病院	0246-43-7164
茨城県	茨城県高次脳機能障害支援センター	029-887-2605
栃木県	栃木県障害者総合相談所	028-623-6114
	栃木県立リハビリテーションセンター	028-623-6101
	足利赤十字病院	0284-21-0121
	国際医療福祉大学病院	0287-37-2221
	栃木県医師会塩原温泉病院	0287-32-4111
	真岡中央クリニック	0285-82-2245
	リハビリテーション花の舎病院	0280-57-1200
群馬県	前橋赤十字病院	027-224-4585
埼玉県	埼玉県高次脳機能障害者支援センター	048-781-2236
千葉県	千葉県千葉リハビリテーションセンター	043-291-1831
	旭神経内科リハビリテーション病院	047-385-5566
	亀田リハビリテーション病院	04-7093-1400

都道府県	支援拠点機関	電話番号
東京都	東京都心身障害者福祉センター	03-3235-2955
神奈川県	神奈川県総合リハビリテーションセンター	046-249-2602
新潟県	新潟県精神保健福祉センター	025-280-0114
長野県	長野県立総合リハビリテーションセンター	026-296-3953
	佐久総合病院	0267-82-3131
	桔梗ヶ原病院	0263-54-0012
	健和会病院	0265-23-3116
富山県	富山県リハビリテーション病院・子ども支援センター	076-438-2233
石川県	石川県リハビリテーションセンター	076-266-2860
福井県	福井県高次脳機能障害支援センター	0776-21-1300
山梨県	甲州リハビリテーション病院	055-262-3121
静岡県	社会福祉法人明光会　サポートセンターコンパス北斗	054-278-7828
	社会福祉法人天竜厚生会　相談支援事業所きずな	053-583-1148
	社会福祉法人誠信会　地域生活支援センターせふりー	0545-32-8830
	社会福祉法人農協共済中伊豆リハビリテーションセンター	0558-83-2195
	社会福祉法人Mネット東遠　相談支援事業所Mネット	0537-29-8970
	社会福祉法人十字の園　オリブ	0558-43-3131
愛知県	名古屋市総合リハビリテーションセンター	052-835-3811
岐阜県	岐阜県精神保健福祉センター	058-231-9724
	木沢記念病院	0574-25-2181
三重県	三重県身体障害者総合福祉センター	059-231-0155
滋賀県	滋賀県障害者医療福祉相談モール	077-561-3486
京都府	京都府リハビリテーション支援センター	075-221-2611
	京都市高次脳機能障害者支援センター	075-823-1658
大阪府	障がい者医療・リハビリテーションセンター	06-6692-5262
	堺市立健康福祉プラザ生活リハビリテーションセンター	072-275-5019
兵庫県	兵庫県立総合リハビリテーションセンター	078-927-2727
奈良県	奈良県障害者総合支援センター	0744-32-0200
和歌山県	和歌山県子ども・女性・障害者相談センター	073-441-7070
鳥取県	医療法人十字会　野島病院　高次脳機能センター	0858-27-0205
島根県	エスポアール出雲クリニック	0853-21-9779
	松江青葉病院	0852-21-2500
	松ヶ丘病院	0856-22-8711
岡山県	川崎医科大学附属病院	086-462-1111
	社会福祉法人　旭川荘	086-245-7361
広島県	広島県立障害者リハビリテーションセンター	082-425-1455
山口県	山口県立こころの医療センター高次脳機能障害支援センター	0836-58-1218
徳島県	徳島大学病院	088-631-3111
香川県	かがわ総合リハビリテーションセンター	087-867-7686
愛媛県	松山リハビリテーション病院	089-975-7431
高知県	高知ハビリテーリングセンター	088-842-1921
福岡県	福岡県障がい者リハビリテーションセンター	092-944-2011
	久留米大学病院	0942-35-3311
	産業医科大学病院	093-603-1611
	福岡市立心身障がい福祉センター	092-721-1611
佐賀県	佐賀大学医学部附属病院	0952-34-3482
	佐賀県高次脳機能障害者相談支援センター　ぷらむ	0952-65-3351
長崎県	長崎こども・女性・障害者支援センター	095-844-5515
大分県	農協共済別府リハビリテーションセンター	0977-67-1711
	諏訪の杜病院	097-567-1277
熊本県	熊本県高次脳機能障害支援センター	096-373-5784
宮崎県	宮崎県身体障害者相談センター	0985-29-2556
鹿児島県	鹿児島県精神保健福祉センター	099-228-9568
沖縄県	沖縄リハビリテーションセンター病院	098-982-1777
	平安病院	098-877-6467

参考資料：高次脳機能障害情報・支援センター（平成31年1月現在）

7 重度の障害のある人に「特別障害者手当」

重い障害がある人に支給される手当があることをご存じですか？

重い障害がある人に

特別障害者手当は、精神または身体に著しく重度の障害を有するため、日常生活において常に特別の介護を必要とする特別障害者に対して支給される経済的な支援制度です。

利用できるのは、20歳以上で、身体、内科的疾患、知的、精神に**重複する著しい障害**がある人です。その他に次の基準があります。

- ●日常生活で特別な介護が必要なこと
- ●在宅での介護が必要なこと
- ●下表の障害程度認定基準に該当していること

認定されれば、月額約2万7000円が支給されます。この給付額については毎年度、見直しが行われています。

障害年金（第3章Ⅰ参照）を受けていても受給できますが、受給者もしくはその配偶者または扶養義務者の前年所得が一定額以上であるときは支給されません。また、3カ月以上病院に入院している人、施設などに入院している人は受給できません。

重度障害であっても受給できないケースもありますが、受給できるかもしれません。市区町村でご相談ください。

特別障害者手当の認定基準の一部

下記2つ以上の要件を満たしていること

	障害の状態
1	両眼の視力の和が0.04以下のもの
2	両耳の聴力レベルが100デシベル以上のもの
3	両上肢の機能に著しい障害を有する者、または両上肢のすべての指を欠くもの、もしくは両上肢のすべての指の機能に著しい障害を有するもの
4	両下肢の機能に著しい障害を有する者、または両下肢の足関節以上で欠くもの
5	体幹の機能に座っていることができない程度、または立ち上がることができない程度の障害を有するもの
6	前各号に掲げるもののほか、身体の機能の障害または長期にわたる安静を必要とする病状が前各号と同以上と認められる状態であって、日常生活の用を弁ずることを不能ならしめる程度のもの
7	精神の障害であって、前各号と同程度以上と認められる程度のもの

※上記以外の要件もあります。市区町村でご確認ください。

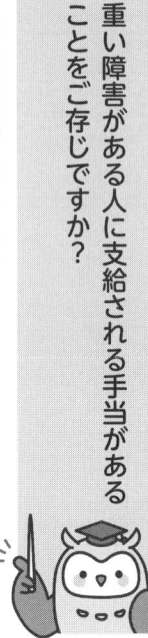

第6章

仕事と治療の両立

入院や療養が必要とされたときは、誰でも混乱します。

時間とともに、考えることも多くなり、不安でいっぱいになります。

働いている人は、仕事と治療の両立をどうすればよいのかと悩みます。

今後のことは、情報を整理しながら考えていきましょう。

第6章では、仕事と治療の両立を考える上で、関連するさまざまな制度についてお伝えします。

1 情報を整理することから始める

突然に療養することとなったとき、「今後の生活はどうなっていくのか」と思い悩んでいませんか？
まずは落ち着いて、自分の状況を整理していきましょう。

情報を整理する

大きなケガを負ったり、病気の診断をされたりしたときは、誰もが混乱します。最初は治療のことだけを考えていても、時間が経つにつれ、今後の生活のことが心配になってきます。

「まさか、こんなことになるなんて思っていなかった」と、不安な気持ちから抜け出せなくなることもあります。

「収入が途絶えるなんて考えたことがなかった」という人も多いです。特に働いている人は、仕事についても悩みます。経済状況に関わってくることなので当然です。

今後の仕事については、次の三つに大別されます。

①現在の職場で同じ仕事を続ける。
②職場や部署を変えて仕事を続ける。
③現在の仕事を辞めて、まずは療養に専念する。

傷病の種類や状態、会社の体制などによって、どの選択になるか変わってきますが、まずは、落ち着いて、情報を整理することから始めましょう。客観的に、少し遠くから自分のことをみて「自分がどうしたいのか」を考えていきましょう。そのためには、まず自身の情報を正確に収集することです。これができていないと、さまざまな他の情報に影響を受け、惑わされてしまいます。

この章では、現在の職場で仕事を続けることを中心に記載しています。それは、最も優先すべき選択肢だからです。経済状況を考えるのであれば、仕事を続ける必要があるでしょう。その際には、慣れている職場で慣れている仕事を続けていくことが、体や心の負担が少ないとされています。

治療に関係すること

次の三つの情報をきちんと把握できるようにしておきましょう。

●治療方法と治療期間
●現在の症状
●考えられる副作用など

治療方法と治療期間については、入院して手術を行うのであれば、どのくらいの期間の入院が必要か、回復までにどのくらいかかるのか、何日くらいの休みが必要か、などを確認します。休みが必要であれば、会社に伝えなくてはいけません。会社側からは「治療の見通しがほしい」といった声もありますので対応しましょう。

ただし、最終的な検査結果が出るまで、治療のスケジュールが決まらず、休暇の申請ができないということも多々あります。そんなときは、幾つかのパターンを準備しておくことです。検査の結果によって、どのくらい休暇が必要になりそうかを主治医に相談して、暫定的な計画を立てておきます。その計画を元にして、会社に休暇を申請し、最終的な治療スケジュールが決まった時点で、改めて会社に連絡するとよいでしょう。

化学療法などによる治療のときは、副作用が伴うこともあるので、どんな副作用が予想されるか、治療できる時間帯はいつか、入院が必要か、治療後に仕事に戻ることは可能かなども把握しておきたい事項です。

復帰の見通しについても確認しましょう。勤務を再開してもよい時期や、注意点、復職後に入院治療や通院治療を行う必要があるのであれば、その時期や期間などです。

これらの治療の見通しについては、今後のことを考える上で必要な情報になりますから、わからないことは主治医に確認をしましょう。また、その前提として、自身の仕事内容を主治医に話しておきましょう。仕事内容によって主治医の見解が違ってくることもあります。自身の状況について、具体的な働き方を説明したり、これまでの経過をまとめたりして、仕事の詳細を伝えてください。

2 仕事に関することの情報の整理

仕事に関連すること

仕事に関することについても整理していきましょう。

●職種、職位
●現在の仕事の状況
●利用できる社内制度
●職場の雰囲気や人間関係、理解者の有無など

これらの事項について整理し、自身にとっての仕事の意味を考えてみましょう。経済的・精神的にどのくらい大切でしょうか。仕事を続けるために、今の仕事を見直す必要があるでしょうか。元の仕事のポジションに戻ることはできそうでしょうか。もし、仕事を辞めたら経済的にどうなりますか。

療養をするうちに、仕事への価値観が変化することもあります。

職位の高い立場の人は、仕事の責任を果たせなくなることを辛く思い、悩むことが多いです。自ら降格や自主退職を申し出る人もいます。しかし、すぐに答えを出す必要は全くありません。職場の人と対応方法についてよく話をしてください。職位の高い立場だということは、会社にたくさんの貢献をされてきた人だということです。職場に迷惑をかけたくないということだけを考えるのではなく、自身のことも考えましょう。

また、以前と同じ仕事をすることが難しい状況であっても、現在の職場への復帰を希望する人は多いです。経済的な理由もありますが、慣れた職場で働ける安心感があります。障害が残った場合や継続した治療が必要な場合などには、これまでと同様にできる仕事もあれば、できない仕事もあると思います。「できること」「できないこと」「サポートがあればできること」に分けて、できる限りリストアップしてみましょう。整理した上で会社側に伝え、環境を整えるなどの配慮が可能かを確認しましょう。例えば「デスクワークは今までどおりできるが、車いすを使用するため、通路を広くしてほしい、もしくは机を入り口側の移動のしやすい場所に変更してほし

い」など、具体的に伝えることで会社側の対応もしやすくなります。会社側からは「具体的にどのような配慮をすればよいのかわからない」という声もありますので、できるだけ具体的に伝えましょう。最近では復職のバックアップに積極的な会社も多いです。

しかし、職種や治療状況によっては、現在のポジションでの仕事を継続することが難しくなる場合もあるでしょう。例えば、Dさんは営業職でした。車を運転して顧客宅を訪問し、正座をして商品説明を行っていました。しかし、病気による後遺症で半身まひの障害が残り正座ができなくなったため、元の仕事に戻るのは難しくなりました。復帰後は違う部署で、障害年金を受給しながら仕事を続けています。このように、他の職種への転換を視野に入れることも必要になるかもしれません。

周りの環境に関係すること

仕事と治療の両立には、周りの環境も大きく影響します。

- 家族の理解や意見
- 経済的状況
- 友人や親類などの支えの有無
- 病院・勤務先・自宅の移動時間など

これらも社会環境的な要因として整理しましょう。

自分は早く職場に復帰したいと考えていても、家族が心配して反対することもあります。逆に家族から早く職場に復帰してほしいと懇願されるケースもあります。家族がどのように思っているか、自分はどう思うのかなどについて、時間をかけて話し合うことも大切です。

Eさんは、通院治療をしながら働くために、引越すことを選びました。自宅と病院、病院と勤務先、勤務先と自宅間の交通手段や移動時間を考えたときに、引越しすることで、治療と仕事の両立が可能になると気づいたそうです。現在では無理なく働くことができています。

仕事に関連することや周りの環境について整理するプロセスの中で、医師に確認すること、依頼すること、あるいは職場の上司に依頼すること、人事に確認することなど、必要な作業が出てきます。一つひとつを明確にして自身を客観的にとらえることで、ある程度の方向性がみえてきます。

3 自分の労働条件の確認

自分が、どのような労働条件の下で働いているのか、把握していますか？

労働に関する法律

労働に関する法律は、働く人を守るためのものです。不利な労働契約を一方的に押し付けない決め事があり、よく知られているのが労働基準法です。その他にも労働組合法、最低賃金法、労働安全衛生法などの労働に関する法律があります。

これらの法律によって守られているのは、正社員だけではありません。パート、アルバイト、派遣社員など雇用契約を結んでいる人すべてです。ただし、個人事業主については適用されません。

自分の契約内容を確認

とはいえ、正社員以外は、契約期間が決められた働き方をしていることが多く、病気やケガによって契約期間を打ち切られたり、更新してもらえなかったりすることも多いです。

そのため、自分がどのような条件で働いているかを知ることはとても大切です。会社は、労働条件を明示することが義務づけられています。労働条件の記載された書面はお持ちでしょうか。手元になければ会社に確認し、自身の労働条件を確認しましょう。主に次のような事項が記載されています。

- 契約期間に定めはあるのか
- 仕事をする場所が限定されているのか
- 仕事内容はどのようになっているのか
- 残業はあるのか
- 休憩時間はどのような決まりになっているのか
- 休日はどのような決まりになっているのか
- 給与はどのような決まりになっているのか
- 退職に関しての規定はどのようになっているのか

例えば、給与はもっとも重要な労働条件です。会社は従業員の同意なく、給与を一方的に減らすことはできません。また、会社が一方的に勤務時間などの労働条件を変更して給与を減額することもできません。給与が減らされているときはその理由を会社に確認してみましょう。欠勤や早退で働くことができなかった時間については、「ノーワーク・ノーペイの原則」によって、その分の給与の支払いがなくても違法になりませんが、それ以外の理由による可能性もあります。

会社に病気であることを告げたら、退職を勧められることもあるようです。しかし、退職する意思がないのであれば、退職するつもりがないことをはっきりと伝えましょう。あくまでも退職勧奨という形ですから応じる必要はありません。退職勧奨に同意をすると撤回することが困難となりますから注意が必要です。

このようなトラブルに関して各都道府県の「**総合労働相談コーナー**」が相談に応じています。解雇、雇止め、配置転換、賃金の引下げ、募集・採用、いじめ・嫌がらせ、パワハラなどのあらゆる分野の労働問題を対象として、全国380カ所に設置されています。

総合労働相談コーナー（一部掲載）

北海道労働局総合労働相談コーナー	011-707-2700
青森労働局総合労働相談コーナー	017-734-4211
岩手労働局総合労働相談コーナー	019-604-3002
宮城労働局総合労働相談コーナー	022-299-8834
秋田労働局総合労働相談コーナー	018-862-6684
山形労働局総合労働相談コーナー	023-624-8226
福島労働局総合労働相談コーナー	024-536-4600
茨城労働局総合労働相談コーナー	029-277-8295
栃木労働局総合労働相談コーナー	028-633-2795
群馬労働局総合労働相談コーナー	027-896-4677
埼玉労働局総合労働相談コーナー	048-600-6262
千葉労働局総合労働相談コーナー	043-382-3518
東京労働局総合労働相談コーナー	03-3512-1608
神奈川労働局総合労働相談コーナー	045-211-7358
新潟労働局総合労働相談コーナー	025-288-3501
富山労働局総合労働相談コーナー	076-432-2740
石川労働局総合労働相談コーナー	076-265-4432
福井労働局総合労働相談コーナー	0776-22-3363
山梨労働局総合労働相談コーナー	055-225-2851
長野労働局総合労働相談コーナー	026-223-0551
岐阜労働局総合労働相談コーナー	058-245-8124
静岡労働局総合労働相談コーナー	054-252-1212
愛知労働局総合労働相談コーナー	052-972-0266
三重労働局総合労働相談コーナー	059-226-2110
滋賀労働局総合労働相談コーナー	077-522-6648
京都労働局総合労働相談コーナー	075-241-3221
大阪労働局総合労働相談コーナー	06-7660-0072
兵庫労働局総合労働相談コーナー	078-367-0850
奈良労働局総合労働相談コーナー	0742-32-0202
和歌山労働局総合労働相談コーナー	073-488-1020
鳥取労働局総合労働相談コーナー	0857-22-7000
島根労働局総合労働相談コーナー	0852-20-7009
岡山労働局総合労働相談コーナー	086-225-2017
広島労働局総合労働相談コーナー	082-221-9296
山口労働局総合労働相談コーナー	083-995-0398
徳島労働局総合労働相談コーナー	088-652-9142
香川労働局総合労働相談コーナー	087-811-8924
愛媛労働局総合労働相談コーナー	089-935-5208
高知労働局総合労働相談コーナー	088-885-6027
福岡労働局総合労働相談コーナー	092-411-4764
佐賀労働局総合労働相談コーナー	0952-32-7167
長崎労働局総合労働相談コーナー	095-801-0023
熊本労働局総合労働相談コーナー	096-352-3865
大分労働局総合労働相談コーナー	097-536-0110
宮崎労働局総合労働相談コーナー	0985-38-8821
鹿児島労働局総合労働相談コーナー	099-223-8239
沖縄労働局総合労働相談コーナー	098-868-6060

参考資料：厚生労働省

4 利用できる制度を知ろう「就業規則」

勤めている会社の「就業規則」をご覧になったことはありますか？

就業規則のある会社

就業規則は、常時10人以上の労働者を使用する会社に対して、作成が義務付けられています。勤めている会社に、パートも含めて10人以上の従業員がいるのであれば、就業規則は存在します。また、従業員が10人未満であっても、作成している会社はあります。ところが、「一回も見たことがない」という人がほとんどです。

就業規則にはとても重要なことが記載されていますので、一度も読んだことがないのであれば、目を通しておいてください。会社によっては、正社員用とパート社員用の就業規則が別冊になっているところもあります。退職金規定などが別冊になっていたりするところもあるので、自身に関係する規則はすべて目を通しておきましょう。

置いてある場所さえわからないのであれば、会社の総務を担当している人にみせてもらえるようにいいましょう。みせてくれるのか不安に思われるかもしれませんが、大丈夫です。会社には、就業規則の周知義務があります。すなわち、従業員が就業規則をみたいときに、みることができる状態にする必要があります。派遣社員の人は派遣元に確認してください。

就業規則に書かれていること

就業規則には、その会社の労働時間や給与・休憩時間・休暇など、色々な規則が規定されています。いわば、**働く人と会社との間のルールブック**のようなものです。特に次の事項については、必ず定めなくてはいけないものとされています。

●始業および終業の時刻、休憩時間、休日、休暇など
●賃金の決定、計算・支払い方法など

●退職に関する事項（解雇の事由を含む）
これから療養に入ろうとするときや療養しているときに、会社における働き方、休日や休暇のルールを知ることはとても大切です。

まずは、自身が取得できる休暇日数について、前述の個別の労働条件の内容とも合わせながら、確認しましょう。年次有給休暇制度については後述します。他にも、積立休暇や永年勤続のリフレッシュ休暇などが取得できることもあります。

病気やケガにより、働くことができない状態が長期間続きそうなときには、利用できる休職制度の規定を確認しましょう。これについても後述します。

会社の勤務形態に関する規定についても確認しましょう。フレックスタイム制度、時短勤務制度、時差出勤制度、時間休暇制度、リハビリ出勤制度の規定はありませんか。

勤務形態に関する制度

フレックスタイム制度	労働者が、各自の出社や退社の時刻を自由に決められる制度。通院のために出社時間を遅らせることができたり、通勤ラッシュを避けられたりするなどのメリットがある。
時短勤務制度	会社で働く時間がフルタイムよりも短い時短勤務（短時間勤務）。フルタイムで働くことが体力的に難しいときに利用する。また、職場復帰後に、身体を慣らしていくために短時間勤務を利用する。
時差出勤制度	1日の労働時間はそのままに、勤務する時間帯（出社や退社の時刻）を変える制度。通勤ラッシュを避けられるなどのメリットがある。
時間休暇制度	時間単位で休暇がとれる制度。平日の通院がしやすいなどのメリットがある。
リハビリ出勤制度（試し出勤）	職場復帰前に、元の職場などに一定期間継続して試験的に出勤すること。精神の障害などにより長期間職場を離れているときに、職場復帰に関する不安を緩和するなどのメリットがある。

就業規則の例（目次）

就業規則の内容は、会社によって違います。入社時に配布する会社もあるのですが、みたことはありますか？

5 休んでも給与が支給される「年次有給休暇」

自分の年次有給休暇が何日分残っているか、知っていますか？　その年次有給休暇は、取得することができるものですか？

年次有給休暇制度とは

年次有給休暇とは、一定期間勤続した労働者に対して、心身の疲労を回復し、ゆとりある生活のために付与される休暇で、**給与は減額されません**。

病気やケガで長期療養が必要となった際、利用できる年次有給休暇があるときは、会社への申し出をすれば取得できます。自身の年次有給休暇の残日数がわからないのであれば、契約内容を確認するとともに、会社に問い合わせましょう。ただし、年次有給休暇取得の申し出ができるのは、休職が発令される前に限られます。

年次有給休暇の要件

年次有給休暇が付与される要件は二つあります。要件を満たした労働者には、10労働日の年次有給休暇が付与されます。

① 6カ月間継続勤務していること
② 全労働日の8割以上出勤していること

継続勤務とは在籍期間をいいます。在籍している限りは休職期間も通算されます。また、全労働日とは、労働義務のある日のことをいいますので、暦日数から就業規則等で定められた所定休日を除いた日が該当します。出勤日については、業務上負傷等により療養のため休業した期間や、育児休業、介護休業、産前産後休暇の期間は、出勤したものとして計算します。

最初に年次有給休暇が付与された日から1年を経過した日に、②と同様の要件（最初の年次有給休暇が付与されてから1年間の全労働日の8割以上出勤）を満たせば、11労働日の年次有給休暇が付与されます。その後、同様に要件を満たすことにより、表1の日数が付与されます。6年6カ月勤務した場合、最大で1年に20労働日の年次有給休暇が発生します。

パートタイム労働者にも年次有給休暇はある

会社は、労働者が請求する時季に、年次有給休暇を与えなければならない決まりになっています。ただし、会社の事業の正常な運営を妨げる場合には、労働者が請求する時季を変更することができます。

勤務日数が少ない**パートタイム労働者などについても年次有給休暇は付与されます。**ただし、一般の労働者よりも少なく、比例的に付与されます。具体的には、表2のとおりです。

年次有給休暇の時効は2年ですので、未消化分は翌年まで繰越しすることができます。

(表1)年次有給休暇の付与日数

雇入れの日から起算した勤続期間	付与される休暇の日数
6カ月	10日
1年6カ月	11日
2年6カ月	12日
3年6カ月	14日
4年6カ月	16日
5年6カ月	18日
6年6カ月以上	20日

(表2)年次有給休暇の比例付与日数

週所定労働日数		4日	3日	2日	1日
1年間の所定労働日数		169日～216日	121日～168日	73日～120日	48日～72日
雇入れ日から起算した継続勤務期間	6カ月	7日	5日	3日	1日
	1年6カ月	8日	6日	4日	2日
	2年6カ月	9日	6日	4日	2日
	3年6カ月	10日	8日	5日	2日
	4年6カ月	12日	9日	6日	3日
	5年6カ月	13日	10日	6日	3日
	6年6カ月以上	15日	11日	7日	3日

6 それぞれの会社の裁量による「休職制度」

あなたの会社には「休職制度」がありますか？

休職制度とは

休職とは、労働者の就労が適切でない場合に、労働契約を存続させながら、労働する義務を一時的になくすことをいいます。内容は色々ですが、業務外の病気やケガによる休職も含まれます。

会社に**休職制度**があるときは、就業規則や給与規程などにより、休職の期間や復職に際してのルールや休職期間中の給与などについて明確に定めています。

それらのルールに基づき、会社側から休職を発令します。労働者側からの申し出や、双方の個別の合意によって実施されることもあります。その内容を確認すれば、利用できる範囲がわかります。

休職制度は、法律によって会社に義務付けられたものではありません。休職制度を採用するか否か、休職期間をどうするかなどは、それぞれの会社の裁量にゆだねられています。つまり、絶対に定めなくてはいけないものではないため、規程のない会社もあります。まずは、自分の会社に休職制度があるのかないのか、あるならどのような内容になっているのかを確認しましょう。

また、休職はあくまでも労働者の都合によるものですから、会社に対して特定の義務が課されていません。すなわち、会社は休職期間中に給与を支払う義務はありません。労働者が休職したいと申し出たときに認めるかどうかも会社次第です。

休職期間の終了後

休職の理由がなくなれば、休職期間は終了です。病気やケガが回復していれば、職場に復帰することもあるでしょう。期間満了の時点で働くことができない状態であれば、自動退職となることもあります。

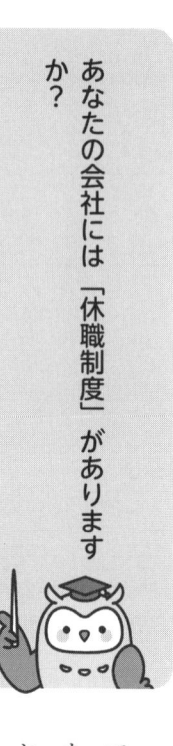

次のような事例がありました。Fさんは、病気治療のための療養が必要なことを上司に相談したところ、「必要なだけ休んでもよい」といわれたため、その言葉を信じてゆっくり療養していました。しかし、会社が定める休職期間を超えたため、自動退職となってしまいました。

このように、上司が会社の規程を把握していないこともありますので、自身でしっかりと確認しましょう。

休職制度についての規程例

第15条（休職）

社員が以下の各号の一に該当するときは所定の期間休職を命ずることがある。

①私傷病休職
業務外の傷病による欠勤が連続1週間にわたったとき

②公務休職
会社の了承を得て公の職務についたときで、業務に支障があるとき

③前各号のほか、特別の事情があって、休職をさせることが必要と認めたとき

第16条（休職期間）

1. 休職期間は次のとおりとする。

①	勤続1年未満	6カ月以内
	勤続1年以上3年未満	1年
	勤続3年以上	1年6カ月以内
②	公職にある期間	
③	会社が認めた期間	

2. 休職期間については、賃金は支給しない。
3. 休職期間は勤続年数に算入しない。
4. 休職期間満了後においても休職事由が消滅しないときは、休職期間の満了日をもって退職とする。

第17条（復職）

1. 休職の事由が消滅したときは、休職者は速やかに復職願を提出するものとし、復職が適当であると会社が判断し許可した場合には復職させるものとする。
2. 私傷病休職の休職事由が消滅したとして復職を申し出る場合には、医師の診断書を提出しなければならない。また、診断書の提出に際して、会社が診断書を発行した医師に対する事情聴取を求めた場合は、社員はその実現に協力しなければならない。
3. 前項の診断書が提出された場合でも、会社が指定する医師の治癒証明書（診断書）の提出を命じることがある。
4. 休職の事由が消滅したときは、原則として旧職務に復職させるが、業務の都合に応じて異なる職務に配置することがある。この場合、労働条件の変更を伴うことがある。

休職制度のある会社であれば、このように記載されています。内容は会社によって違います。

7 治療と仕事の両立と復職

治療と仕事との両立や復職を考えるとき、さまざまな情報を整理したり、確認したりしましたか。利用できる制度は最大限に活用していきましょう。

社内制度の確認

例えば、放射線治療のために、1カ月間通院をするケースについて考えてみましょう。放射線治療は毎日（月〜金、数週間）照射を受けることが多いようです。治療中は通院による疲労に加え、治療による倦怠感などが出現することもあり、症状の程度は個人差が大きいです。どの程度休むことができるか、会社が就業上や治療に関してどのような配慮をしてくれるかを確認する必要があります。

一般的には、年次有給休暇を使って通院をする、あるいは休職制度がある会社ではそれを利用します。積立休暇を利用できる場合や、永年勤続のリフレッシュ休暇を取得できることもあります。

会社によっては、フレックスタイム制度、時短勤務制度、時差出勤制度や時間休暇制度があれば、それらを利用して通院できることもあるでしょう。会社にこのような制度がないときは、人事担当者と話をし、配慮してもらえないか相談してみましょう。

復職するとき

休職中の人には、会社から定期的に書類が送られてきます。社会保険料を支払うなど、会社とのやりとりが生じるはずです。このときに大切なのが、会社とのコミュニケーションをとることです。メールでも構わないので、休職中はなるべく会社と連絡を取り合うことが大切です。会社も何と言葉をかけたらよいのか、わからないことがたくさんあります。コミュニケーションをとることで、復職後の働きやすい環境を自分自身で作ることができます。大切なのは、会社との接点を持っておくことです。

入院治療が終わったら、すぐに復職したいと考える人も多いのですが、その後に通院治療が必要なケースもあります。次のことをリストアップし復職時期について考えましょう。

- 復職の可否
- 現在の健康状態・症状
- 今後の治療スケジュール、受診頻度
- 副作用の有無、症状
- パートタイムなど働き方の一時的な変更の可能性
- 元のポジションで働けるか
- 時短制度が使えるか
- 在宅勤務は可能か
- 就業予定の業務の遂行が可能か
- 就業上の配慮、禁忌事項（残業不可など）

模擬出勤のススメ

休職して治療や療養を続けている人は、ある程度調子がよくなると職場復帰を焦りがちです。復職を焦るあまりに、体力が回復しないまま出勤し、再度休職してしまう人は多いです。療養していると、自分が思っている以上に体力は落ちています。また、精神疾患は回復するまでに時間がかかるのが一般的です。調子のよい日が続いていても、無理をすると症状が悪化して回復までに余計に時間がかかってしまうこともあります。「あせらず、ゆっくり」が大切です。

体力に自信が持てないときは、「模擬出勤」で自身の状態を確認するのもひとつの方法です。例えば、出勤する時間に起きて、外出します。勤務時間にあたる時間帯は、図書館などで本を読んだり、何か作業をしたりします。これを1～2週間続けて、そのときの体調などを確認してみるのです。定時の時間まで活動しているのが辛いようなら、復職の際は、時間短縮勤務などについて、会社側に相談することも必要かもしれません。

精神疾患で休職している人は、自宅から会社の近くまで通勤経路で移動して一定時間過ごした後に帰宅する「通勤訓練」や、本来の職場などに一定期間継続して出勤する「試し出勤」により、徐々に働くリズムに慣らしていく方法もあります。

8 治療と仕事の両立を支援する体制

治療と仕事の両立を支援する体制が、国の施策として整いつつあることをご存じですか？

治療と仕事の両立の支援

治療技術の進歩等により「不治の病」といわれていた病気が「長く付き合う病気」に変化しています。仕事をしながら治療を続けることが可能な状況となっている一方で、会社側も治療と仕事の両立（配置や雇用管理等）に悩むことが多いようです。

現在、治療と仕事の両立を支援する体制が整いつつあります。厚生労働省が作成した「事業場における治療と仕事の両立支援のためのガイドライン」には、ガン、脳卒中、心疾患、糖尿病、肝疾患、難病などの治療が必要な疾病を抱える労働者に対して、事業場において適切な就業上の措置や治療に対する配慮が行われるよう、事業場における取組みがまとめられています。基本的には、労働者側からの申し出により、両立支援が検討され、実施される流れです。

会社側の安全配慮義務

一方で、会社には「安全配慮義務」があります。働く人の生命・身体が、業務上の危険から守られるように配慮されなくてはいけません。せっかく復職したとしても、復職後の業務が原因で、身体や心を壊すようなことがあってはならないのです。

会社は従業員が復職しても、安全に、健康に勤務できるかを判断するため、主治医の意見だけではなく、例えば産業医などの意見も参考にすることがあります。つまり、主治医が「就労可能」と判断していても、会社が復職を認めないこともあります。認識の違いがないように、会社側とのコミュニケーションを取り、状況を説明していくことが大切です。

巻末資料　指定難病　331疾患　（本文138ページ）

難病の患者に対する医療等に関する法律第5条第1項に規定する指定難病

（1～110は平成27年1月から、111～306は同年7月から、307～330は平成29年4月から、331は平成30年4月から医療費助成を開始）

番号	病名
1	球脊髄性筋萎縮症
2	筋萎縮性側索硬化症
3	脊髄性筋萎縮症
4	原発性側索硬化症
5	進行性核上性麻痺
6	パーキンソン病
7	大脳皮質基底核変性症
8	ハンチントン病
9	神経有棘赤血球症
10	シャルコー・マリー・トゥース病
11	重症筋無力症
12	先天性筋無力症候群
13	多発性硬化症／視神経脊髄炎
14	慢性炎症性脱髄性多発神経炎／多巣性運動ニューロパチー
15	封入体筋炎
16	クロウ・深瀬症候群
17	多系統萎縮症
18	脊髄小脳変性症（多系統萎縮症を除く）
19	ライソゾーム病
20	副腎白質ジストロフィー
21	ミトコンドリア病
22	もやもや病
23	プリオン病
24	亜急性硬化性全脳炎
25	進行性多巣性白質脳症
26	HTLV-1関連脊髄症
27	特発性基底核石灰化症
28	全身性アミロイドーシス
29	ウルリッヒ病
30	遠位型ミオパチー
31	ベスレムミオパチー
32	自己貪食空胞性ミオパチー
33	シュワルツ・ヤンペル症候群
34	神経線維腫症
35	天疱瘡
36	表皮水疱症
37	膿疱性乾癬（汎発型）
38	スティーヴンス・ジョンソン症候群
39	中毒性表皮壊死症
40	高安動脈炎
41	巨細胞性動脈炎
42	結節性多発動脈炎
43	顕微鏡的多発血管炎
44	多発血管炎性肉芽腫症
45	好酸球性多発血管炎性肉芽腫症
46	悪性関節リウマチ
47	バージャー病
48	原発性抗リン脂質抗体症候群
49	全身性エリテマトーデス
50	皮膚筋炎／多発性筋炎
51	全身性強皮症
52	混合性結合組織病

番号	病名
53	シェーグレン症候群
54	成人スチル病
55	再発性多発軟骨炎
56	ベーチェット病
57	特発性拡張型心筋症
58	肥大型心筋症
59	拘束型心筋症
60	再生不良性貧血
61	自己免疫性溶血性貧血
62	発作性夜間ヘモグロビン尿症
63	特発性血小板減少性紫斑病
64	血栓性血小板減少性紫斑病
65	原発性免疫不全症候群
66	IgA腎症
67	多発性嚢胞腎
68	黄色靱帯骨化症
69	後縦靱帯骨化症
70	広範脊柱管狭窄症
71	特発性大腿骨頭壊死症
72	下垂体性ADH分泌異常症
73	下垂体性TSH分泌亢進症
74	下垂体性PRL分泌亢進症
75	クッシング病
76	下垂体性ゴナドトロピン分泌亢進症
77	下垂体性成長ホルモン分泌亢進症
78	下垂体前葉機能低下症
79	家族性高コレステロール血症（ホモ接合体）
80	甲状腺ホルモン不応症
81	先天性副腎皮質酵素欠損症
82	先天性副腎低形成症
83	アジソン病
84	サルコイドーシス
85	特発性間質性肺炎
86	肺動脈性肺高血圧症
87	肺静脈閉塞症／肺毛細血管腫症
88	慢性血栓塞栓性肺高血圧症
89	リンパ脈管筋腫症
90	網膜色素変性症
91	バッド・キアリ症候群
92	特発性門脈圧亢進症
93	原発性胆汁性肝硬変
94	原発性硬化性胆管炎
95	自己免疫性肝炎
96	クローン病
97	潰瘍性大腸炎
98	好酸球性消化管疾患
99	慢性特発性偽性腸閉塞症
100	巨大膀胱短小結腸腸管蠕動不全症
101	腸管神経節細胞僅少症
102	ルビンシュタイン・テイビ症候群
103	CFC症候群
104	コステロ症候群

番号	病名
105	チャージ症候群
106	クリオピリン関連周期熱症候群
107	全身型若年性特発性関節炎
108	TNF受容体関連周期性症候群
109	非典型溶血性尿毒症症候群
110	ブラウ症候群
111	先天性ミオパチー
112	マリネスコ・シェーグレン症候群
113	筋ジストロフィー
114	非ジストロフィー性ミオトニー症候群
115	遺伝性周期性四肢麻痺
116	アトピー性脊髄炎
117	脊髄空洞症
118	脊髄髄膜瘤
119	アイザックス症候群
120	遺伝性ジストニア
121	神経フェリチン症
122	脳表ヘモジデリン沈着症
123	禿頭と変形性脊椎症を伴う常染色体劣性白質脳症
124	皮質下梗塞と白質脳症を伴う常染色体優性脳動脈症
125	神経軸索スフェロイド形成を伴う遺伝性びまん性白質脳症
126	ペリー症候群
127	前頭側頭葉変性症
128	ビッカースタッフ脳幹脳炎
129	痙攣重積型(二相性)急性脳症
130	先天性無痛無汗症
131	アレキサンダー病
132	先天性核上性球麻痺
133	メビウス症候群
134	中隔視神経形成異常症/ドモルシア症候群
135	アイカルディ症候群
136	片側巨脳症
137	限局性皮質異形成
138	神経細胞移動異常症
139	先天性大脳白質形成不全症
140	ドラベ症候群
141	海馬硬化を伴う内側側頭葉てんかん
142	ミオクロニー欠神てんかん
143	ミオクロニー脱力発作を伴うてんかん
144	レノックス・ガストー症候群
145	ウエスト症候群
146	大田原症候群
147	早期ミオクロニー脳症
148	遊走性焦点発作を伴う乳児てんかん
149	片側痙攣・片麻痺・てんかん症候群
150	環状20番染色体症候群
151	ラスムッセン脳炎
152	PCDH19関連症候群
153	難治頻回部分発作重積型急性脳炎
154	徐波睡眠期持続性棘徐波を示すてんかん性脳症
155	ランドウ・クレフナー症候群
156	レット症候群
157	スタージ・ウェーバー症候群
158	結節性硬化症
159	色素性乾皮症
160	先天性魚鱗癬
161	家族性良性慢性天疱瘡

番号	病名
162	類天疱瘡(後天性表皮水疱症を含む)
163	特発性後天性全身性無汗症
164	眼皮膚白皮症
165	肥厚性皮膚骨膜症
166	弾性線維性仮性黄色腫
167	マルファン症候群
168	エーラス・ダンロス症候群
169	メンケス病
170	オクシピタル・ホーン症候群
171	ウィルソン病
172	低ホスファターゼ症
173	VATER症候群
174	那須・ハコラ病
175	ウィーバー症候群
176	コフィン・ローリー症候群
177	有馬症候群
178	モワット・ウィルソン症候群
179	ウィリアムズ症候群
180	ATR-X症候群
181	クルーゾン症候群
182	アペール症候群
183	ファイファー症候群
184	アントレー・ビクスラー症候群
185	コフィン・シリス症候群
186	ロスムンド・トムソン症候群
187	歌舞伎症候群
188	多脾症候群
189	無脾症候群
190	鰓耳腎症候群
191	ウェルナー症候群
192	コケイン症候群
193	プラダー・ウィリ症候群
194	ソトス症候群
195	ヌーナン症候群
196	ヤング・シンプソン症候群
197	1p36欠失症候群
198	4p欠失症候群
199	5p欠失症候群
200	第14番染色体父親性ダイソミー症候群
201	アンジェルマン症候群
202	スミス・マギニス症候群
203	22q11.2欠失症候群
204	エマヌエル症候群
205	脆弱X症候群関連疾患
206	脆弱X症候群
207	総動脈幹遺残症
208	修正大血管転位症
209	完全大血管転位症
210	単心室症
211	左心低形成症候群
212	三尖弁閉鎖症
213	心室中隔欠損を伴わない肺動脈閉鎖症
214	心室中隔欠損を伴う肺動脈閉鎖症
215	ファロー四徴症
216	両大血管右室起始症
217	エプスタイン病
218	アルポート症候群

番号	病名
219	ギャロウェイ・モワト症候群
220	急速進行性糸球体腎炎
221	抗糸球体基底膜腎炎
222	一次性ネフローゼ症候群
223	一次性膜性増殖性糸球体腎炎
224	紫斑病性腎炎
225	先天性腎性尿崩症
226	間質性膀胱炎(ハンナ型)
227	オスラー病
228	閉塞性細気管支炎
229	肺胞蛋白症(自己免疫性または先天性)
230	肺胞低換気症候群
231	α1-アンチトリプシン欠乏症
232	カーニー複合
233	ウォルフラム症候群
234	ペルオキシソーム病(副腎白質ジストロフィーを除く)
235	副甲状腺機能低下症
236	偽性副甲状腺機能低下症
237	副腎皮質刺激ホルモン不応症
238	ビタミンD抵抗性くる病/骨軟化症
239	ビタミンD依存性くる病/骨軟化症
240	フェニルケトン尿症
241	高チロシン血症1型
242	高チロシン血症2型
243	高チロシン血症3型
244	メープルシロップ尿症
245	プロピオン酸血症
246	メチルマロン酸血症
247	イソ吉草酸血症
248	グルコーストランスポーター1欠損症
249	グルタル酸血症1型
250	グルタル酸血症2型
251	尿素サイクル異常症
252	リジン尿性蛋白不耐症
253	先天性葉酸吸収不全
254	ポルフィリン症
255	複合カルボキシラーゼ欠損症
256	筋型糖原病
257	肝型糖原病
258	ガラクトース-1-リン酸ウリジルトランスフェラーゼ欠損症
259	レシチンコレステロールアシルトランスフェラーゼ欠損症
260	シトステロール血症
261	タンジール病
262	原発性高カイロミクロン血症
263	脳腱黄色腫症
264	無βリポタンパク血症
265	脂肪萎縮症
266	家族性地中海熱
267	高IgD症候群
268	中條・西村症候群
269	化膿性無菌性関節炎・壊疽性膿皮症・アクネ症候群
270	慢性再発性多発性骨髄炎
271	強直性脊椎炎
272	進行性骨化性線維異形成症
273	肋骨異常を伴う先天性側弯症
274	骨形成不全症
275	タナトフォリック骨異形成症

番号	病名
276	軟骨無形成症
277	リンパ管腫症/ゴーハム病
278	巨大リンパ管奇形(頚部顔面病変)
279	巨大静脈奇形(頚部口腔咽頭びまん性病変)
280	巨大動静脈奇形(頚部顔面または四肢病変)
281	クリッペル・トレノネー・ウェーバー症候群
282	先天性赤血球形成異常性貧血
283	後天性赤芽球癆
284	ダイアモンド・ブラックファン貧血
285	ファンコニ貧血
286	遺伝性鉄芽球性貧血
287	エプスタイン症候群
288	自己免疫性出血病XIII
289	クロンカイト・カナダ症候群
290	非特異性多発性小腸潰瘍症
291	ヒルシュスプルング病(全結腸型または小腸型)
292	総排泄腔外反症
293	総排泄腔遺残
294	先天性横隔膜ヘルニア
295	乳幼児肝巨大血管腫
296	胆道閉鎖症
297	アラジール症候群
298	遺伝性膵炎
299	嚢胞性線維症
300	IgG4関連疾患
301	黄斑ジストロフィー
302	レーベル遺伝性視神経症
303	アッシャー症候群
304	若年発症型両側性感音難聴
305	遅発性内リンパ水腫
306	好酸球性副鼻腔炎
307	カナバン病
308	進行性白質脳症
309	進行性ミオクローヌスてんかん
310	先天異常症候群
311	先天性三尖弁狭窄症
312	先天性僧帽弁狭窄症
313	先天性肺静脈狭窄症
314	左肺動脈右肺動脈起始症
315	ネイルパテラ症候群(爪膝蓋骨症候群)/LMX1B関連腎症
316	カルニチン回路異常症
317	三頭酵素欠損症
318	シトリン欠損症
319	セピアプテリン還元酵素(SR)欠損症
320	先天性グリコシルホスファチジルイノシトール(GPI)欠損症
321	非ケトーシス型高グリシン血症
322	β-ケトチオラーゼ欠損症
323	芳香族L-アミノ酸脱炭酸酵素欠損症
324	メチルグルタコン酸尿症
325	遺伝性自己炎症疾患
326	大理石骨病
327	特発性血栓症(遺伝性血栓性素因によるものに限る)
328	前眼部形成異常
329	無虹彩症
330	先天性気管狭窄症
331	特発性多中心性キャッスルマン病

参考資料:厚生労働省(平成31年4月現在)

さくいん

著者プロフィール

脇　美由紀（わき　みゆき）

特定社会保険労務士、社会福祉士、精神保健福祉士。（株）服部年金企画講師。中央大学法学部卒業。

地方銀行および社会福祉協議会勤務を経て、2006年に社労士として開業。年金業務を専門にし、北海道から沖縄の各地において、企業内研修、年金相談を行い、社労士試験受験指導、障害年金請求支援等にも携わる。また、服部年金企画の研修講師として福岡教室を担当している。

著書：『実務に役立つ被用者年金一元化法の詳解――改正の要点と準拠法令――』（ビジネス教育出版社）

病気やケガで働けなくなったときに 知っておきたい「制度」と「お金」

2018年1月22日　初版第1刷発行
2019年7月8日　初版第3刷発行

著　者　脇　美由紀
発行者　酒井敬男
発行所　株式会社ビジネス教育出版社
〒102-0074　東京都千代田区九段南4-7-13
TEL 03(3221)5361(代表)／FAX 03(3222)7878
E-mail▶info@bks.co.jp　URL▶https://www.bks.co.jp

装丁・本文デザイン・DTP／(有)エルグ　　印刷・製本／シナノ印刷(株)

落丁・乱丁はお取り替えします。

ISBN978-4-8283-0686-5